UTB 2507

Eine Arbeitsgemeinschaft der Verlage

Beltz Verlag Weinheim · Basel
Böhlau Verlag Köln · Weimar · Wien
Wilhelm Fink Verlag München
A. Francke Verlag Tübingen und Basel
Haupt Verlag Bern · Stuttgart · Wien
Lucius & Lucius Verlagsgesellschaft Stuttgart
Mohr Siebeck Tübingen
C. F. Müller Verlag Heidelberg
Ernst Reinhardt Verlag München und Basel
Ferdinand Schöningh Verlag Paderborn · München · Wien · Zürich
Eugen Ulmer Verlag Stuttgart
UVK Verlagsgesellschaft Konstanz
Vandenhoeck & Ruprecht Göttingen
Verlag Recht und Wirtschaft Heidelberg
VS Verlag für Sozialwissenschaften Wiesbaden
WUV Facultas Wien

Stefano Piano

Religion und Kultur Indiens

Mit Ergänzungen von Manfred Hutter

Aus dem Italienischen von Christa Felicetti

Aus dem Italienischen übersetzt von Christa Felicetti.
Der Titel des italienischen Buches lautet: Sanatana-Dharma.
Un Incontro con l' Induismo.
Das Buch ist erschienen bei Edizioni San Paolo, Milano, 1996.

Bibliografische Information Der Deutschen Bibliothek
Die Deutsche Bibliothek verzeichnet diese Publikation in der
Deutschen Nationalbibliografie; detaillierte bibliografische Angaben
sind im Internet über http://dnb.ddb.de abrufbar.

ISBN 3-8252-2507-0 (UTB)
ISBN 3-205-77195-8 (Böhlau)

Druck: Ebner & Spiegel, Ulm

Inhalt

Einleitung

Die indische Welt ist kulturell und religiös so sehr von der unseren verschieden, daß man bei einer Begegnung mit ihr bewußt eine Haltung von Respekt und Bereitschaft zum Verständnis einnehmen sollte, wenn man sie begreifen will. Um dies zu verdeutlichen, will ich mich hier einer einfachen Metapher bedienen:

Stellen wir uns einen Menschen vor, der in einem Zimmer mit dem Fenster nach *Westen* eingeschlossen lebt. Da er nichts anderes kennt, hat er es gelernt, sich des warmen Lichts der langen Sonnenstrahlen zu erfreuen, des Zaubers der Farben bei Sonnenuntergang, der sanften Schattierungen der Dämmerung. Er wäre nie am frühen Morgen aus seinem Schlaf gerissen worden vom plötzlichen Lichteinfall der Sonne, dagegen aber abends sanft in den Schlaf begleitet worden von einem langsam erlöschenden Licht. Diese sich immer wiederholenden Freuden haben seine Art des Lebens bestimmt, die in Harmonie steht mit der Natur, wie sie sich ihm zeigt.

Wenn nun dieser Mensch für eine kurze Zeit in ein anderes Zimmer gebracht wird, dessen Fenster nach *Osten* geht, so wird er sich möglicherweise in seinen Gewohnheiten anfangs erheblich durcheinandergebracht fühlen und Mühe haben seinen harmonischen Lebensrhythmus zurückzugewinnen. Dann jedoch würde er sich an das Neue gewöhnen und beginnen auch den Glanz der Morgensonne, den unvergleichlichen Reiz des ersten Erwachens der Natur mit dem Gezwitscher der Vögel und der Rückkehr eines Lebens, das sich ständig erneuert, zu schätzen, wie er auch die Frische der langen Strahlen ohne Sonne und das langsame Dunkelwerden ohne Farbkontraste am Abend schätzt. Möglicherweise würde er lernen auch das ebenso wunderbar zu finden wie alles, was er früher so genossen hatte. Führt man ihn nun wieder zurück in sein altgewohntes Zimmer, wo er wieder in seine angestammte Welt eintauchen und intensiv die Freuden all der tief in ihm verwurzelten Eindrücke genießen kann, würde er sich jedoch sicher verändert fühlen. Denn die Erfahrung des Morgens kann nicht von der des Abends getrennt werden. Im Gegenteil, man versteht den Abend nur, wenn man auch den Morgen kennt, da es nur eine Sonne gibt, von der Abend und Morgen kommen.

Unsere erdachte Person wird also feststellen müssen, daß diese kurze, aber andersartige Erfahrung sie gelehrt hat, ein tieferes und wahreres Bewußtsein zu erwerben, als es ihr die immer gleichbleibenden Erfahrungen erlaubt haben, die sie im Grunde automatisch lebte, ohne sich ihrer recht bewußt zu sein. Sie hat gelernt, daß es nur eine Wahrheit gibt und ebenso nur ein Leben und daß der Mensch dazu da ist, dieses wahrhaftig zu leben und bis in seine Tiefe auszuschöpfen.

Ich glaube, daß auf ganz ähnliche Weise religiöse Menschen mit einem ehrlichen Bedürfnis nach Vertiefung des eigenen Glaubens eine vergleichbare Erfahrung machen können wie die Persönlichkeit unserer einfachen Parabel, wenn sie sich für einen kurzen Zeitraum der Glaubenshaltung ihrer hinduistischen Brüder und Schwestern nähern.

Die Lektüre eines Buches, das kurz erläutert, wie diese fernen Menschen das Leben und seine Werte verstehen, die Jenseits, Gottheit und Ewigkeit betreffen, nutzt uns also nicht nur zum Begreifen, sondern hilft uns auch, eine innere Bereicherung zu finden. Vielleicht finden wir das Bewußtsein, daß jede wirklich religiöse Erfahrung die Grenzen von Transzendenz und Geschichte überschreitet.

Das jedenfalls hat der Autor erlebt nach langen und mühsamen Studien von Sanskrit-Texten, nach vielen Reisen auf den Wegen einer Religiosität, die uns zwar so verschiedenartig erscheint, die im Grunde aber schon seit immer zu uns gehört. Sicherlich können meine armseligen Worte im Leser nicht dieselben schwer zu beschreibenden Eindrücke wecken, die man hat, wenn man selbst die Orte, Personen, Töne und Farben, Geschmack und Gerüche, Geräusche und Stille, Schatten und Lichter einer so fernen Welt erfährt. Ich kann auch nicht die Eindrücke vermitteln, die man aus der direkten Lektüre von Quellen gewinnt, die die Träger einer alten Weisheit sind, die seit Jahrtausenden mit großer Sorgfalt aufbewahrt wurde.

Ich hoffe jedoch, daß mein Buch wenigstens dazu imstande sein wird, ein wenig Interesse oder Neugierde auf eine besondere Art des Menschseins der anderen Hälfte der Welt zu wecken. Es ist die andere Hälfte von uns selbst, die versteckt und verborgen unter unserem Handeln liegt und die Mühe hat zutage zu treten, die uns aber von Zeit zu Zeit dazu aufruft, Dasein, Ruhe und Beschaulichkeit zu suchen.

Auch heute noch darf man einen heiligen Ort in Indien im Zeichen des Respekts nur mit nackten Füßen betreten. Genau an diesen Orten spürt man dann eine besondere Stimmung, eigenartig und voller mysteriöser Kraft, voll derselben spirituellen Spannung, die zur Sammlung und Stille einlädt und die bei den heiligen Orten aller Religionen empfangen werden kann. „Entledige dich deiner Schuhe, denn der Ort, an dem du weilst, ist heilig!" – Wie oft sind mir diese Worte des Buches Exodus (3,5) in den Sinn gekommen, die Gott an Moses aus dem brennenden Strauch richtet. Wie oft habe ich versucht, während meine Fußsohlen bei der Berührung mit den unter der Märzsonne glühenden Steinen der Pilgerwege brannten, mich in Einklang zu bringen mit einer unbeschreibbaren Gegenwart, die voller Geheimnis war.

Gelegentlich meinte ich fast, daß es mir gelungen sei, da ich mich gänzlich vergaß und den Eindruck hatte, ohne Eindrücke zu sein, sozusagen von außen alle meine physischen Kontakte, die mein Handeln bestimmten, betrachten konnte. Das ist mir geschehen auf den heiligen Hügeln der *Jainas*, umgeben von einer Einsamkeit, die in eine absolute Stille getaucht war. Es ist in Assisi in der Kirche des heiligen Franziskus geschehen, wo die Nonnen ihrem Gotteslob in einem melodiösen, mehrstimmigen Gesang Ausdruck gaben und es keinen anderen Ton gab, der jene Harmonie störte. Es ist mir im Halbschatten hinduistischer Tempel geschehen, beim Lärm der Pauken, beim Tönen der heiligen Bronzeschalen, beim entfesselten, uralten Klang von Schilfflöten. Es ist eines Sonntags geschehen in der Westminsterabtei, wo die Seele sich längs der Pfeiler nach oben zu erheben schien, getragen vom vollen und durchdringenden Ton der Orgel. Es ist im *Ashram* von *Sringeri* geschehen, wo die Stille nur vom Psalmodieren der Mönche unterbrochen wurde, die die Gesänge der uralten Weisheit anstimmten. Es ist in Kalkutta in der armseligen und feierlichen Stille der Kapelle der Missionarinnen der Mutter Theresa geschehen, wo diese die Kraft finden ihre aufwühlende Botschaft von Barmherzigkeit und Liebe auf die Straßen zu bringen. Es ist letztlich in der atemlosen Lautlosigkeit des Sonnenaufgangs geschehen, wenn in einem *Tirtha* (Badeplatz) zwischen dem beißenden Rauch heiliger Feuer Tausende von Pilgern sich in den Wassern baden, die vom Übel befreien können.

Alle großen Glaubensgemeinschaften haben diesem Feind der Menschheit, dem Übel, einen Namen gegeben: Er lautet „Unwissenheit" *(avidya)* und bedeutet nicht Fehlen von Kenntnis an Büchern oder Dingen, sondern Selbstenthaltung von aller Kenntnisnahme des Wahren, fehlende Zustimmung zur Wahrheit. *Gandhi* gab dem tiefen und tausendjährigen Glauben seines Landes Ausdruck, als er sagte, daß die Wahrheit Gott sei und jene „Unwissenheit" entsprechend als fehlende Unterstützung Gottes und seiner Rettungsabsichten für alle Menschen zu verstehen sei. Sie ist eine Sünde, der sich jeder Mensch, der in einer technisch fortschrittlichen Welt lebt, auf die eine oder andere Weise schuldig macht: Es ist die Sünde, die in der christlichen Terminologie „Ungläubigkeit" genannt wird.

Der Glaube Indiens ruft also nicht zum Unglauben, sondern eben gerade zum Glauben auf. Schon im *Rig-veda,* der ältesten Sammlung religiöser Hymnen Indiens, wird *shraddha* (der Glaube) der kosmischen Ordnung *(rta)* und der Wahrheit *(satya)* gleichgesetzt. In der *Bhagavad-gita,* dem wahren Evangelium der Hindu, sagt der Gott-Mensch *Krishna:* „Auf mich richte deine Gedanken, auf mich deine fromme Liebe, auf mich deine Opfer; mir sollst du deine Verehrung zeigen, so wirst du sicher zu mir kommen: In Wahrheit, ich verspreche es dir, denn du bist mir lieb. Laß alle Vorschriften des Handelns beiseite, nur in mir suche Zuflucht: Verzage nicht, ich werde dich von allen Übeln befreien!"

Das sind die letzten Worte, die der Gott-Mensch an seinen Freund *Arjuna* richtet, die „geheimnisvollsten"; sie sind das „allerhöchste Geheimnis". Es sind Worte, die nicht nur an das letzte Bittgesuch aus dem Vaterunser erinnern, sondern auch an das Glaubensbekenntnis, das Johannes der Täufer spricht, als er zum ersten Mal dem Herrn begegnet: „Das ist das Lamm Gottes, das die Sünde von der Welt nimmt." Die Sünde ist der Unglaube, ist die Unwissenheit. Der Glaube allein befreit und rettet.

Der heutige Mensch muß vor allen Dingen den Glauben wiederfinden. Wenn der eine oder der andere in diesem Büchlein nur eine kleine Anregung auf diesem Wege findet, dann wird die Mühe es geschrieben zu haben nicht umsonst gewesen sein.

Ziel des vorliegenden Buches ist es, allen eine sachliche Information zu geben, die sich mit der komplexen Religion und Kultur des „Hinduismus" beschäftigen wollen. Das Buch beruht auf breiter wissenschaftlicher Forschung, es möchte aber allgemein verständlich sein. Daher ist es nicht für Fachleute geschrieben, sondern es möchte einem breiten Publikum eine Hinführung zur indischen Lebenswelt bieten.

Im 1. Kapitel beginne ich mit dem Begriff von Religion, wie er in Indien verstanden wird. Es ist dies der Begriff *dharma*. Das 2. Kapitel bringt einen Querschnitt über die wichtigsten religiösen Richtungen und Schulen. In den folgenden Kapiteln wird über das Verständnis der Gottheit, der Welt und des Menschen gesprochen. Das 6. Kapitel ist vor allem der religiösen Praxis gewidmet.

Die Vielfalt der indischen Lebensdeutungen mag vielleicht am Anfang für den Leser verwirrend sein. Es lassen sich aber darin sehr bald einige Grundstrukturen erkennen, die für die indische Mentalität prägend sind. Ich gestehe, daß ich mit großer Sympathie an die indische Religion herangehe, obwohl ich mich selbst im christlichen Glauben verwurzelt weiß. Für mich ist die Beschäftigung mit der indischen Religion eine große persönliche Bereicherung geworden, die ich nicht missen möchte.

1. Kapitel

Die Religiosität Indiens: Dharma

Es steht außer Zweifel, daß Indien den Titel „Heimat der Religionen" verdient, der ihm oft verliehen wird: Auf seinem Boden leben mehr oder minder friedlich die verschiedensten Religionen: nicht nur jene, die im „Lande der Bharata" entstanden sind, wie die Religionen des sog. Hinduismus, sodann der Buddhismus, der Jainismus, die Sikh-Religion (sikh-panth), sondern auch jene, die dorthin eingeführt wurden: das Judentum, das Christentum, der Islam und die Religion Zarathustras, um nur an die bedeutendsten zu erinnern. Wenn auch das reale Indien nicht immer unserer Vorstellung von modellhafter Spiritualität entspricht: Gewalt, besonders gegenüber den Schwächsten, wie Frauen und Kindern, zeigt sich auch in Indien, die Korruption breitet sich aus, Gleichgültigkeit gegenüber anderen und Oberflächlichkeit sind häufig die Regel im Alltag. Trotz allem bleibt der Eindruck in diesem Lande (insbesondere in den Orten, wo die traditionelle Kultur am lebendigsten ist) der der religiösen Vielfalt.

1.1 Die religiöse Welt

Hier handelt es sich um eine Religiosität, die sich auf dem Respekt vor all jenem gründet, was als „heilig" (in seinen unterschiedlichsten Erscheinungsformen) erachtet wird. Das ist auf dem Boden eines Landes, das schon seit jeher als eine „Bühne" aller menschlichen Handlungen (karma-bhumi) angesehen wird, sehr vielfältig, so daß fast alle Dinge als „heilig" erscheinen: der Boden, den man mit Füßen tritt; die Berge, die in den Mythen als Achsen der Welt, als Sinnbilder Shivas oder als „unbewegliche Formen" Vishnus angesehen werden; die Seen und Teiche und Flüsse, die Zusammenflüsse und Flußübergänge; das Meer, das die Erde umgibt, das man nicht überqueren soll und das unberührbare Schätze birgt; die Bäume (z. B. der majestätische ashvattha oder pippala – Feigenbaum); die

Vielfalt an Tierarten, nicht nur die berühmten „heiligen Kühe“, sondern auch Vögel, Alligatoren, Schildkröten, Ratten, Schlangen; die Steine, z. B. bestimmte abgerundete und ovale Steine, die ein Bildnis Shivas ersetzen; die Fossilien (wie die Ammoniten des Dorfes Salagrama am Flusse Gandaki, die als Symbol des Gottes Vishnus gelten).

Das gesamte Indien bietet sich uns als Itinerar an, als ein Netz „heiliger Geographie“, deren Erzählungen sich mit den Mythen kreuzen und deren Symbole die Außenwände der Tempel bedecken. Sie erzählen besonders den Ärmsten, den Kleinsten, den Ausgeschlossenen (die nicht zugelassen sind ins Innere des Tempels, weil sie unrein sind) die „Geschichte einer Rettung“, die als Befreiung vom Leiden verstanden werden will.

In Indien ist fast alles heilig. Der Inder zeigt seinen Respekt vor der Heiligkeit der Natur mit der Geste des *anjali:* Es handelt sich hierbei um eine Geste, die heutzutage darin besteht, daß man die Hände einfach vor dem Gesicht zusammentut. Aber ursprünglich hielt man die Hände zu beiden Seiten mit dem Handteller nach oben gerichtet, als ob man einen Becher formte: Das ist die Geste, mit der man am frühen Morgen Wasser gegen die aufgehende Sonne gießt, mit der man ein Geschenk entgegennimmt, mit der man sich selbst darbietet. Diese Geste ersetzt heute noch auf die eben beschriebene Weise vereinfacht jede Art von Gruß.

1.2 Was ist Hinduismus?

Hinduismus und indische Kultur

Es ist bekannt, daß man mit dem Begriff Hinduismus nicht eine Religion meint, sondern die Gesamtheit einer Kultur. Das ist eine Art des Daseins und des Lebensstils, des Sich-Kleidens, der Ernährung, des Liebens und des Sterbens; eine Reihe von alltäglichen Gewohnheiten, die seit Jahrtausenden sorgfältig im Schoße einer traditionellen Kultur übermittelt werden. Das Wort „Hinduismus“ ist aus dem Sanskrit hergeleitet: *sindhu,* was „Fluß“ oder auch „Flußlandschaft“ bedeutet.

Dem *sindhu* im Sanskrit entspricht das Wort *hindu* im Iranischen. Es wird in den Inschriften der Achämeniden benutzt, um die östlichste Provinz des großen Reiches von König Darius zu bezeichnen. Es ist über das Griechische ins Latein gelangt, unter der Form *Indus* (der Fluß), von dem sich der Name Indien mit all seinen Ableitungen herleitet. Noch heute wird Indien oft mit dem persischen Wort *Hind* bezeichnet, besonders in islamischen Ländern. Die Hindus ziehen die Benennung Bharata vor. Das ist aus dem Sanskrit hergeleitet, von einem indo-arischen Stamm, der im Mittelpunkt ihres großartigsten Epos *Mahabharata* steht. Oder sie sagen *Bharat Mata,* d. h. „Mutter Indien". In der Stadt Benares (auch Varanasi oder Kashi genannt), eine der sieben heiligen Städte, existiert in der Tat ein der „Mutter Indien" gewidmeter Tempel. In seinem Zentrum steht eine das Land Indien darstellende Gestalt, die täglich von Massen gläubiger Inder verehrt wird.

Als die Türken islamischen Glaubens endgültig und dauerhaft das nördliche Indien am Ende des 17. Jahrhunderts eroberten, benutzten sie das Wort *Hind,* um dieses Land zu bezeichnen. Dementsprechend nannten sie seine Sprache *hindi* und seine Einwohner *hindu;* wobei sie insbesondere diejenigen meinten, die nicht Buddhisten waren und nicht zur neuen Religion Mohammeds konvertiert waren. Schließlich waren es die Engländer, die von dem Wort *hindu* ausgehend den Begriff *Hinduism* prägten, von dem unser Name *Hinduismus* herkommt.

Der Name *Hinduismus* ist also eine Erfindung der Abendländer, ebenso wie der Name Indien.

Der Name *Hinduismus* ist nicht geeignet, die religiöse Vielfalt Indiens auszudrücken, wohl aber eine soziokulturelle Einheit. Der Tübinger Indologe und Religionswissenschafter Heinrich von Stietencron meint völlig richtig, daß der sog. Hinduismus eher eine Anhäufung von Religionen ist, die „sich gegenseitig akzeptieren und respektieren" und die miteinander ein letztes gemeinsames Ziel anstreben. Sie sind untereinander teils durch gemeinsame Glaubensinhalte und religiöse Praktiken (Glaube an die Wiedergeburt, die Hoffnung auf Befreiung von der Zukunft, die Praxis eines Kultes), durch ein gemeinsames kulturelles, traditionelles und zivilisatorisches Erbe verbunden.

In dem großen Kaleidoskop von Glaubensgemeinschaften und Traditionen, das das hinduistische Indien charakterisiert, kann man drei Hauptreligionen unterscheiden: *Vaishnava, Shaiva* und *Shakta.* Ihre Anhänger verehren als höchste Gottheit den Gott *Vishnu,* den Gott *Shiva* oder die weibliche *Shakti,* welche die Energie und die schöpferische Kraft des Göttlichen verkörpert. Diese Religionen unterteilen sich in eine Reihe zahlreicher „Traditionen" *(sampradaya),* die in einer genauen Nachfolge von religiösen Lehrmeistern gelebt werden. Sie heißen auch „Wege" (in Hindu: *panth),* die von Mystikern oder Asketen unterschiedlichster Epochen vorgezeichnet wurden. *Hindu* sind aber auch Personen, die ohne religiöse Gefühle leben und keine der traditionellen Religionen befolgen. In Indien wird als *Hindu* derjenige bezeichnet, der in eine hinduistische Kaste geboren ist. Man kann also nicht *Hindu* werden oder zum Hinduismus „konvertieren“. Wohl aber kann man aufhören *Hindu* zu sein, indem man sich einer nicht-hinduistischen Religion (Christentum oder Islam) anschließt.

Religion und Dharma

Das Wort, das man in Indien für Religion benutzt, ist *dharma:* Dieses Wort hat eine Vielfalt von Bedeutungen, die zwar auch unser Verständnis von Religion beinhalten, sich jedoch in diesem nicht erschöpfen. Die Definitionen von *dharma* sind unzählbar.

Das Wort hat seine Bedeutung, wenn es auf besondere Weise mit *ahimsa* („Schuldlosigkeit“, „Gewaltlosigkeit“) verknüpft wird. Das ist die höchste Tugend derjenigen, die *dharma* praktizieren. Sie wird als der höchste *dharma* (ahimsa paramo dharma) betrachtet und von den großen Lehrmeistern aller Zeiten verkündet; z. B. Mahatma Ghandi.

Nicht nur gemäß den Sanskrit-Gelehrten, auch entsprechend der traditionellen Etymologie hinduistischer Texte hat das Wort *dharma* seine Wurzel in dem indoeuropäischen *dhr,* was „unterstützen, im Sein halten“ heißt. Aus dieser Wurzel kommen auch (wie u. a. R. C. Zaehner unterstrichen hat) die lateinischen Worte: firmus und forma. Diese helfen uns die semantische Komplexität des Wortes *dharma* zu verstehen: Es meint einerseits etwas Fixes, Stabiles, Festes, das sich nicht ändert und nicht geringer wird. Es meint auch die „Form“ der Dinge, ihre eigenste Natur; jene Kraft also, die sie so sein läßt, wie sie sind. Der *dharma* ist also etwas Ähnliches, was wir das „Gesetz der Natur“, ewige Norm und Ordnung (sowohl des Kosmos als auch des individuellen und sozialen Lebens) nennen. In „Harmonie mit dem *dharma* aller Dinge“ zu sein und gleichzeitig „den eigenen *dharma* zu leben, wie es sich in der Bewußtheit verwirklicht“, bedeutet für jeden Hindu das Wesen der Religion. So folgen die Himmelskörper ihrem Kreislauf auf der Basis des *dharma.* Und es ist auch der *dharma,* der alle Regeln des menschlichen Verhaltens und seines Weges auf der Erde diktiert. Das *Manavadharma-shastra* (Lehrschrift über den dharma von Manu) oder die *Manu-smrti* (Überlieferung des Manu), das fundamentale Werk der hinduistischen Tradition über den *dharma,* lehrt, daß „er dank der Wahrheit gedeiht“ (VIII,83b). Ja, der *dharma* ist selbst die Wahrheit *(satya)*. Viele Abschnitte der Upanishaden (Versammlungen beim Lehrmeister) illustrieren mit poetischen Worten dieses fundamentale Konzept der hinduistischen Tradition. Die *Brhadaranyaka-upanishad* (Die große Versammlung im Walde) sagt, daß der *dharma* die Souveränität der Souveränitäten ist, daß nichts über dem *dharma* steht. Was *dharma* ist, ist selbst die Wahrheit. Deswegen sagt man, wenn einer die Wahrheit sagt: Er sagt den *dharma*. Und wenn einer den *dharma* sagt, sagt man: „Er sagt die Wahrheit. Es ist eben so, daß sie dasselbe sind" (I,4,14).

Diesem Text folgt das *Mahabharata,* wenn es geltend macht, daß „die Wahrheit der ewige *dharma* ist" (XII,162,4b); daß „die Wahrheit das höchste Ziel ist" (XII,1625b); daß „die Wahrheit der *dharma* ist, Askese, Yoga; die Wahrheit ist das ewige *Brahman;* die Wahrheit ist das höchste Opfer und alles gründet sich auf der Wahrheit" (XII,162,5); daß „es keinen *dharma* gibt, außer der Wahrheit und nichts höher ist als die Wahrheit" (I,74,105b); daß es „keine Norm (dharma) außer der Wahrheit gibt und keine Sünde, die der Lüge gleicht" (XII,162,24ab). „Sag die Wahrheit, folge dem *dharma*", sagt die *Taittiriva-upanishad* (I,11,1). Die Vasisthasmrti (Überlieferung des Vasistha) folgt ihr, wenn in ihr die berühmte Aufforderung formuliert wird: „Folgt dem *dharma,* nicht dem *adharma.* Sagt die Wahrheit, nicht das Falsche. Schaut in die Ferne, nicht auf das Nächste, schaut in die Höhe und nicht nach unten" (30,1). Auch im *Ramayana* wird gesagt, indem vielleicht eine Formulierung des Taittiriya-aranyaka benutzt wird, daß der *dharma* das Wesen des Universums ist (III,18,24; III,109,12–14; usw.), da die Wahrheit *dharma* bedeutet (II,14,3 u. ff; 21,40; III,14,3). Alles hat seine Wurzeln in der Wahrheit und es gibt kein höheres Ideal als dieses (II,109,13). Die schon erwähnte *Manusmrti* fügt der Anweisung, die Wahrheit zu sagen, noch eine interessante nähere Angabe hinzu: „Der Mensch sage die Wahrheit, er sage, was angenehm ist; er soll keine unangenehme Wahrheit sagen, aber er soll auch keine angenehme Lüge sagen: Das ist der ewige *dharma*" (IV,138).

Hier also haben wir neben dem *ahimsa* den zweiten fundamentalen Wert der hinduistischen Kultur. Auch er ist eng an den *dharma* gebunden, so daß daraus ein Synonym geworden ist. Nicht zufällig hat Mahatma Gandhi diese zwei Werte unlöslich mit dem Symbol seines Kampfes für das Wiederaufblühen seines Volkes im moralischen und politischen Sinne verbunden.

Man könnte ganze Bücher mit den unzähligen Definitionen füllen, die die hinduistische Tradition dem wichtigsten Wert ihrer religiösen Kultur gegeben hat. Ich möchte nur noch an eine erinnern, die bewundernswert ist wegen ihrer Kürze.

Sie befindet sich am Anfang des *Vaisheshika-sutra* (Lehrsätze des Vaisheshika) des Kanada (I,12) und lautet folgendermaßen: „*Dharma* ist das, von dem die Verwirklichung des Erfolges (in diesem Leben) und die endgültige Befreiung (von den Wiedergeburten) herrührt."

Der *dharma* hat also zwei Dimensionen: a) eine, die den legitimen Erwerb und den Nutzen der Güter dieser Welt betrifft; b) die andere, die sich auf das Ende jedes Menschen bezieht. Sie besteht darin, sich für immer aus der Welt des Werdens, der zyklischen Folge von Leben und Tod zu verabschieden, um die ewige Unveränderlichkeit des Daseins jenseits von Raum und Zeit zu erreichen. Die hinduistische Tradition hat hierzu eine interessante Doktrin erarbeitet, den *adhikara-bheda* oder die „Unterscheidung der Zuständigkeiten": Die Menschen leben unterschiedliche Temperamente, intellektuelle Bedürfnisse, Gefühle und Fähigkeiten, so daß eine einzige Wahrheit sich nicht allen Personen anpaßt. Die Wahrheit selbst hat gemäß dem berühmten Philosophen Shankara (7.–8. Jh.) zwei Aspekte: jenen der „transzendenten Wahrheit", der die höchste Realität (paramarthika-satya) betrifft; und jenen der „empirischen Wahrheit" (vyavaharika-satya), der die alltägliche Realität berührt. Auf dieser Basis gelangt der berühmte Denker zum Gedanken der „empirischen Realität der Welt" und gleichzeitig zu ihrer „transzendentalen Irrealität".

Man kann diesen kurzen Exkurs nicht abschließen, ohne nicht wenigstens eine der Definitionen zu erwähnen, die von hinduistischen Gelehrten unserer Zeit gegeben werden. Ich habe die von Rajabali Pandeya aus seinem Buch *Hindu Dharmakosha* (Wörterbuch des hinduistischen dharma) ausgewählt: „Dharma ist jene Art von Berufung oder kreativem Instinkt, die allen Dingen innewohnt. Diese Berufung, auf der jedes unterscheidende Charakteristikum aller Dinge beruht, ist genau der *dharma* dieses Gegenstandes. Mit dem Verfall des *dharma* verfällt dieser Gegenstand, aber er wächst mit der Zunahme des *dharma*. Es ist der Duft einer Jasminblüte, wie ihr Wachstum und das Erblühen ihrer Knospe, ihr Verfall und Verblühen. Diese Idee vom *dharma* ist die Besonderheit Indiens."

Kontinuität der religiösen Tradition

Die Idee von der Unveränderlichkeit des *dharma* wird als Wert gesehen, der seit immer und für immer außerhalb jeder Zeit steht. Er ist für den besonderen Charakter der indischen Kultur verantwortlich: für jene ununterbrochene Kontinuität ihrer religiösen Tradition (*smrti* = „Gedächtnis"), die selbst von den islamischen Invasionen unberührt geblieben ist und auf einem tiefgehenden Sinn für Treue gegenüber der Vergangenheit basiert. Die französische Autorin Madeleine Biardeau hat dieses Charakteristikum des hinduistischen Indiens gut herausgehoben, als sie geschrieben hat: „Seine Denker und Schriftsteller … haben uns ein zutiefst zeitloses Bild entworfen, dazu bestimmt, gemäß ihrer Auffassung ewig zu leben."[1] Dank dieser Charakteristik kann die religiöse Kultur Indiens im Unterschied zu den anderen großen Kulturen der Vergangenheit nicht nur über die literarischen Quellen („heilige" Schrift, dem Sanskrit), sondern auch durch ethnologische „Feldarbeit" erforscht werden. Die direkte Beobachtung der Gegenwart ist die treue Spiegelung einer religiösen Realität, die über jede Veränderung der Zeit hinauszugehen scheint.

1.3 Was ist Dharma?

Das ewige Gesetz

Der *dharma* ist „ewig" (sanatana). Als solcher besteht er vor seiner Offenbarung, die in den ältesten Quellen des religiösen Wissens der Hindu festgehalten ist, denen der Name „Wissen" (Veda) gegeben wurde. In diesem Zusammenhang ist die Erörterung über die Bedeutung der Zusammensetzung *sanatana-dharma* interessant, die Swami Bharati Krishna Tirtha (1884–1960) in seinem gleichlautenden Buch gibt. Dort erläutert er vier verschiedene Aspekte, die bei der Bedeutung des Wortes *sanatana* mitwirken:

a) Die erste Bedeutung ist die, die aus der Interpretation des Wortes als einer Zusammensetzung herrührt, in der das erste Element als eine Beschreibung des zweiten angesehen wird. Die Übersetzung lautet dann: „das Gesetz des Ewigen" oder „das vom Ewigen bestimmte Gesetz" oder in noch anderen Worten „die Religion Gottes".
b) Die zweite Bedeutung entsteht durch die Interpretation, nach der das erste Glied das zweite definiert. Die Übersetzung lautet dann: „ewiges Gesetz", das weder Anfang (anadi) noch Ende (ananta) in der Zeit hat.
c) Die dritte Bedeutung kommt aus der vorhergehenden, jedoch mit einer kausativen Nuancierung des Wortes *sanatana,* so daß folgende Übersetzung entsteht: „das Gesetz, das ewig macht", das die Erfahrung der Ewigkeit denjenigen garantiert, die an sie glauben und sich dementsprechend verhalten.

d) Die vierte Bedeutung ist eine Variante der vorhergehenden, nach der das Wort *sanatana* das Ewige im engsten Sinn des Wortes bedeutet, d. h. Gott: Der *dharma* „läßt den Menschen Gott werden, oder eins mit Gott“, für die Ewigkeit.

Wenn der Mensch in Harmonie mit den Prinzipien der ewigen Ordnung der Dinge lebt, so wie sie von Gott bestimmt ist, dann wird er am Ende ewig; er wird das Ewige, das die Quelle seines Daseins und jenes Gesetzes ist, dem er im Laufe seines Lebens gefolgt ist.

Quellen des Dharma

Ein Abschnitt der *Manu-smrti* (II,12) bestimmt in sehr klarer Art, welche die Charakteristiken (lakshana) des *dharma* sein sollen: Dieser Abschnitt listet nicht nur die Ursprünge der Gesetze auf, die sich auf die Pflichten des einzelnen beziehen, sondern bestimmt zugleich auch die Kriterien, aufgrund derer der *dharma* selbst definiert werden kann:

Die Texte der offenbarten Weisheit *(Veda)*, die Gesamtheit aller heiligen Texte der Überlieferung *(smrti)*, das Verhalten der Gutgesinnten[2] und das, was dem eigenen Selbst teuer ist[3]: das ist die vierfache Bedeutung des *dharma*[4].

Die Gesamtheit der Texte, die den Namen *Veda* tragen, sind die Frucht einer Art Selbstoffenbarung der Wahrheit, ohne menschliches Einwirken. Sie wird einstimmig als die maßgebliche Quelle für das ethische Verhalten angesehen. Diesen von den alten Sehern „gehörten“ (shruti) Texten muß man jene hinzufügen, in denen die „Erinnerung“ an die Wahrheit (smrti) aufbewahrt ist. Gemeint sind die Werke der religiösen „Überlieferung“, deren Aufgabe darin besteht, die Kenntnis der Wahrheit, wie sie in der Offenbarung enthalten ist, zu entwickeln, zu fördern und für die späteren Zeiten aufzubewahren. Unter „Verhalten der Gutgesinnten“ versteht man die traditionellen Gebräuche, wie sie vom Verhalten derjenigen bestimmt werden, die diese Wahrheiten genau kennen. Sie stehen in den *Veden* und in den Werken der *smrti;* vor allem in den Lehren, die dem *dharma* und seinen unterschiedlichen Aspekten gewidmet sind. Zu diesen objektiven Quellen kommt eine innere Dimension hinzu, mit der Betonung, daß die menschliche Handlung nicht im Gegensatz zu dem stehen darf, was dem eigenen Selbst teuer ist. Es gibt in der Tat in jeder Person einen geheimen und geheimnisvollen Zeugen, den die hinduistische Tradition „das Selbst“ *(atman)* nennt. Das ist die reinste und vollkommenste Kraft, die unerkennbar im intimsten Bereich jeder „lebenden“ Kreatur wohnt:

„Das Selbst ist sein Zeuge, das Selbst ist sein Ziel. Verachtet nicht euer Selbst, welches der erhabene Zeuge der Menschen ist. Die Niederträchtigen denken: Niemand sieht uns. Aber die Götter sehen sie und ebenso der Geist, der in ihnen ist. Wenn du denkst, mit dir allein zu sein, wacht in deinem Herzen immer dieser aufmerksame und stille Beobachter des Guten und des Bösen.“

Typen des Dharma

Wenn auch die älteste brahmanische Tradition dazu neigt, vom *dharma* als von einem einheitlichen Prinzip zu sprechen, dem sich das gesamte menschliche Handeln anpassen soll, zeigen uns doch die alten Quellen ein ganz anderes Bild. Hier erscheint der *dharma* nicht als etwas Einheitliches, sondern er gliedert sich in viele verschiedene Typen. Diese werden auf der Basis unterschiedlicher raumzeitlicher Situationen definiert, gemäß den Lebensbedingungen des Handelnden. In der ausführlichen Auslegung des *dharma* behandelt das *Mahabharata* der Reihe nach: den *raha-dharma* (Pflichten des Königs), den *apad-dharma* (Regeln, die in der Notsituation beachtet werden sollen), den *moksha-dharma* (Gesamtheit der Regeln, die zur Erlangung der Befreiung dienen) und den *dana-dharma* (Regeln für das Almosengeben). Dies wird in dem Zeitabschnitt des *Kali-yuga,* der unglücklichen kosmischen Epoche, in der wir leben, als besonders wirksames Mittel zur Rettung betrachtet. Die Exegeten der wichtigsten Lehrschriften über den *dharma* listen folgende *dharma*-Typen auf:

a) *varna-dharma,* das sind alle Regeln des Verhaltens, aufgeteilt nach sozialen Kategorien (varna, wörtl. „Farbe“), zu denen jeder Mensch auf der Basis ritueller Reinheit in einer hierarchisch gegliederten Gesellschaft gehört;
b) *ashrama-dharma,* der die eigentlichen Regeln für die vier „Lebensstadien“ (religiöse Lehrzeit, Familienleben, Rückzug von Familie, Wanderasket) enthält, wie sie für die Männer der ersten drei *varna* vorgesehen sind;
c) *varnashrama-dharma,* der die Zusammenfassung der ersten beiden ist;
d) *guna-dharma,* die Gesamtheit der Regeln, wie sie je nach ihrer Eigenart und ihrer Qualität befolgt werden sollen;
e) *naimittika-dharma,* die Gesamtheit der religiösen „Gelegenheitspflichten“, die

sich von den für jeden Fall „allgemein verbindlichen“ Pflichten *(nitya)* und den Pflichten „freier Wahl“ *(kamya)* unterscheiden.

f) Zu diesen fünf Kategorien des Vijnaneshvara (2. Hälfte 11. Jahrh. n. C.) kommt jene des *sadharana-dharma,* das sind all jene Pflichten oder Tugenden, die allen sozialen Schichten „gemeinsam“ sind; sie gelten für alle Menschen.

Gemeinsame Regeln

Ich habe bereits die beiden Werke erwähnt, die seit den Anfängen her unlöslich mit dem Konzept des *dharma* verbunden sind. Das hinduistische Denken hat die Beziehung zwischen dem *dharma* und den höchsten religiösen und moralischen Werten vertieft, indem es zwei Stufen des *dharma* definiert und gegeneinander abgrenzt. Die erste ist jene „gemeinsame“ (*sadharana* genannt, oder auch *samanya*). Das sind zwei Bezeichnungen, mit denen alle allgemeinen ethischen Prinzipien definiert werden, die für alle Menschen als verbindlich anerkannt werden können und sollen. Selbstverständlich handelt es sich hier um Prinzipien oder Tugenden, die einen universellen Wert haben. Es sind jene, die in den „Texten der religiösen Überlieferung“ *(Purana)* auch „geistige Qualitäten“ *(atma-guna)* und „heilige Orte des Geistes“ *(manasa-tirtha)* genannt werden. Sie bilden die Grundlage, auf der der Hinduismus „seine auf Tatsachen beruhende Universalität“ (wie es Madeleine Biardeau nennt) in Anspruch nimmt. Als Hindu wird man geboren, man kann es nicht werden. Wenn man aber den Prinzipien des *samanya-dharma* treu bleibt, können auch Freunde (mleccha) hoffen eines Tages innerhalb des sich immer wieder erneuernden Zyklus der Existenzen auf dem heiligen Boden Indiens geboren zu werden, um auf einem langen Weg der Vervollkommnung und Reinigung den letzten Akt der persönlichen Rettung zu erleben.

Diese häufig sehr langen *Listen universaler Tugenden* enthalten folgende: Reinheit als äußere und innere Reinigung; Jungfräulichkeit, innere Disziplin und Selbstkontrolle; Vergebung und Nachsicht; Neidlosigkeit, Mitleid, Geduld; fehlende Wünsche nach Besitz oder den Frauen anderer; Freizügigkeit, Kontrolle der Sinne, Toleranz; Erbarmen gegenüber allen Kreaturen; Reinheit des Herzens usw. Mit großer Deutlichkeit werden diejenigen Prinzipien hervorgehoben, die als eigentliches Wesen des *dharma* betrachtet werden: Schuldlosigkeit und Gewaltlosigkeit (als Nicht-Töten-Wollen, Verzicht auf das Schlagen), Respekt vor jeglicher Form des Lebens, Gabe der Furchtlosigkeit *(abhaya-dharma)*; Wahrheit, Wahrhaftigkeit und Zuverlässigkeit gegenüber dem gegebenen Wort; Kohärenz in Worten, Gedanken und Handlungen.

Von diesen beiden Tugenden wird im *Mahabharata* insbesondere die Wahrheit zum absoluten Wert, auf dem sich nicht nur der *dharma*, sondern das gesamte moralische Verhalten gründet. Im Namen der Wahrheit werden die feierlichsten Schwüre gesprochen: z. B. der „fürchterliche" Schwur des Heroen Bhishma, der für immer auf Nachkommenschaft verzichtet und seiner Mutter Satyavati verspricht für immer jungfräulich zu bleiben. Im Namen der gleichen Wahrheit wird der Gott-Mensch *Krishna* dem Prinzen Parikshit, der tot geboren wurde, das Leben geben, damit sein Geschlecht nicht erlischt und weiterhin die Erde regieren kann: „Ich spreche nicht umsonst: Ich werde diesen Knaben wieder zum Leben erwecken und alle werden Zeugen sein ... So wie es wahr ist, daß in mir immer die Wahrheit und der *dharma* wohnen, so mag dieser Knabe leben." Das sind Worte, die nicht vergebens gesprochen werden. Und in der Tat schließt der Text: „So sprach Vasudeva (= *Krishna*); und ganz langsam kehrten in den Knaben Bewußtsein und Herzschlag zurück" (*Mahabharata* XIII,69,18 ... 24).

Im gegenwärtigen leidvollen Zeitalter gesellt sich zu diesen beiden Haupttugenden des *dharma* eine dritte: das „Geben" *(dana)* oder die Großzügigkeit. Ihr Symbol ist ein anderer Held des *Mahabharata,* nämlich *Karna,* der Sohn der Sonne, der dem Gotte *Indra* das Schwert und die Ohrringe schenkt. Diese machten ihn unsichtbar, auch wenn er wußte, daß er im Kampf mit seinem Rivalen und Stiefbruder *Arjuna* unterliegen wird (*Mahabharata* III,300–310). *Dana* ist eine große Tugend, da sie sich nicht in der Praxis der Großzügigkeit und des Almosengebens erschöpft, sondern auch eine innere Dimension hat: Sie ist vor allem die Gabe der Furchtlosigkeit (*abhaya*), die die Götter ihren Gläubigen schenken. Sie wird in der Ikonographie durch die mit dem Handteller nach vorn erhobene Hand symbolisiert. „Furchtlosigkeit" ist ein Zustand perfekter Ruhe, die aus dem Bewußtsein der Wahrheit entspringt und keinerlei Störung unterliegt. Dementsprechend ist das Geben von Gaben vor allem eine innere Haltung der Gewaltlosigkeit, die den anderen Tugenden erlaubt in der Wahrheit zu ruhen. Die drei Tugenden sind im Grunde nur eine.

In diesem Licht erlangt auch noch ein anderes Prinzip universeller Art seine volle Bedeutung. Es ist dies die Regel, die auch für den Hindu festlegt, daß man anderen nichts antun solle, was man nicht selbst erleiden will (Goldene Regel). Im *Mahabharata* wird das mit folgenden Worten formuliert: „Was der Mensch nicht wünscht, daß es ihm angetan wird, das tue er nicht den anderen, da er weiß, daß es ihm selbst nicht angenehm ist" (XII,259,20).

Besondere Regeln

Außerdem gibt es einen *vishesha-dharma* (besonderer dharma) oder *sva-dharma* (eigentlicher dharma), welcher die Regeln enthält, die für jede Kaste oder Gruppe (jati) gelten. Das *Vayu-purana* (I,59,31 u. ff) teilt diese Regeln in *shrauta-dharma* und *smarta-dharma* ein; je nachdem, ob es sich um die Hingabe an die Veden und deren Studium handelt oder um die Lebensregeln des *varna* (soziale Schicht) und des *ashrama* (Lebensabschnitt). Sie betreffen religiöse und rituelle Pflichten, die nach sozialer Schicht *(varna)*, Kaste *(jati)* oder Lebensabschnitt *(ashrama)* variieren.

Diese rituellen Akte können verpflichtend sein für alle Begebenheiten *(nitya)*, oder nur für Gelegenheiten (*naimittika*); also nur in bestimmten Situationen wie Geburt, Initiation, Tod usw. Oder sie gelten, um besondere Wünsche *(kamya)* zu erreichen. Die maßgeblichen Texte, die die vielfältigen Aspekte des *dharma* illustrieren, beschränken sich nicht darauf, die korrekte Durchführung der Riten zu beschreiben. Sie legen vielmehr bis ins kleinste Detail die Regeln fest, nach denen sich das Verhalten der verschiedenen Personengruppen richten muß. Dementsprechend kann es nicht nur einen *sva-dharma* geben, sondern sehr viele. Wenn die Zersplitterung ins Extrem getrieben wird, existiert für jedes Individuum ein *dharma*, ein eigener „Weg", um zur Harmonie mit der Natur und der menschlichen Gesellschaft zu gelangen. Diese Harmonie bedeutet gleichzeitig auch Bewußtheit der eigenen geistigen Kräfte, Erfüllung und perfekte Ruhe; das letzte Ziel aller hinduistischen Religionen.

Obwohl sie an unterschiedliche Situationen geknüpft sind, bilden die Prinzipien des *sva-dharma* oder *vishesha-dharma* jedoch eine Gesamtheit von moralischen Regeln, die aber veränderbar und relativ sind. Das Richtige und das Unrichtige verlieren ihren absoluten Wert, sie werden vertauschbare Begriffe. Es besteht kein Zweifel: Was recht ist für einen Brahmanen oder für einen Mönch, ist unrecht für einen Fürsten oder Krieger. Und was in einem kosmischen Zeitalter (*yuga*) richtig ist, kann in einem anderen Zeitalter falsch sein (*Mahabharata* XII,231,27). So „kann die Gewaltanwendung *(himsa)*, die ganz sicherlich unrecht ist als subjektive Regung, als objektiver Vorfall recht sein, um z. B. Ungerechtigkeiten und Verstöße Böswilliger zu beheben". Die *Bhagavad-gita* (der Gesang des erhabenen Herrn) hält fest, daß „es für einen Fürsten *(kshatriya)* nichts Besseres gibt als einen gerechten Krieg" (2,31). Nicht nur das, sondern eine Handlung, die in normalen Zeiten unrecht *(adharma)* erscheint, kann in Zeiten des Unglücks oder der Schwierigkeiten Recht werden (*Mahabharata* XII,130,16ab).

Man darf jedoch nicht vergessen, daß die Befolgung des *dharma* (als Erfüllung der rituellen Pflichten) kein Verdienst für denjenigen bedeutet, der moralisch unrein ist. Die Verwirklichung der Tugend ist eine notwendige Bedingung auch für das religiöse Leben.

Wo man dem Rechnung trägt, nämlich den Bedürfnissen des individuellen Gewissens und der Pflicht, dem zu folgen, was wir „die Regeln der eigenen Situation" nennen können, muß man erkennen, daß sich Situationen ergeben können, wo sich heftige und unlösbare Gegensätze zwischen dem allgemeingültigen *dharma* (Ausübung der Tugend) und den Gesetzmäßigkeiten des eigenen Zustandes ergeben: Kämpfen und Töten sind, um ein Beispiel zu nennen, Pflichten, die zum *sva-dharma* eines Fürsten und Kriegers gehören. Sie stehen im offensichtlichen Gegensatz zu den allgemeingültigen Regeln, die ein Verhalten ohne Gewaltausübung verlangen.

In diesem Zusammenhang soll sofort klargestellt werden, daß es nicht möglich ist, an das individuelle Gewissen zu appellieren. Die Vorherrschaft des Pflichtbewußtseins der Kaste über die individuelle oder persönliche Freiheit ist absolut. Die menschliche Persönlichkeit hat in der traditionellen hinduistischen Kultur keinen Wert in sich selbst, sondern nur in Verbindung zu ihrer Funktion innerhalb der Gesellschaft. Die Bedürfnisse der Gruppe (Kaste) gehen denen der Person (des Individuums) voran. Der Fürst muß kämpfen und töten, manchmal muß er auch lügen. In der *Bhagavad-gita,* in der der Gott-Mensch *Krishna* lehrt dieses Problem zu lösen, steht sogar zweimal, daß es besser ist, seine eigenen Pflichten anstatt die Pflichten anderer zu erfüllen (3,35ab und 18,47ab). Denn „indem der Mensch mit Freude seine eigene Pflicht erfüllt, erlangt er die Vollendung" (18,45ab).

Das Konzept vom *dharma* erlaubt, daß wir uns einer religiösen Vorstellung nähern, die den gesamten Menschen betrifft. Es beschreibt das, was wir unter dem Begriff „Religion" verstehen, aber es erschöpft sich nicht hierin. *Dharma* ist der Wert, durch den der Mensch sich als Teil einer Gesamtheit fühlt. Er ist sich dessen bewußt, daß die eigene kleine Realität in irgendeiner Weise Abbild einer umfassenderen großen Realität ist. Wir sehen über das hinaus, für den Menschen ein großes Privileg: Er ist die einzige Kreatur, die der „Rettung" fähig ist, die sich vom ständigen Kreislauf der Wiedergeburten *(samsara)* befreien kann, indem sie ihrem Werden ein Ende setzt. Die Befreiung *(moksha)* bedeutet für den Menschen das letzte Ende, das alle anderen Ziele übersteigt. Solange der Mensch jedoch in der Welt lebt, muß er drei Zielen folgen und sie miteinander verbinden: das sind der *kama* (Vergnügen, Befriedigung der Wünsche), der *artha* (Reichtum, Wohlstand und Erfolg) und der *dharma* (Ordnung, Gerechtigkeit, Moralität). Wir halten fest, daß der *dharma* die anderen beiden überragt, da ohne Zweifel „Regeln" für den Genuß des Vergnügens und des Reichtums existieren. Eine berühmte Bestätigung dafür ist der Ruf des *Vyasa,* wie er in den letzten Versen seines ausgedehnten Epos steht: „Ich rufe mit erhobenen Armen und niemand hört mich: Aus dem *dharma* kommen *artha* und *kama.* Warum also wird es nicht praktiziert?" (*Mahabharata* XVIII,5,62)

Nach der Hinzufügung von *moksha* (Befreiung der Welt vom Werden) werden aus den drei Zielen *(trivarga)* vier Ziele *(caturvarga).* Die religiöse Problematik wird komplexer: Zu der Spannung zwischen den beiden *dharma* (dem allgemeinen und dem eigenen) kommt eine weitere, zwischen *moksha* und *samsara,* zwischen „Befreiung" und „geordnetem Leben" in der Welt. Das bedeutet eine Spannung zwischen *moksha* und *dharma.* Der Mensch muß ständig dreierlei vor Augen haben: den *dharma,* seine „Pflicht" als Mensch *(samanya)* und seine Pflicht als Mitglied einer Kaste *(vishesha).* Der *dharma* ist seine eigentliche Existenz. Aber es gibt etwas, was das geordnete Zusammenleben der Menschen in der Welt an Bedeutung übertrifft: Das ist *moksha,* eine Dimension absoluter Freiheit, die man nur realisieren kann durch einen radikalen Verzicht auf das Leben. Das ist die Entdeckung und das höchste Ziel des Weisen, des Mönches, des Entsagenden *(samnyasin).* Er ist derjenige, der die Welt der Pflichten, aber auch der Wünsche hinter sich gelassen hat. Er folgt dem einzigen „Wunsch" einen undefinierbaren Zustand in Frieden, Glück und perfekter Bewußtheit von sich selbst, jenseits von Geborenwerden und Sterben, zu erreichen.

2. Kapitel

Religion der Brahmanen

Historischer Querschnitt und Quellen

Aus der Sicht der Hindu hat der sog. Hinduismus keinen zeitlich bestimmbaren Ursprung, denn die Religion ist *dharma*. Und *dharma* ist ewig, er existiert schon seit immer und für immer. Aus diesem Grunde hat die Religion der Hindu keinen Stifter, sondern gründet sich auf einen Wert, der zeitlich nicht begrenzt wird. Aus demselben Grunde kann man nicht Hindu werden, nicht zum Hinduismus „konvertieren". Als Hindu wird man geboren dank der Verdienste, die man in unzähligen Existenzen gesammelt hat, da man nur auf dem heiligen Boden Indiens den Weg der Reinigung und Reintegration in die ursprüngliche Einheit gehen und jenes Ziel erreichen kann, von wo es keine Rückkehr mehr gibt.

Die indische Mentalität ist kaum geschichtlich interessiert, sie zeigt wenig Interesse für die Dinge, die im Werden sind und getan werden, da sie ohne inneren Wert sind. Dennoch hat die indische Kultur der menschlichen Beziehung zum Heiligen ihre Geschichte. Es gibt eine Geschichte der Ideen und der Personen, die für den Aufbau der religiösen Kultur ihren persönlichen Beitrag geleistet haben.

Außerhalb eines Zeitbegriffes?

Es sind vor allem westliche Gelehrte gewesen, die versucht haben eine Geschichte des Hinduismus zu rekonstruieren. Sie ist häufig ohne genaue Daten, wird aber seit dem 2. Jh. v. C. ziemlich konkret. Andere Gelehrte dagegen haben in den letzten Jahrzehnten unter dem Einfluß neuer Lesarten der wichtigsten Mythen der indoeuropäischen Völker versucht soweit wie möglich dem indischen Denken und Glauben näher zu kommen. Sie zeigen in ihren Schriften die zeitlosen und normativen Vorstellungen, die uns Indien in seiner Kultur und religiösen Erfahrung übermittelt hat.

Wir werden hier im folgenden zuerst die großen Epochen und die wichtigsten Phasen der Entwicklung des indischen Denkens umreißen, das in der Vergangenheit, aber auch heute noch ein vorwiegend „brahmanisches" ist. Dann werden wir die grundlegenden religiösen Ideen in bezug auf Gott, die Welt und das menschliche Schicksal untersuchen.

2.1 Diachrone und synchrone Analyse

Gemäß dem diachronen Ansatz, der für die meisten Schriften über den Hinduismus charakteristisch ist, kann man drei Phasen seiner Entwicklung unterscheiden:

a) Die Vedenreligion: In ihrem Zentrum stehen die Opferriten zu Ehren zahlreicher Gottheiten. Sie beruft sich auf die ältesten Texte der „Erleuchtung" *(Shruti*: Anhörung).
b) Die alte Brahmanenreligion: Sie sucht nach der tieferen Bedeutung der Opfer. Sie gibt den Anstoß für eine kosmologische als auch introspektive Reflexion und findet in einer Reihe von exegetischen und spekulativen Texten der Shruti ihren Ausdruck.
c) Die neuere Brahmanenreligion: der eigentliche Hinduismus, dessen wichtigste Quellen die heilige Tradition begründen *(Smrti:* Erinnerung/Tradition).

Es handelt sich hier um ein Schema, das wenigstens in groben Linien seine historische Berechtigung hat und das zugleich die drei wichtigsten Merkmale der hinduistischen Religiosität widerspiegelt: das Ritual, die Spekulation und die Meditation. Hier ist es wichtig, daran zu erinnern, daß diese drei Merkmale in einer zeitlichen Reihenfolge ihre primäre Bedeutung erlangt haben. Sie existieren seit der Zeit der Veden im Kern nebeneinander und sind auch heute noch fundamentale Bestandteile hinduistischen Fühlens und religiöser Praxis. Noch heute werden Riten, die in jeglicher Hinsicht „vedisch" sind, neben Riten neueren Ursprungs praktiziert. Noch heute werden Gebete aus der *Shruti* neben Gebeten aus dem Mittelalter und der modernen Zeit rezitiert. Was die Bezeichnung „Brahmanismus" oder „Religion der Brahmanen" betrifft, so kann man die gesamte religiöse Überlieferung des Hinduismus kaum anders nennen, da es eben nur die

Brahmanen sind, die als höchste Stufe der indo-europäischen Aristokratie die Autoren und die Sammler heiliger Texte und die Begründer der fundamentalen Werte gewesen sind. Sie sind nach hinduistischer Vorstellung die einzigen und die wahren Interpreten des *dharma*.

2.2 Ursprünge der Brahmanen-Religion

Die vorarische Kultur:

Als die Völker (nordischer Rasse und) indoeuropäischer Sprache, die sich selbst *Arya* (Adlige) nannten, in die fruchtbaren Schwemmebenen des nordwestlichen Indiens eindrangen, fanden sie dort eine der größten und ältesten Zivilisationen der Welt vor, die sich im Verlauf des 3. Jahrtausends v. C. gleichzeitig mit den mesopotamischen Kulturen entwickelt hatte. Ihre Sprache war möglicherweise dravidisch. Von der Landschaft, in der sie blühte, hat diese Kultur von seßhaften Ackerbauern mit Städten und hochentwickelter Kulturtechnik ihren Namen bekommen: Kultur des Indus. Aber sie ist auch unter dem Namen *Harappa* bekannt, nach der bedeutendsten Ausgrabungsstelle im oberen Tal des Indus (heute Pakistan).

Von der Religion dieser Kultur, die in *Mohenjo Daro* (Sind, Pakistan) ein anderes bedeutendes Zentrum hatte, weiß man sehr wenig. Aber es ist nicht ausgeschlossen, daß die archäologischen Grabungen den Gelehrten noch einige Überraschungen bieten werden. Diese Ausgrabungen werden dort mit einigen Unterbrechungen seit den 20er Jahren des 20. Jahrhunderts durchgeführt. Es werden auch Orte erforscht, die weiter von den bedeutendsten Zentren entfernt sind, um die Weiträumigkeit des Einflusses dieser Kultur am Indus zu bezeugen. Sicher ist jedoch, daß in der Religion der Indo-Arier Elemente vorhanden sind, deren Ursprünge man bis in die vorarische bzw. dravidische Kultur zurückverfolgen kann: einige Aspekte des Shiva-Kultes, in Verbindung mit Meditationstechniken, die unter dem Namen Yoga bekannt sind, sowie die Heiligkeit des Rindes und der Kult der großen Muttergöttin.

Invasion der Arier:

Es war ca. ab 1500 v. C., als die Arier als Kriegernomaden in die fruchtbaren Ebenen des Pundschab eindrangen. Sie waren aufgeteilt in Stämme und Sippen, führten ein Nomadenleben und widmeten sich der Viehzucht. Sie kannten das Eisen und das Pferd, das sie vor ihre Kriegswagen spannten. Ihre Lebensformen unterschieden sich erheblich von denen der Völker im Industal, die seßhaft waren, große Städte erbaut hatten und vor allem auf der Grundlage von Ackerbau und Handel zu Reichtum gelangt waren. Wahrscheinlich erlebte diese Kultur bereits ihren Niedergang, als sie von den neuen Eindringlingen überrollt wurde. Die arischen Kriegernomaden führten neue Modelle des Lebens und der sozialen Ordnung ein.

Die Sozialstrukturen (varna) der Indo-Arier:

Die soziale Ordnung, die von den Indo-Ariern in diese Region eingeführt wurde, unterscheidet zunächst die Bevölkerung der *Arya* (oder „Adligen") von der Masse der Unterworfenen. Andererseits gliedert sie die *Arya* selbst, wie die anderen indo-europäischen Völker, vor allem in drei große soziale Schichten, *varna* genannt: a) die *brahmana* (*Brahmanen* oder Priester, durch die weiße Farbe gekennzeichnet), b) die *kshatriya* (Fürsten und Kriegsadelige, deren symbolische Farbe das Rot ist) und c) die *vaishya* (das Volk, dessen Farbe gelb ist).

In der schon erwähnten Manu-smrti lesen wir, daß die *Brahmanen* von den Göttern die Aufgabe erhielten die heiligen Texte zu studieren und zu lehren, Opferungen im eigenen Namen und für andere Menschen durchzuführen, Geschenke zu geben und zu bekommen. Die *kshatriya* hatten die Aufgabe das Volk zu schützen, Geschenke und Almosen zu geben, Opfer zu veranlassen, die heiligen Bücher zu studieren und sich nicht an die Außenwelt zu binden. Die Pflichten der *vaishya* waren das Vieh zu pflegen, Almosen zu geben, Opfer zu bringen, heilige Texte zu lernen, den Handel zu pflegen, Geld mit Zinsen zu verleihen und den Boden zu bearbeiten.

Eine vierte soziale Schicht bilden die *Shudra*. Sie werden durch die schwarze Farbe gekennzeichnet. Das ist die große Masse der Nicht-Arier *(an-arya)*, die „barbarischen" *dasyu,* die vom Gott Indra vernichtet worden seien. Sie werden einfach *dasa* (Sklaven, Diener) genannt. Ihnen ist die Aufgabe zugeteilt den anderen drei höheren sozialen Schichten zu „dienen". Schon der *Rig-veda* setzt in der berühmten *Purusha-sukta* (Hymne des ersten Menschen, Rig-veda X,90) eine sehr genaue Hierarchie der sozialen Schichten fest. Dort wird berichtet, daß bei der Opferung von *Purusha,* bei der die gesamte Welt entstand, aus seinem Munde der *brahmana,* aus seinen Armen der *rajanya* (Person aus der königlichen Kaste) oder *kshatriya,* aus seinen Schenkeln der *vaishya* und aus seinen Füßen der *shudra* entstanden seien. Daraus folgt, daß unter den Adeligen der *brahmana* auf der Basis des *dharma* der Herr der Schöpfung ist. Der Gott, der aus sich selbst existiert, habe ihn aus seinem Munde entlassen, nachdem er Askese zum Zwecke der Rettung der ganzen Welt betrieben habe. So ist es auch im Gesetzbuch des *Manu* zu lesen (I,93–94). Es ist also verständlich, daß die Religion in Indien schon seit der arischen Einwanderung zur Kompetenz der brahmanischen Schicht gehörte. Dementsprechend werden die traditionellen brahmanischen Gebräuche als ideales Modell für das individuelle und soziale Leben angesehen.

Die Lebensstufen *(ashrama)* der „Zweifach-Geborenen"

Die Ordnung der *ashrama* (ashrama-dharma) wurde in der frühen Zeit zuerst nur auf die Klasse der Brahmanen bezogen. Später wurde sie auch auf die beiden anderen sozialen Schichten, die *kshatriya* und *vaishya,* ausgedehnt. Sie beinhaltet vier aufeinanderfolgende Lebensstadien, die jedes männliche Mitglied der „edlen" Klassen nach der Kindheit durchschreiten muß. Das geschieht nach dem Initiations-Ritual (*upanayana* genannt), das in der Auflegung der heiligen Schnur *(yajnopavita)* als Symbol für eine zweite Geburt im Schoße der Gesellschaft der *Arya* besteht. Nach diesem Ritual, das im 8. Lebensjahr bei den *brahmana,* im 11. Jahr bei den *kshatriya,* im 12. bei den *vaishya* vollzogen wird, werden die Männer dieser drei sozialen Schichten *dvija* (zweifach geboren, wiedergeboren) genannt.

Der erste Lebensabschnitt ist der *brahmacarya,* während dessen der junge *dvija* als „religiöser Schüler" *(brahmacarin)* im Hause eines Lehrmeisters lebt, um die heiligen Texte auswendig zu lernen. Diese erste Periode ist durch Zölibat und sexuelle Askese geprägt. Deswegen benutzt man noch heute das Wort *brahmacarya,* um sexuelle Askese zu bezeichnen. Wenn der junge Mann dann erwachsen geworden ist und die Periode des religiösen Studiums mit der vorgeschriebenen Reinigung abgeschlossen hat und das Haus des Lehrmeisters verlassen hat, macht er im zweiten Lebensabschnitt die Erfahrungen des Familienlebens, als Ehemann und Vater (*grhastha,* wörtl. = der, der im Hause bleibt). Er erfüllt regelmäßig die vorgeschriebenen Riten und führt täglich die drei Waschungen *(snana)* durch, die aus ihm einen *snataka* machen. Innerhalb dieses Lebensabschnittes widmet sich der *dvija* selbstverständlich einer Tätigkeit, die es ihm erlaubt, das Lebensnotwendige für die Familie zu erwerben. Er genießt unter Weisung des *dharma* die Güter und die Freuden des irdischen Lebens.

Der dritte Lebensabschnitt ist jener des *vanaprasthya* (Aufenthalt, Leben im Wald). Nun ist der *dvija* zum *vanaprastha* geworden, weil er sich gemeinsam mit der Ehefrau von der Welt zurückzieht. Wie der Name sagt, hält er sich in einem abgesonderten und bewaldeten Ort weit entfernt von bewohnten Gegenden auf. Er widmet sich der Meditation, unter Zuhilfenahme von Texten, die eigens dafür verfaßt wurden (z. B. die *Aranyaka; aranya* wird als Synonym für *vana* benutzt). Auf diese Art beginnt er den Weg der Ablösung von der Welt und bereitet sich auf den Eintritt in den letzten Abschnitt seines Lebens vor, den des *samnyasa* (totaler Verzicht). Der „Verzichtende" *(samnyasin)* ist ein Mönch, der in Einsamkeit sein asketisches Leben lebt und herumwandert, ohne etwas zu besitzen. Er nährt sich nur von dem, was ihm geschenkt wird, und richtet sich vollständig auf sein jenseitiges Ziel aus.

2.3 Die heilige Weisheit

Das offenbarte Wort

Die bedeutendste Quelle der religiösen Kultur Indiens und das Fundament der „religiösen Weisheit" der brahmanischen Kaste ist zugleich eines der ältesten literarischen Dokumente Indiens und der Menschheit überhaupt. Es handelt sich um eine Gesamtheit von Texten, die sich „offenbarten" und auf geheimnisvolle Weise aus dem Herzen in der Meditation „gehört" (Sanskritwurzel: *shru-*) wurden. Und zwar von Dichtern, Propheten und Sehern *(rshi).* Diese Seher werden der Überlieferung nach in sieben Hauptgruppen[5] eingeteilt. Von ihnen ist diese Weisheit immer auf mündlichem Wege auf ihre Nachfolger, die Brahmanen, überliefert worden. Diese haben sie „angehört" und gesammelt. Diese „Sammlungen" *(samhita)* stellen den Kern der alten „Weisheit" dar und werden aus diesem Grunde *Veda* genannt. Das ist ein Wort, das aus einer vielen Sprachen gemeinsamen indoeuropäischen Wurzel (vid-) kommt, deren Bedeutung „sehen, wissen" ist. Man spricht also von dem *Veda*, indem man auf die Gesamtheit der *Shruti* („Anhörung", „das, was aus dem Munde des Lehrmeisters gehört wird") anspielt. Oder man spricht in der Mehrzahl von den *Veden* und meint die verschiedenen Sammlungen oder die einzelnen Gruppen der literarischen Werke der Offenbarung. Ihre Zusammenstellung erfolgte vermutlich zwischen 1200 und 500 v. C. Der *Veda* ist eine eindrucksvolle Sammlung religiöser Literatur, geschaffen aus der Fantasie und der spekulativen Kraft der indo-arischen Völker im Zeitraum ihrer Einwanderung im Nordwesten Indiens. Diese Völker mögen auf einer niedrigeren Kulturstufe stehen als die Ackerbauern im Industal mit ihren Stadtsiedlungen. Doch auch sie hatten ein bemerkenswertes kulturelles Niveau erlangt, insbesondere bei den Künsten der Musik und der Dichtung[6], was in einem reichen Schatz mündlich überlieferter Texte seinen Ausdruck gefunden hatte. Für ihre religiösen Hymnen (*sukta* genannt, was „gut gesagt" bedeutet) benutzten die *Arya* ein außergewöhnlich ausdrucksvolles Mittel: eine Sprache, die dem Avestischen ähnlich und ein enger Verwandter des Griechischen, des Lateinischen und anderer indoeuropäischer Sprachen ist. Es handelt sich um die Sprache, die man „vedisch" nennt und aus der sich in einem Prozeß gelehrter Überlieferung später das klassische *Sanskrit* entwickelt. Der Überlieferung gemäß schlossen die alten Seher und Dichter *(rshi* genannt) die Wahrheit des heiligen Wortes *(brahman)* in Hymnen und geheimen Gebeten ein, die eine magische Kraft *(mantra)* hatten und später zum alleinigen Besitz der Priesterklasse (Brahmanen) wurden. Die verschiedenen brahmanischen Schulen (*shakha* oder „Zweige" genannt) machten sich die genaue Weitergabe dieses heiligen Wortes zur Aufgabe, indem sie sehr genaue Lerntechniken entwickelten. Auf diese Weise geschah die Weitergabe „von Mund zu Ihr". Jene ursprüngliche „Anhörung" wurde auf diese Weise ständig erneuert.

Der Veda

Die Gesamtheit dieser Offenbarungstexte stellt alles „Wissen" der Indo-Arier dar. Genau das ist auch die Bedeutung des Wortes *Veda,* mit dem man das Fundament der gesamten religiösen Kultur Indiens bezeichnet. Sein Ursprung gilt als göttlich, da der Veda ohne menschliches Einwirken *(apaurusheya)* in einer Art Selbstoffenbarung von der Wahrheit (oder dem Absoluten) selbst geschaffen wurde. Das gilt natürlich nur für den Veda des gegenwärtigen Zeitalters der Welt. Denn der eigentliche Veda ist ewig wie die Wahrheit selbst. *Brahma* (die männliche Gottesfigur, die das Absolute personifiziert) spricht ihn in aller Vollständigkeit am Beginn jedes Zeitalters.

Der Veda besteht aus vier „Sammlungen" *(samhita)*: a) dem *Rig-veda* (die Weisheit in heiligen Versen), b) dem *Sama-veda* (die Weisheit in Gesängen), c) dem *Yajur-veda* (die Weisheit in kultischen Formen) und d) dem *Atharva-veda* (die Weisheit in magischen Texten)[7]. Jede dieser „Sammlungen" von *mantra* (alle Art von Gebeten, Hymnen, Gesängen oder liturgischen Formeln) wird außerdem vervollständigt durch exegetische und liturgische Texte, die *Brahmanas.* Das sind Texte über das *brahman* oder auch Handbücher für den Brahmanen. Weiter gibt es die Texte der Meditation *(Aranyaka* = Bücher der Waldmystik) sowie auch Texte der mystischen Spekulation, die *Upanishaden* (Sitzungen beim Meister), die „geheime, private, vertrauliche" Lehren enthalten[8].

Die ersten drei „Sammlungen" sind bekannt als die „dreifache Wahrheit" *(trayi vidya).* Sie bilden den Kern des gesamten Veda. Von ihnen ist sicherlich der *Rig-veda* nicht nur der älteste (ca. 1200 v. C.), sondern auch der wichtigste. Seine in 10 Kreise (mandala) eingeteilten Hymnen (1028 an der Zahl) ergeben das gesamte Material für die Sammlung von Gesängen für die rituellen Feiern. Der *Yajur-veda* ist uns in verschiedenen Sammlungen überliefert. Eine ist der *Shukla-Yajurveda* (Yajur-veda: reiner oder weißer Veda, da er nur aus *mantras* in Versen oder Prosa besteht). Hingegen bilden die anderen den *Krishna-yajurveda* (den „schwarzen" *Yajurveda).* Dieser wird so genannt, weil zu den *mantras* Prosakommentare der Brahmanen eingefügt sind. Der bedeutendste Kommentar stammt von der Taittiriya-Schule und wird deswegen auch *Taittiriya-samhita* genannt. Der *Atharva-veda* schließlich besteht aus 741 Hymnen, die in 20 Büchern *(kanda)* aufgeteilt sind. Ung. ein Fünftel der 6.000 Strophen dieses Veda sind dem *Rig-veda* entnommen. Die restlichen Strophen sind Originaltexte und wurden für die Feuerpriester *(atharvan)* zum Rezitieren geschaffen.

Von den wichtigsten *Brahmanas* wollen wir folgende erwähnen:

a) zum Rig-veda gehörend das *Aitareya-brahmana* (Brahmana des Aitareya), aus 40 Kapiteln bestehend;
b) das *Kaushitaki-brahmana* (Brahmana des Kaushitaki);
c) zum Sama-veda gehörend das *Pancavimsha-brahmana* (Brahmana in 25 Kapiteln);
d) das *Jaiminiya-brahmana* (Brahmana des Jaimini);
e) zum Yajur-veda gehörend das *Shatapatha-brahmana* (Brahmana der 100 Wege);

f) das *Taittiriya-brahmana* (Brahmana der Taittiriya, eines der ältesten Brahmanas);
g) schließlich zum Atharva-veda gehörend das *Gopatha-brahmana* (Brahmana des Weges der himmlischen Kühe).

Ebenso wie die *Brahmanas* sind auch die *Aranyakas* nach den Namen einzelner Gelehrter oder Brahmanen-Familien oder auch exegetischen Schulen benannt. Sie werden eng mit den Brahmana-Texten in Zusammenhang gesehen.

Die *Upanishaden* werden in ihrer Gesamtheit auch *Vedanta* genannt, da sie der abschließende Teil des Veda sind und dazu bestimmt sind, dessen tieferen oder „geheimen" Sinn zu entdecken. Sie bestehen aus einer eigenen Art Literatur, die in Indien noch lange nach der vedischen Zeit bis zum 13./14. Jh. n. C. großen Erfolg hatte. Man denke z. B. an die sog. Upanishad des Yoga. Die *Muktika-upanishad* besteht aus einem Kanon von 108 Texten. Die wichtigsten und ältesten Texte (aus dem 8.–3. Jh. v. C.) sind folgende 14 Upanishaden: *Brhadaranyaka, Chandogya, Aitareya, Taittiriya, Kaushitaki, Kena, Isha, Katha, Shvetashvatara, Prashna, Mundaka, Mahanarayana, Mandukya* und *Maitri*.

Die Upanishaden stellen jenen Teil des Veda dar, der auch „Teil der inneren Bewußtheit" *(jnana-kanda)* genannt wird und zu dem „Teil der Riten" *(karma-kanda)* im Gegensatz steht. Man kann sie als „vedisch" bezeichnen, weil sie eng verbunden sind mit den verschiedenen *samhitas*. Unter formalem Gesichtspunkt können sie als Anhang zu den *Aranyakas* angesehen werden, teils in Prosa und teils in Versen verfaßt. Von ihnen sind entweder wegen ihres Umfanges oder wegen ihres Inhaltes die folgenden von besonderer Bedeutung: die *Brhadaranyaka-Upanishad* (die geheime Lehre des großen Aranyaka), die zum Yajur-veda gehört; und die *Chandogya-Upanishad* (Upanishad des Priester-Sängers), die zum Sama-veda-samhita gehört.

Nicht Teil der Offenbarung, sondern nur Teil der heiligen Überlieferung *(Smrti)*, aber mit dem Veda eng verbunden, sind die Schriften, die den sog. *Vedanga* (Glieder des Veda) bilden. Sie sind möglicherweise zwischen 500 und 200 v. C. entstanden und erklären in aphoristischer Prosa *(sutra)* die Regeln der Phonetik *(shiksha)*, der Metrik *(chandas)*, der Grammatik *(vyakarana)*, der Etymologie *(nirukta)*, der Astronomie *(jyotisha)* und der Riten *(kalpa)*; sowohl in der feierlichen *(srauta)* als auch der häuslich-alltäglichen Form *(grhya)*. Außer diesen sechs Schriften des *Vedanga* illustrieren die vedischen *Sutras* die Techniken des Ausmessens eines Opferraumes *(shulba-sutra,* shulba bedeutet Schnur, Seil). Sie tradieren die Regeln des korrekten Verhaltens *(dharma-sutra)* bei den Opfern. Die *dharma-sutras* sind besonders wichtig für die religiöse Praxis der Gläubigen. Sie werden verschiedenen Weisen zugeschrieben: z. B. *Gautama, Apastamba, Baudhayana* oder *Vasishtha*. Sie erhalten jeweils den Namen ihres Autors zum Titel. Sie bilden das Material für die Niederschrift gelehrter Traktate *(Shastra)*, die das normative Gerüst des klassischen Brahmanentums sind.

Die Welt der Götter

Im Veda werden zwei Worte zur Benennung der Göttlichkeit gebraucht: *deva,* was „leuchtend, himmlisch sein" bedeutet; und *asura,* was „geistig sein" heißt. Das Wort *deva* wird aus der Wurzel div-/dyu- („leuchten") hergeleitet. Daher kommt das Wurzelnomen div-, dessen Bedeutung „Himmel" und „Tag" ist. Die Ableitung *diva* bedeutet ebenfalls „Himmel, Tag". Das Adjektiv *divya* hat die Bedeutung „himmlisch, herrlich, göttlich" (vgl. lat. deus/dies). Das Wort *asura,* das dem Altpersischen *ahura* (man beachte den Namen Ahura Mazda) entspricht, kommt von *asu* und bedeutet „Leben, Atem, Lebensgeist". Es wird im *Rig-veda* benutzt, um den höchsten Geist, die Gottheit schlechthin, zu bezeichnen. Es begegnet besonders in der Appellativform für Varuna, den Himmel oder das Firmament. In der Folgezeit hat es jedoch einen entgegengesetzten Sinn bekommen, da die Mythologie der Puranas die *asuras* als Rivalen und Feinde der *devas* dargestellt hat. So wurden aus ihnen „böse Geister". Man neigte dazu, sie mit *Daitya* (den Söhnen von Diti und Kashyapa) gleichzusetzen, die die ewigen Gegner ihrer Stiefbrüder (den Adityas, den „Sonnen"göttern und Söhnen von Aditi) sind. Es ist sogar das Wort *sura* gebildet worden als Synonym für *deva,* was ein Beweis dafür ist, daß die Anfangssilbe von asura als eine verneinende Vorsilbe verstanden wurde. Im Gegensatz hierzu wurden im persischen *Avesta* die bösen Geister *daeva* genannt.

In den Texten des *Rig-veda* variiert die Anzahl der *Aditya* zwischen 5, 7 und 8. Nach Sayanan, einem Kommentator aus dem 16. Jh. n. C., sind es: *Mitra, Varuna, Dhatar, Aryaman, Amsa, Bhaga, Vivasvat* und *Aditya.* Interessant ist zu beobachten, wie Varuna im Rig-veda als „großer asura" angerufen wird und bald als das Oberhaupt der Adityas gilt. *Varuna* ist der Hüter der kosmischen Ordnung (rta) und wird als der wirkliche „Herrscher" über die Moral verehrt. Dank seiner Allwissenheit kennt er das Verhalten der Menschen und verteilt Lob und Strafe, indem er die Übeltäter mit seiner Schlinge *(pasha)* „bindet". Varuna wird häufig zusammen mit Aryaman angerufen, der die Menschen durch Verträge und Heiraten „bindet". Oder er wird mit Mitra angerufen, der die „Bindungen" von Freundschaft und Solidarität überwacht. Wie sein Name sagt, ist Mitra ein den Menschen „freundschaftlich" gesinnter Gott, der auch in der iranischen Welt verehrt wird und von dort aus in den römischen Westen gelangt ist. Oftmals bildet er mit Varuna ein untrennbares Paar, das letztlich Symbol wird für Feuer-Wasser oder Sonne-Mond und für die beiden Aspekte der Autorität und der Macht: a) der priesterlichen Macht (Mitra), b) der königlichen Macht (Varuna).

Mit den *Brahmanas* wurden die *Aditya* (12 in ihrer Zahl) wie die Monate des Jahres gezählt. Aber wegen ihrer gemeinsamen Verbindung mit dem Licht wurden sie auch als eine einzige Gottheit betrachtet, als Aditya schlechthin. Es ist *Surya,* die Sonne, die das himmlische Auge (Varuna) ist und bei ihrem Aufgang mit dem Namen Savitar („der Erwecker", „der Beleber") angerufen wird. Unter diesen 12 Aditya gibt es auch Vishnu (einer der vielen Namen der Sonne), der im sog. „modernen Hinduismus" zum obersten Herrn einer der wichtigsten Hindu-Religionen geworden ist.

Die 12 *Adityas* bilden zusammen mit den 8 *Vasas* und den 11 *Rudras* die Gesamtheit der 33 *devas,* der „himmlischen" oder „leuchtenden" Götter. Je nach Quelle zählen dazu auch der Himmel (Dyaus) und die Erde (Prthivi), aber auch Indra und Prajapati, der „Herr der Geschöpfe", der die Schöpfung Welt leitet. Es gibt auch andere Klassifizierungen, z. B. diejenige, die 30 Götter zählt, die je zu gleichen Teilen unter die drei Welten aufgeteilt sind: Himmel, Zwischenraum (Luft) und Erde.

Das Oberhaupt der „30" *(tridasha)* ist *Indra,* der in der Luft seinen Herrscherbereich hat. Er ist der Herr des Blitzes, der Gott des Gewitters, der umgeben von den brüllenden Scharen der Winde kämpft. Er ist das Symbol für die kriegerische Macht der *Arya.* Er ist ähnlich wie der römische Gott Jupiter Pluvius, der den Regen fallen läßt und Tausende von Festungen *(Pur)* der Feinde zerstört. Dieser Gott, dem fast ein Viertel der Hymnen im Rig-veda gewidmet sind, steht im Mittelpunkt der ersten Spekulationen des Veda: Der Mythos zeigt Indra in einem unentschiedenen Kampf gegen den Drachen *Vrtra.* Das ist ein Dämon, der die Mächte des Bösen personifiziert, das Leben hemmt und sich gegen das Wohl der Menschheit stemmt. Er hält die Kühe (die dunklen regenankündigenden Wolken) in einer Höhle gefangen, bis Indra ihn unter Hilfeleistung der anderen Götter besiegt und somit das Strömen des Wassers und die Entwicklung des Lebens auf der

Erde erlaubt. Dieser Mythos stützt sich auf den Gegensatz zwischen Gut und Böse, Licht und Schatten, Fortschritt und Rückschritt. Sein *(sat)* und Nichtsein *(asat)*. Der Sieg Indras erweist sich als Triumph dessen, „was ist", über das, „was nicht ist", also des Guten über das Böse.

Von den wichtigsten Gottheiten des Veda seien noch folgende erwähnt: die *Ashvin* („Ritter", die Dioskuren Indiens), die Morgenröte *(Ushas)*, der Wind *(Vayu)* als Windhauch und göttlicher Atem, *Yama*, der Gott der Toten.

Besonders wichtig, weil eng verbunden mit dem Opferritus, sind die mit der Erde verbundenen Götter *Agni* (das Feuer, im Nominativ agnis; siehe lat. ignis) und *Soma* (avestisch: haoma), das berauschende Getränk, welches zu den besten Opfergeschenken gehört. Über 200 der 1028 Hymnen des Rig-veda sind *Agni* gewidmet, der nicht nur das Element „Feuer" vertritt, sondern sich auch im Himmel als Sonne und in der Atmosphäre als Blitz zeigt. Er brennt auf der Erde in jedem Herdfeuer und ist vor allem das Opferfeuer, das die Geschenke zu den Göttern bringt. Aber er ist auch das Feuer des Scheiterhaufens bei der Bestattung, das die Seele des Verstorbenen ins Jenseits bringt. „Er ist sowohl einer, die Gottheit, als auch eine Vielheit, die vielen einzelnen Feuer. Er ist seit Anbeginn, wie das himmlische Feuer, immerwährend jugendlich, da es jeden Tag neu angezündet wird."[9] Agni ist auch „der Herr des Waldfeuers". Dank der Glut und der Kraft der Askese *(tapas)* ist er imstande die Gottlosen zu vernichten, die den Ritus für ihre niederträchtigen Zwecke zu benutzen versuchen. Schließlich repräsentiert er auch die Leidenschaft der sexuellen Begierde[10].

Ebenso eng mit den Opferriten verbunden wie Agni ist auch *Soma*, die andere wichtige Gottheit „ der Erde". Das Wort *soma* benennt vor allem eine noch immer nicht genau identifizierte Pflanze, aus der man durch Pressen einen Saft gewann, der durch Schafwolle filtriert, in Krügen gesammelt und mit Wasser oder Milch verdünnt als Trankopfer beim feierlichsten und wichtigsten Opferritual benutzt wurde. Dieser Saft wurde dem unsterblich machenden Getränk *(amrta)* gleichgestellt und von den Priestern getrunken, die diesem Ritus beiwohnten. Sie wurden damit Nacheiferer des Gottes *Indra*, der in den Texten als großer Somatrinker und dadurch als unbesiegbar beschrieben wird. Deshalb in den Rang des Göttlichen erhoben, wird *Soma* als „König" verehrt und bildet mit *Agni* ein Paar, das die Elemente Wasser und Feuer, den königlichen *(kshatra)* und den priesterlichen *(brahman)* Rang sowie Mond und Sonne symbolisiert. In einigen späten Hymnen des Rig-veda und in der nachfolgenden hinduistischen Mythologie wird Soma mit dem Mond gleichgesetzt.

Der Opferritus

Im Zentrum der vedischen Religion und des alten Brahmanismus steht das Opferritual. Unter den vielen Worten, die für die Opferung benutzt werden *(yajna, medha, kratu, yaga, homa, karma)*, ist das wichtigste *karma*, wegen der Vielfalt der Bedeutungen. Die erste Bedeutung ist „Handlung". So bezeichnet sie vor allem diejenige Handlung, die als die vollkommenste angesehen wird, nämlich die Opferhandlung. Diese wird als Garant von Stabilität und Ordnung im Universum verstanden. Die Welt habe ihren Ursprung in einem Opferritual gehabt. So bedeutet jede rituelle Handlung nicht nur einen Beitrag für die fortwährende Entstehung und Entwicklung des Kosmos, sondern sie wiederholt auch unter der Menschheit im Jahresverlauf symbolisch den geheimnisvollen Wechsel von Entstehung und Vergehen der Welt. Das ist der Rhythmus von Geborenwerden und Sterben. Zu diesem Prozeß werden die kosmische und die menschliche Ebene verbunden. Wer das vedische Ritual vollzieht (insbesondere das sog. *agni-cayana)*, gelangt jenseits von Leben und Tod ins Geheimnis der Ureinheit alles Existierenden. Darüber hinaus bürgt die heilige Handlung des Opfers für den Erfolg, den der Auftraggeber sich erwünscht. Sofern sie in Vollkommenheit ausgeführt wird, setzt sie eine magische Kraft frei, die imstande ist den Willen der Götter zu binden. Es gibt die feierlichen Riten, die von einem Fürsten für das Wohl aller Menschen gefeiert werden. Und es gibt die sog. Hausriten, die vom Familienoberhaupt ausgeführt werden, um von den Göttern Gnade zu erlangen. In jedem Fall kann der Opfernde alle Güter dieser Welt, nämlich Reichtum, Ruhm, schöne Frauen, Kindersegen, und Glück im Jenseits erhalten.

Das Opferfeuer wird mit zwei Holzstücken gezündet, die *arani* genannt werden und entsprechend der grammatikalischen Form die männliche und weibliche (Sexual-)Symbolik ausdrücken. Ein Brettchen des *sami*-Baumes wird horizontal gelegt und ein zylinderförmiges Stückchen des *ashvattha*-Baumes vertikal. Indem nun das vertikale Element in eine eigens hierfür geschaffene Vertiefung (*yoni:* Bezeichnung für das weibliche Geschlechtsorgan) geführt und zwischen beiden Händen hin und her gedreht wird, erzeugt man Wärme und kann Feuer zünden. Auffallend ist hier die Sexualsymbolik. Früher wurden die Götter eingeladen sich auf einem Grasteppich *(barhish)* zu lagern, der den Opferraum *(vedi)* bedeckte. Die festlichen Opfer, die heute nicht mehr ausgeführt werden, bestanden im Anzünden von drei Feuern *(ahavaniya, garhapatya* und *dakshina).* Sie wurden von vielen Priestern zelebriert (*rtvij* = diejenigen, die im Rhythmus der Jahreszeiten, d. h. regelmäßig, opfern). Diese Opferpriester konnten bis zu 16 sein. Hauptpriester aber gab es nur vier, jeder mit einer anderen Aufgabe: Der *hotar* sprach die *mantras* des Rig-veda; der *udgatar* sang den Sama-veda; der *adhvaryu* vollzog die Handlungen *(karman)* und murmelte die liturgischen Formeln des Yajur-veda. Und alles geschah unter der Aufsicht eines Priesters, der *brahman* genannt wurde und der zum Zeichen seiner Zustimmung mit ununterbrochenem Murmeln *(pranava)* die Silbe *OM* wiederholte. Ein *atharvan* war außerdem zuständig für das Feuer und für *soma*. Er war der Meister der magischen Gesänge des Atharva-veda und stand an der Stelle des Erfinders des Feuerrituals. Die festlichen Riten, z. B. die mit dem Pferd *(ashvamedha)*, die mit *soma* oder die für die Einweihung eines Königs *(rajasuya)*, waren sehr kompliziert. Sie wurden im Freien auf einem großen Platz durchgeführt, da ursprünglich kein Gebäude für den Kult existierte. Ihre Ausführung konnte bis zu einem ganzen Jahr in Anspruch nehmen.

Das religiöse Bild vom Menschen war zumeist hell und optimistisch. Die korrekt ausgeführten Riten wurden als wirkungsvolle Mittel betrachtet, um die Erfüllung jedes Wunsches zu erhalten, sei es während des Lebens auf der Erde, sei es nach dem Tode im Himmel *(svarga)*. Die Dreiteilung der Gesellschaft in drei soziale Schichten und die Hinzufügung des vierten Standes *(shudra)*, der die „Bedienung" der „edlen Klassen" sicherte, bestimmte in klarer Weise die Rechte und Pflichten jeder Gruppe. Sie garantierte einen geordneten Ablauf des Gemeinschaftslebens, das als Spiegel jener universellen Ordnung aller Schöpfung gedeutet wurde, die in der vedischen Welt die Bezeichnung *rta* hat. Damit wird das spätere Konzept des *dharma* vorweggenommen.

Das rta

Das Wort *rta* bedeutet im Rig-veda das höchste transzendente Gesetz, die kosmische Ordnung, von der das Universum und auch die Götter regiert werden und welches aufs engste mit den Opferriten verbunden ist[11]. Etymologisch bezeichnet es den geordneten Ablauf der Dinge, bezogen auf das irdische Leben, aber auch auf die Ereignisse der Natur und des Kosmos; den Ablauf der Jahre ebenso wie die Wiederkehr der Jahreszeiten und der Weltzeitalter. Von diesem Begriff werden diejenigen des *vrata* (Versprechen und Einhaltung religiöser Pflichten zur Erlangung religiöser Verdienste) und des *dharma* abgeleitet, von dem schon die Rede war.

Nach P. V. Kane[12] gibt es eine dreifache Bedeutung des *rta:* a) als „Lauf der Natur" bzw. als „geregelte und allgemeine Ordnung im Kosmos"; b) als „moralisches Verhalten des Menschen"; c) als „korrekte und geordnete Art des Götterkultes" in bezug auf den Opferritus. Dieser ist für die vedische Welt die wichtigste menschliche Handlung *(karman).* Viele Götter des vedischen Pantheons werden als Hüter, Führer und „Kutscher" des *rta* beschrieben. Mit dem *rta* regieren Mitra und Varuna die Welt. Agni wird der „Kutscher des rta" (Rig-veda VI,51,3) genannt, auch als der „Beschützer des rta" (Rig-veda IX,48,4); auch *soma* wird als sein Vertreter angesehen.

Im Rig-veda (VII,66,13) wird gesagt, daß die *Adityas rtvat* seien, d. h. daß sie in Übereinstimmung mit dem *rta* handeln, ja sogar aus dem *rta* geboren sind und in ihm gedeihen. Sie seien die Feinde des *antra,* wobei das antinomische „an" dem Wort den Wert von „böse" verleiht. In diesem Sinne ist *antra* sowohl das Gegenteil von *rta* als auch von *satya* (Wahrheit). Diese beiden Begriffe, die einst getrennt voneinander existierten, erlangen im Laufe der Zeit die gleiche Bedeutung, bis *rta* durch *satya* ganz ersetzt wird. Im Rig-veda (X,49,3) wird gesagt, daß Varuna das *satya* und das *antra* der Menschen bestimmt. *Antra* wird dementsprechend neben vielen anderen Wörtern wie *agas, enas, agha, durita, dushkrta, drugha, amhas* im Sinne von „Sünde" benutzt. Im Laufe der Zeit wird *rta* durch *satya* (Wahrheit) ersetzt, während *dharma* die Bedeutung einer überzeitlichen ethisch-religiösen Norm erhält; *vrata* beschränkt sich darauf, die Versprechen und die Verhaltensregeln zu benennen.[13]

Das göttliche Wort

Die religiöse Anschauung in Indien unterscheidet seit den Anfängen zwei voneinander getrennte Ebenen: a) die einer relativen Wirklichkeit, die man in dieser Welt und diesem Leben erfährt, geleitet von einem ewigen Moralprinzip (*dharma*) und b) jene absolute Wirklichkeit (das Brahman), die außerhalb von Zeit und Raum existiert und keiner Veränderung unterworfen ist. Diese Unterscheidung hat ihren Ursprung in zwei schon in den frühesten Teilen des Veda dargelegten Konzepten: dem des *rta* und dem der *vac,* was „Stimme, Klang, Wort" bedeutet.

Das „Wort" ist im Veda auch eine Göttin und hat eine ganz außergewöhnliche Bedeutung in der traditionellen Kultur Indiens. Jeder heilige Vers der Offenbarung wird *mantra* genannt oder auch *brahman.* Die Upanishaden betonen, daß das *brahman* die heilige Silbe *Om* ist, d. h. der perfekte Klang *(shabda),* die stimmliche

Form des Absoluten,[14] der „Same" *(bija)* jeden Gebetes. Diese heilige Silbe, die wie unser Amen als Ausdruck der Zustimmung und als Betonung einer feierlichen Behauptung benutzt wird, wird in Indien seit der Zeit der Upanishaden vor und nach jeder Lesung vedischer Texte ausgesprochen. Sie ist das Symbol und die Synthese der verschiedenen Aspekte des Göttlichen. Als Symbol der gesamten Wirklichkeit ist sie Gegenstand tiefgründiger Meditation. Die Silbe OM wird auch *pranava* („das was gemurmelt wird") oder *akshara* („untrennbarer, unveränderlicher und unvergänglicher Laut") genannt. In der *Mandukya-Upanishad* wird gesagt, daß sie alles, was gewesen ist, alles, was ist, und alles, was sein wird, bedeutet. Sie ist die Gesamtheit dreier Klänge: a) *a* – welches den Zustand des Wachens *(jagarita-sthana)* bedeutet, aber auch die Erde und in der Folgezeit den Gott Brahma als Personifizierung des Absoluten und als die den Kosmos dirigierende Gottheit; b) *u* – welches das Symbol für den Zustand des Traumes *(svapna-sthana)* ist, aber auch des atmosphärischen Raumes, und später das Symbol für Vishnu, des unendlichen Gottes, der das Universum durchdringt und es vor einer frühzeitigen Auflösung schützt, der so das Bestehen der „Norm" *(dharma)* garantiert; c) schließlich der nasale Laut *m* (im Sanskrit *anunasika* genannt), der den tiefen Schlafzustand *(sushupta-sthana)* vertritt; Symbol der Weisheit *(prajna)*, aber auch des Himmels; sodann des Gottes der Asketen *Shiva*, der das Vergehen des Kosmos und seine Auflösung ins ungegliederte Eine leitet.

Das *brahman* ist also das Wesen des Gebetes. In den Upanishaden ist es das unpersönliche Absolute, das das gesamte Universum durchdringt. Es ist die eine und einzige Realität, begreiflich als „reine, stille Transzendenz" *(ashabda-brahman)*. Sie wird jedoch hörbar im Klang und in der Aussprechbarkeit des Wahren *(shabda-brahman)*, in den heiligen Offenbarungen. In diesem Prozeß der Verehrung zeigt sich die Tendenz zur Einheit, nämlich das Bewußtsein einer einzigen Wirklichkeit, die in der Vielheit der Formen und der göttlichen Wesen existiert. Diese Vorstellung findet im berühmten Gesang über die Weltwerdung im Rigveda (X,129) eine erste poetische Formulierung. Diese Hymne wird *Nasadiya-sukta* genannt, weil sie mit dem Wort *nasad* (d. h. na asat: „nicht das Nicht-sein") beginnt. Sie enthält die Gedanken der alten Seher über den Ursprung des Universums, über die Zeit, in der weder Sein noch Nicht-sein war, sondern nur der geheimnisvolle Atem des Einen. Die Idee von der Einheit des Göttlichen ist den Gedankengängen der vedischen Seher vertraut. An anderer Stelle beteuern sie, daß „das Sein, was eines ist, von den Brahmanen auf unterschiedliche Weise benannt wird" *(ekam sad vipra bahudha vadanti;* Rig-Veda I,164,46).

Das Brahman

Der große Reichtum an Bedeutungen, die das Wort *brahman* seit den Anfängen des priesterlichen Denkens (Gebet, heiliger Vers der Offenbarung, absolute Realität) erlangt hat, vervollständigt sich durch seinen Bezug zum Opferritual. Da das *brahman* Schöpfungswort oder schaffendes Wort ist, auch Wort der Wahrheit, enthält es in der Tat die magische Kraft, die dem Opferritual innewohnt. Und die Brahmanen, die das Ritual ausführen, haben Einfluß auf diese erhabene und geheime Kraft. Damit erhalten sie ein außergewöhnliches Prestige in der Gesellschaft der Indo-Arier, sie werden als Maß des Göttlichen auf der Erde betrachtet. Sie sind nicht nur durch das Wort, sondern auch durch das Ritual mit dem *brahman* verbunden. So nehmen sie teil an jener Kraft, die sich nicht nur im Ritual zeigt, sondern auch in der Herrlichkeit des Kosmos. Nach den Texten des Brahmanas wirkt diese Kraft diesseits und jenseits der Götterwelt, sie durchdringt das gesamte Universum und wird mit diesem eins. (*Shatapatha-brahmana* XI,2,3,1) In der Opfermystik der Brahmanas, die nicht nur aus liturgischen Texten und Auslegungen der Offenbarung besteht, sondern auch aus metaphysischer Spekulation, findet der Prozeß der Identifikation von Göttern mit dem brahman mittels ihrer Appellative und Attribute ein musterhaftes Beispiel im Gott *Prajapati*. Er gilt als Beschützer und Herr des Geschlechts. Er wird mit dem *brahman* identifiziert, da er zugleich auch Opfer ist. Er ist also Opfergabe und Opfernder, das Wesen jedes Opferrituals. In einem Gesang des Rig-veda wird er auch *Hiranyagarbha* (X,121,1) („kostbarer/goldener Embryo") genannt. Er vereint in sich die Eigenschaften des erstgeborenen Sohnes *(Purusha)* mit denen des Weltschöpfers *Vishvakarma*, der im Rig-veda die schöpferische Kraft des Göttlichen (X,81–82) personifiziert. Derjenige, der sich mit dem Herrn Prajapati durch die Ausführung des Opferritus identifiziert, erfährt so die Vereinigung mit allem, auch mit der Unsterblichkeit, die Fülle des Lebens bedeutet.

2.4 Das innere Opfer

Aus verschiedenen historischen Ursachen entstanden um die erste Hälfte des 1. Jahrtausends v. C. die frühesten Schulen der Askese. Als Folge einer Reihe von Umstürzen verlagerte sich die politische Achse im ganzen südwestlichen Asien von Westen nach Osten, von Mesopotamien nach Persien, vom oberen Industal in die zentrale Gangesebene, besonders ins antike *Magadha,* was dem heutigen südlichen Bihar entspricht. Gleichzeitig nahm die Zahl derjenigen zu, die vorzeitig den *Samnyasa* zum Lebensstil wählten, um sich gänzlich der inneren Suche nach der Wahrheit und den ureigenen Wurzeln zu widmen. Es ist eine an neuartigen Erfahrungen reiche Zeit, wie es jene religiösen Tendenzen zeigen, die schließlich große Führer hervorbringen: *Maskari Goshala,* der im 7. und 6. Jh. v. C. in Nordindien lebte und eine nicht-brahmanische Sekte bettelnder Asketen *(shramana), Ajivika* genannt, gründete; der Name bezeichnet diejenigen, die sich das Lebensnotwendige durch Betteln erwerben; oder der Gründer des Buddhismus *Siddharta Gautama,* später Buddha genannt (was „wiedererwacht", aber auch „bewußt, klug" bedeutet); der Prophet und Reformator des Jainismus *Vardhamana Mahavira,* später Jina (Sieger) genannt (möglicherweise von 540–468 v. C.). Das sind nur einige der bekanntesten.

Das Problem des Leidens

Das Neue besteht darin, daß die muni („die Stillen") sich die Frage nach einem ungewohnten Problem stellten, das sich mit voller Deutlichkeit ergeben hatte: Es handelt sich um das Problem des Leidens[15], welches bei allen Religionen eine grundlegende Rolle spielt. Nicht nur die Brahmanen als Interpreten und Hüter der Offenbarung fragten danach, sondern auch und vor allem die *kshatriya*. Das ergibt sich aus den Upanishaden und aus der Vermutung, daß der Buddha und der Jina eben genau dieser *varna* entstammten.

In die heitere Welt der Veden und in ihre Denkweise von der Glückseligkeit hielt hier das Problem des Leidens als Folgerung des Glaubens an die Verdienste, die man durch die Erfüllung ritueller Handlungen erwirbt, seinen Einzug. Das bedeutet einen Umsturz im Denken, auf den die antike Weisheit Indiens jedoch in Übereinstimmung mit der Entwicklungslinie ihrer Denkweise eine folgerichtige Lösung findet. Zu der radikalen Behauptung des Buddha: „Alles ist Leiden" gesellt sich die nicht minder deutliche Aussage des Patanjali, der möglicherweise im 2. Jh. n. C. eine sicherlich viel ältere Überlieferung aufgreift. Er sagt, daß „für denjenigen, der die Erkenntnis besitzt, alles Leiden ist"[16]. An dieser Stelle sei sogleich klargestellt, daß man in Indien, wenn man von Leiden spricht, nicht nur das Leid oder die Leiden im Leben meint, sondern meist eine Art der Beschwerlichkeit, der Mühsal zu leben, ein existentielles Unwohlsein. Deswegen kann der

Mensch niemals gänzlich glücklich sein, da auch Freuden und Vergnügen von der Vergänglichkeit besudelt werden. Aus dieser Unbehaglichkeit heraus entsteht der Wunsch alle Zweiteilung auszulöschen. Es entsteht die Sehnsucht nach Einheit und Unsterblichkeit, das Bedürfnis nach Ewigkeit.

Dieses Verständnis von Leiden bekommt letztlich die Kennzeichen eines kosmischen und unvermeidlichen Gesetzes. Die Denker gelangen jedoch nicht wie *Kohelet* (3. Jh. v. C.) in Israel zu der Schlußfolgerung, daß alles im Leben absurd ist („Oh, unermeßliche Vergänglichkeit, alles ist eitel“[17]), sondern sie betonen mit noch größerer Deutlichkeit das Prinzip der „Gerechtigkeit“ (was ja eine der Bedeutungen des *dharma* ist) und der „Vergeltung“: Gerechtigkeit und Vergeltung, die einen so hohen Wert innehaben, daß sie eigentlich nicht einmal die Existenz einer Gottesgestalt erfordern (man denke an die Gedankenwelt des *Buddha).* Die Problematik, daß der Gerechte leidet, worin ja die offensichtliche Absurdität des Leidens besteht, wird dadurch gelöst, daß der Gedanke von der Vergeltung aller Taten *(karma)* nicht nur auf ein Leben, sondern auf mehrere Leben verteilt wird.

Atman als die allerhöchste Realität

Die Suche der Asketen nach einer neuen, unblutigen Art der Opfer begann schon im Zeitalter der Upanishaden (8. Jh. v. C.). Sie verlagerte sich von der Außen- in die Innenwelt, auf eine Opferhandlung, die im Innersten des Herzens vollbracht wurde. Ihren Anstoß erhielt diese Suche durch eine Reihe von Entsprechungen der psychischen Kräfte mit den kosmischen Kräften. So entsprachen z. B. dem Atem *(prana)* der Wind *(vayu)*, dem Wort *(vac)* das Feuer *(agni)*, dem Sehen *(cakshus)* die Sonne *(aditya)*, dem Hören *(shrotra)* die Himmelsrichtungen *(dish)*, dem Verstand *(manas)* der Mond *(candramas)*. Die alten Seher lernten, den eigenen Atem als „Lebenshauch“ zu begreifen, als Ursprung des psycho-physischen Lebens. Bei ihrer Weitersuche wollten sie die ewige Basis für das Leben entdecken. Auf diese Weise gelangten sie zu der Idee vom *Selbst* als geistige Essenz des Menschen, als bewußter Ursprung der Person, sie nannten es *atman*. In den *Upanishaden,* die für diese Suche die grundlegenden Texte sind, wird *atman* „reinster Stoff der Bewußtheit“ genannt und bedeutet „der Unerkennbare an sich“. Als reinstes Bewußtsein *(cit)* ist *atman* im Innersten jedes Menschen vorhanden und so unerschütterlicher Zeuge aller Verstandestätigkeiten. Dieser *atman* ist die einzige Realität. Es ist das *Brahman*. Es ist das, was die vier axiomatischen

Aussagen, die *mahavakya* („die großen Sprüche"), beinhalten, die das Wesentliche der vier Veden sind und die *Shankara* als Vermächtnis seinen von ihm gegründeten Klöstern hinterlassen haben soll.

Dieses „Wissen vom Unerkennbaren" ist äußerst eigenartig. Wie die *Chandogya-Upanishad* (VII,2 ff) bezeugt, muß man zu seinem Erwerb wünschen die Wahrheit kennenzulernen. Um die Wahrheit zu verkünden, braucht man das Wissen *(vijnana)*. Dieses besteht nicht ohne Denken *(mati)*; und es gibt kein Denken ohne den Glauben *(shraddha)*. Man hat den Glauben, wenn man seine Pflichten erfüllt, die darin bestehen, daß man Opferzeremonien vollzieht *(krti)*. Man bringt Opfer dar, wenn man das Glück *(sukha)* wünscht. „In Wahrheit ist Glück das Unendliche. Es gibt kein Glück im Endlichen; nur das Unendliche ist Glück. Aber man muß wünschen, das Unendliche zu kennen … Das Unendliche hat man dort, wo man keine andere Sache mehr unterscheidet, wo man nichts anderes mehr hört, wo man nichts anderes kennt; wo man etwas anderes bemerkt, etwas anderes hört, etwas anderes kennenlernt, da hat man das Unendliche. Das Unendliche ist das Unsterbliche, während das, was endlich ist, sterblich ist …"[18]

Nur das Leiden kann den Menschen den Sinn seiner Endlichkeit lehren oder besser die Endlichkeit aller Aspekte von Erfahrung. Alles, was man erfährt, besitzt nur eine relative Realität, die in Raum und Zeit begrenzt ist. Die frühen Weisen Indiens aber verstanden, daß die Suche nach dem Unendlichen nicht erfolgreich sein konnte, wenn man das von einem selbst Verschiedene untersuchte. Sie entdeckten, daß das Unendliche dem Herzen jedes Menschen innewohnt. Das Unendliche ist nichts anderes als der *atman*. Dieser ist das ganze Universum, da er das *Brahman* ist. Dieses Bewußtsein wird als ein befreiendes „Wissen" betrachtet.

Die *Upanishaden* entwickeln noch einen anderen, sehr wichtigen Gedanken, den der drei Zustandsebenen des Bewußtseins: des Wachens, des Träumens und des tiefen Schlafes. Im Zustand des Wachens existiert das Selbst auf der Ebene der Welt äußerer Empfindungen, gebunden an das Werden. Im Stadium des Traumes macht es die Erfahrung einer inneren Welt, die noch Bindungen mit der Außenwelt unterhält. Im Zustand des tiefen Schlafes endlich macht das Selbst die Erfahrung der Einheit, da die Dualität zwischen bewußtem Subjekt und Objekt erlischt. Die *Mandukya-Upanishad* aber unterscheidet noch einen anderen Zustand, den „vierten" *(turiya)*, der „unsichtbar, unzugänglich, unerfaßbar, unbeschreibbar, undenkbar, undefinierbar" ist und dessen Existenz „Erfahrung von sich selbst" bedeutet. Die ersten drei Zustände finden ihre Entsprechung in den drei Tönen, die die mystische Silbe *OM* als Synthese des Seins und des Göttlichen bilden. Der

„vierte“ Zustand bedeutet die Verlängerung der stimmhaften Vibration, der Essenz der gesamten heiligen Silbe. Es ist der *atman,* die einzige und ungeteilte Realität (7–12).

Mit großer Betonung in den *Upanishaden* geklärt ist diese Lehre von der Existenz eines bewußten Prinzips der Person, das nicht nur den physischen Tod überlebt, sondern sogar seit immer existiert, fast allgemein von den verschiedenen Lehren des „Hinduismus“ anerkannt worden; gemeinsam mit dem Glauben an eine Wiedergeburt.

Tod, Wiedergeburt und Befreiung

Der Problematik des Leidens und der offensichtlichen Absurdität des Lebens antwortet das Denken der frühen Weisen also mit der Idee von der „Befreiung“ *(moksha).* Der Mensch kann sich vom Leben befreien: nicht von *einem* Leben, jedoch von jenem ewigen „gemeinsamen Laufen“ unendlich vieler Existenzen, welches *samsara* genannt wird. Dieses Wort wird aus der Sanskritwurzel *sr-* („sich bewegen, laufen“) unter Zusatz der Vorsilbe *sam-* („mit“) gebildet und bezeichnet so den „Lauf des irdischen Lebens“, seine „zyklische Wandlung“. Aus dem Sanskrit ist es in die neuindischen Sprachen übernommen worden und wird noch heute in der Bedeutung von „Welt“ benutzt. In der religiösen Tradition der Hindu bezeichnet das Wort *samsara* die vollendete Entwicklung eines Konzeptes, das bereits früher in den beiden Zusammensetzungen *punar-mrtyu* (Erneuerung des Todes) und *punar-janman* (Erneuerung, Wiederkehr des Lebens) ausgedrückt wurde und das aus einem doppelten Gesetz besteht:

a) man lebt nicht nur ein einziges Mal auf dieser Erde;
b) jede Existenz wird bestimmt von den Taten einer vorherigen Existenz *(karman).*

Die ersten ausführlichen Darlegungen dieser Lehre finden sich in den Upanishaden. In diesen Texten wird die Symbolik der Opferzeremonien benutzt und der Weg des menschlichen Lebenselementes, das im Glauben *(shraddha)* besteht, auf seinem Weg vom Scheiterhaufen der Bestattung bis zur Bildung eines neuen Geschöpfes beschrieben. Es gibt zwei Wege, auf denen der Glaube, der den Menschen überlebt, ins Jenseits gelangt: a) der Weg der Götter und b) der Weg der Väter. Dann wird er in fünf folgenden „Opferfeuern“ geopfert, die Himmel, Atmosphäre, Erde, Mann und Frau bedeuten. Er erzeugt den Feuern entsprechend den *soma,* den Regen, die Nahrung, den männlichen Samen und das Embryo einer neuen Kreatur.

Nicht nur die hinduistischen Religionen, sondern alle Religionen, die in Indien ihren Ursprung haben, waren vom *samsara* überzeugt. Sie glauben, daß das Lebenselement des Menschen eine Reihe von Existenzen durchlaufen muß, indem es sich der unterschiedlichsten Körper aus dem Mineralreich, dem Pflanzenreich, dem Tierreich, aber auch der Menschenwelt oder dem Bereich der Dämonen oder Götter bedient, bis die bindende Kraft des *karmans* vollständig erschöpft ist. Jeder Hindu weiß, daß alles, was ihm in seinem Leben geschieht, nur den Taten zuzuschreiben ist, die er selbst in einem früheren Leben vollbracht hat und die ihre Früchte zur Reifung bringen müssen. Er kann natürlich sein *karman* verändern, indem er gute Werke tut, die ihn unter immer besseren Bedingungen wieder auf die Welt kommen lassen; bis er in den Körper eines männlichen Brahmanen hineingeboren wird und alle Etappen eines zunehmenden Verzichts durchlaufen darf und das letzte und allerhöchste Ziel verwirklichen kann: die Befreiung *(moksha),* die als Erfahrung absoluter Freiheit ohne Umkehr erklärt wird.

Seit den Ursprüngen des brahmanischen Denkens, besonders seit den *Upanishaden,* hat der indische Mensch einen „Ausweg" *(marga)* aus der Endlichkeit des Werdens gesucht, aus den Grenzen der Welt der Erfahrung. Und er hat es getan, indem er vor allem die Unabwendbarkeit des Handelns spürte und in der Opferhandlung die besondere Handlung *(karman)* vollbrachte, die Verdienste und Genuß in diesem und im anderen Leben erzeugte. Das ist der *Karma-marga,* der Weg des Handelns und des Opfers. Über dessen Eigenschaften wird weiterhin mit unterschiedlichen Ergebnissen nachgedacht. Die Gelehrten der *Upanishaden* machen sodann die Entdeckung eines zweiten Weges: Der Mensch leidet zwar, weil er vom Wirbel des *samsara* erfaßt ist, weil er eine Beute der Angst vor der Endlichkeit ist. Aber er leidet vor allem, weil er noch nicht zum vollen Bewußtsein gelangt ist, weil er sich noch nicht der Tatsache bewußt ist, daß jenseits dieser Endlichkeit eine transzendente Wirklichkeit besteht, die sich nicht verändert, die nicht verschwindet und die jeder Mensch in seinem intimsten Inneren entdekken kann. Ein solches Bewußtsein ist wahrhaftiges „Wissen" *(jnana),* ist wie ein Licht, ein Blitzesleuchten, das befreit. Das ist der *jnana-marga,* der Weg des Wissens: Nicht nur der, der handelt (d. h. opfert), sondern auch der, der weiß, ist gerettet. Es handelt sich um eine Weisheit, die Wissen von der Wahrheit bedeutet.

Die Wahrheit ist aber im *Veda* verkündet. Daraus folgt die Maßgeblichkeit des *Veda* als Quelle allen religiösen Wissens Indiens, was vielleicht mehr als alles andere das fast einzige Kriterium einer Zugehörigkeit zur hinduistischen Gemeinschaft ist.

2.5 Auf der Suche nach Gott

Theistische Tendenzen

Den ersten Kern einer theistischen Tendenz findet man schon in den frühen Teilen des *Rig-veda,* genauer in einer Reihe von Abschnitten, die die Sonne und ihren wunderbaren und unermeßlichen Glanz preisen. Ein Beispiel ist die *gayatri* (III,62,10), das wohl berühmteste Gebet des gesamten *Veda,* das noch heute jeden Morgen bei Sonnenaufgang Millionen von Hindus beten: „Meditieren wir über den wunderbaren Glanz des Gottes *Savitar,* der unseren Geist anregt!"

Genau bei diesem Nachdenken über den goldenen Glanz der Sonne, diesem bevorzugten Bild von der göttlichen Natur, beginnen die ältesten Exegeten des *Veda* den Gedanken einer einzigen Gottheit zu entwickeln, begreiflich als „Beleberin" (*Savitat)* oder auch als „goldenes Embryo" *(Hiranyagarbha)*; ein Bild, das sich möglicherweise aus dem Anblick der untergehenden Sonne entwickelt, die in die Wasser eindringt und sie befruchtet. Auf dieses Bild, das sich täglich und schon seit immer im trügerischen Spiel der sichtbaren Formen erneuert, scheint der Ursprung aller drei göttlichen Hauptfiguren des sog. Hinduismus: *Brahma, Vishnu* und *Shiva* zurückzugehen.

Diese neue Tendenz zeigt sich deutlich in einigen *Upanishaden,* wie z. B. in der *Isha,* der möglicherweise ältesten in Versen verfaßten Upanishad, die dem „weißen" *Yajur-Veda* angehört. Ebenso aber zeigt sie sich auch in der *Katha* (der Name stammt von einer vedischen Exegese-Schule), in der *Mahanarayana* (die den Namen einer in ihr enthaltenen Hymne auf *Vishnu-Narayana* verdankt*)* und in der *Shvetashvatara* (die die Geheimlehre eines Meisters namens Shvetashvatara enthält, dessen Name aber auch die Vorstellung des allerhöchsten Herrn suggeriert). Shevatashva ist „der mit den weißen Pferden" (die Sonne); Tara ist derjenige, der zum anderen Ufer hinüberleitet, d. h. Gott als Retter. Alle diese zuletzt genannten gehören zum „schwarzen" *Yajur-Veda.*

Der Prozeß der Identifikation der göttlichen Gestalten des vedischen Pantheons wird eingeleitet in den *Brahmanas.* Sie wird in den oben genannten Texten jedoch immer deutlicher und führt schließlich zu der Idee von einem einzigen höchsten Herrn des Weltalls. Insbesondere scheinen sich zwei Entwicklungslinien abzuzeichnen: Die eine (angedeutet in der *Katha* und in der *Mahanarayana-Upanishad* erläutert) entnimmt die Anregungen von der Gestalt des *Prajapati,* der „sich bewegt" und im „goldenen Embryo" *(Hiranyagarbha)* „geboren wird". Sie sammelt die von *Purusha* ererbten Charakteristika, der bereits als höchster Geist verstanden wurde, sowie auch die des *Vishvakarman,* des göttlichen Weltenschöpfers. Sie führt hin zur Vorstellung von einem personifizierten *Brahman* (nomen agentis mask., nicht nomen actionis neutr.), der dann die Züge des *Vishnu-Narayana* erhält. Der Name *Vishnu* bedeutet „der (das Weltall) durchdringt", während *Narayana* „Sohn des (ersten) Menschen" bedeutet. Von den esoterischen Schulen des *Yoga* wird er verstanden als derjenige, „der im Menschen wohnt" (d. i. seine geistige Realität). Sein Name ist ursprünglich ein Beiwort sowohl für *Brahma,* als auch für *Vishnu,* was gemäß einer etymologischen Bemerkung der *Manu-smrti* (I,10) „der sich im Wasser *(nara)* bewegt *(ayana)*" bedeutet. Derselbe Text berichtet, daß *Brahma-Narayana* in einem Ei aus Gold entstanden ist, das sich aus dem männlichen Samen entwickelte, den das „aus sich selbst Seiende" *Svayambhu* in die Wasser entlassen hatte, nachdem es sie geschaffen hatte.

Die andere Linie religiöser Reflexion nimmt dagegen ihre Anregung von der Feuer-Sonne, die beim Aufgang als „Savitar" angerufen wird und die ebenfalls über das Bild des „goldenen Embryo" (d. i. *Hiranyagarbha,* den die *Shvetashvatara-Upanishad* auch *Isha, Ishna* [Herr], *Rudra* [der Fürchterliche], *Maheshvara* [Großer Herr] und *Bhagavat* [der Herrliche] nennt) zur anderen großen Gottesgestalt des klassischen Hinduismus führt.

Das dreifache Brahman

Das unpersönliche Absolute der frühesten *Upanishaden* wird in der *Shvetashvatara-Upanishad* (deren Inhalt jedoch bereits zum größeren Teil von *Taittiriya-aranyaka* vorweggenommen wird) als eine Dreiheit, ein „dreifaches Brahman" geschildert: als Benutzer *(bhoktar),* d. i. der Grundstein der individuellen Seele, als Zeichen göttlicher Gegenwart und geistiger Kraft, die im unendlich Kleinen wohnt, nämlich der Herzensgrube, und trotzdem am Unendlichen teilhat; dann als benutzbares Objekt *(bhogya)*, d. i. die erfahrbare Welt, deren ebenfalls ewiges Fundament die Natur *(pradhana, prakrti)* ist; und schließlich als Urheber von allen, d. i. Gott, der alles *(preritar)* in Bewegung setzt und die Stütze alles Vergänglichen und alles Unvergänglichen, aller Entwickelten und aller Unentwickelten ist.

Fast gleichzeitig entsteht in diesem wichtigen vedischen Text die Idee, daß weder die rituelle Handlung *(karman)* noch die großartige Entdeckung des Selbst *(jnana)* im Innersten des Bewußtseins ausreicht, um den Menschen zu retten, sondern es muß sich sozusagen eine Beziehung zwischen Mensch und Gott entwickeln. Diese Beziehung schließt von seiten Gottes die Gnade *(prasada)* und von seiten des Menschen die Liebe *(bhakti)* mit ein. Die göttliche Gnade offenbart sich als die Kraft, die fähig ist den Menschen zur Wahrheit *(satya)* zu führen, indem sie ihn befähigt zwischen Relativem und Absolutem zu unterscheiden *(vijnana)* und seine eigene geistige Identität mit Gott zu entdecken. Sie offenbart sich wie ein Licht, das im Selbst *(atman)* leuchtet, das vollkommen rein geworden ist durch die Askese *(tapas)* und jene „innere Disziplin“ *(yoga)*, die gleichzeitig auch „Vereinigung“ mit Gott bedeutet. Wissen *(vidya)* und Nichtwissen *(avidya)* bestehen nebeneinander, jedoch allein die göttliche Gnade kann das eine wecken und das andere zerstören, was die Ursache der Bindung der Seele an die wahrnehmbare Welt ist. Allein so ist der Mensch imstande, befreit vom Leiden den Herrn in seiner unendlichen Größe zu schauen. „Im geheimen Lotus unseres Herzens ist Er (Gott) die bewußte und liebende Präsenz, die äußerste Zuflucht, der intimste Freund, der Frieden schenkt und alle Wünsche erfüllt.“

Die *Shvetashvatara-Upanishad* wurde wahrscheinlich im 5./6. Jh. v. C. abgefaßt. Sie nimmt aber so zeitlich die Synthese des *Yoga* voraus, wie sie in der *Bhagavadgita* vollzogen wird, die sie auch mehrere Male zitiert. Sie führt das Konzept einer Dreiheit ins religiöse Denken Indiens ein: *Gott – Seele – Welt.* Mit dieser Dreiheit müssen sich nun die folgenden theologischen Systeme auseinandersetzen.

Gott ist ohne Eigenschaften *(nirguna)*, aber er wird mit ihnen ausgestattet *(saguna)* aufgrund seines Kontaktes mit der Welt, der sich jedoch nicht direkt, sondern mittels seiner mysteriösen „Kraft“ *(mahiman, shakti)* herstellt. Durch sie setzt Gott das berühmte „Rad“ des *samsara,* d. h. des Weltalls und des sich abspielenden Lebens, in Bewegung. Um diese wirbelt die Seele des Menschen wie eine stolze Wildente *(Hamsa).* Sie glaubt sich getrennt von Ihm, der den Stützpunkt allen Drehens darstellt. Sie nimmt teil am Handeln, das seine Früchte trägt, und macht die Erfahrung der drei Existenzarten (himmlisch, menschlich, tierisch), bis sie den Herrn erkennt und sich von allen Bindungen befreit. Das geheimnisvolle

Wirken Gottes in der Welt bleibt jedoch verborgen, da er das Universum aus sich aushaucht wie ein Meister der Täuschungskunst *(mavin)*. Diese Täuschung *(maya)* ist die Natur *(prakrti)*. Sie ist nicht in dem Akt enthalten, mit dem Gott die Welt aushaucht, sondern wohnt in einer „Kraft der Zerstreuung“, die auch das Bewußtsein des Menschen gebunden hält und ihn glauben läßt getrennt oder verschieden vom *Brahman* zu existieren und an der Welt der vielfältigen in der Natur sich entwickelnden Formen teilzuhaben.

2.6 Tradition und heilige Wissenschaft

Die Zeit vom 6. Jh. v. C. bis zum 4. Jh. n. C. ist außerordentlich wichtig für die Religionsgeschichte Indiens, da sich in dieser Periode nicht nur soteriologisch alternative Schulen mit vorwiegend mönchischer und/oder asketischer Kennzeichnung verbreiten, sondern auch, weil man sich innerhalb der brahmanischen Tradition darum bemüht, die Angaben der Offenbarung mit einer Reihe von Religionselementen aus der Volksmasse der Nicht-Adeligen *(an-arya)* zu verbinden, denen bisher das Recht des Zugangs zu den Quellen der Offenbarung (des *Veda)* verweigert wurde. Während einigen der Reformbewegungen großer Erfolg beschieden ist, indem sie die Unterstützung einzelner Herrscher (man denke an die Verbreitung des Buddhismus unter der Regierung des Königs *Ashoka Maurya* im 3. Jh. v. C.) oder sogar ganzer Herrscherdynastien erhielten, ist die Arbeit der Brahmanen gänzlich darauf gerichtet, die Inhalte der alten gesetzgeberischen Tradition über den *dharma* mit deutlicher didaktischer Absicht in einer Reihe einheitlicher Traktate zusammenzufassen. Außerdem beschäftigen sie sich damit, ausgedehnte Versionen des ganzen mythologischen und kulturellen Reichtums ihrer Zeit in Verse zu fassen, indem sie unbeständiges Material, was von Sängern oder Wanderdichtern in „Geschichten“ *(itihasa)* oder in „alten Erzählungen“ *(purana)* verbreitet wurde, zu großartigen Epen oder anderen Werken verwandelten, denen sie die „Erinnerung“ *(smrti)* an die alten geheimen Lehren anvertrauten.

So entstand ein Korpus von Quellen des *dharma,* dem die Aufgabe anvertraut wurde, den Glauben an die Wahrheit des *Veda* für alle Zeiten aufzubewahren und zu fördern. Man benennt ihn in all seiner Komplexität mit der Bezeichnung *Smrti* (Gedächtnis, religiöse Tradition), auch wenn diese im eigentlichen Sinne nur für die Texte, die den *dharma* erläutern, gemeint ist. Dazu zählen ganz alte, wie das *dharma-sutra* (Aphorismen über den *dharma)*, wie auch das jüngere *dharma-sastra* (Lehrschriften über den *dharma*). In seinem erweiterten Sinn umfaßt das Korpus der *Smrti* auch das *Mahabharata* (das große Epos des *Bharata*), den *Harivamsa* (Sippe der *Hari-Vishnu*), welcher ein später Zusatz zum *Mahabharata* im puranischen Stil ist; die *Puranas* selbst („alte Erzählungen"). Eine besondere Beachtung erfordert das *Ramayana* (Die Reise des *Rama*) als ein großartiges Volksepos, was die Überlieferung jedoch nicht als *itihasa* betrachtet, sondern als gedichtetes Epos *(kavya)*, als das bedeutendste *(adi-kavya)* überhaupt.

Glaubenslehre über den Dharma

Die *dharma-sastras* sind systematische Auslegungen der alten Lebensregeln in Versen, die in den verschiedenen vedischen *dharma-sutras* enthalten sind. Mit der Zeit haben sie eine immer größere Bedeutung im religiösen Leben erhalten. Sie wurden ab dem christlichen Zeitalter verfaßt und gelangten zu normativem Wert für die gesamte Hindu-Gesellschaft, indem sie die Lebensregeln der einzelnen Gruppen und die Gesamtheit ihrer Pflichten nicht nur für die religiöse Praxis, sondern auch für das Verhalten innerhalb der Kaste und ganz allgemein innerhalb der Gesellschaft festlegten. Diese Texte sind also authentische Gesetzessammlungen für das alte Recht, das auch heute noch Bedeutung hat bei allen zwischenmenschlichen Beziehungen, besonders in den Kreisen, die der antiken brahmanischen Kultur treu geblieben sind. Zu diesen Büchern über den *dharma* zählt als ältestes und bekanntestes das bereits mehrfach erwähnte *Manava-dharma-sastra* oder die *Manu-smrti,* dessen Zusammenstellung in der heutigen Form möglicherweise auf das 2. Jh. n. C. zurückgeht. Es wird dem *Manu* zugeschrieben, einem mythischen Patriarchen der Menschheit. Es ist ein Werk, das aus 12 Büchern mit insgesamt 2700 Strophen besteht. Es beginnt mit der Darstellung der Weltschöpfung und fährt fort mit einer Behandlung der Quellen des *dharma,* mit den Regeln für die männlichen Mitglieder der vier *varna* in den vier verschiedenen Lebensstadien *(ashrama)*, mit den Rechten und Pflichten des Fürsten; mit den Schuldtaten und Strafen, den Kasten und Unterkasten, den Almosen und Sühnriten. Und es schließt mit der Auslegung des Gesetzes des *karman* und des *samsara* und der Wege, die den Geist des Menschen zur Erlösung führen. Wichtig sind auch die *Vishnu-smrti* oder *Vaishnava-dharma-sastra* (Lehrschrift der Schüler des *Vishnu* über den *dharma)*, die *Yajnavalkya-smrti* und die *Narada-smrti.* Aber sie sind nicht die einzigen, denn diese alten Texte über den *dharma* sind im Gegenteil äußerst zahlreich, wie auch eine in jüngerer Zeit veröffentlichte Sammlung bezeugt, in der 56 Werke veröffentlicht werden, die ebenfalls altehrwürdigen Sehern zugeschrieben werden.[19]

Die Lehren des Mahabharata

Das *Mahabharata* ist sicherlich das wichtigste Werk der gesamten indischen Kultur. Dieses riesenhafte Epos in Sanskrit ist mit seinen fast 100.000 Strophen eingeteilt in 18 Bücher. Es ist die längste Dichtung nicht nur Indiens, sondern der gesamten Menschheit. Es ist ein *itihasa,* also eine Erzählung von den Mythen und den Helden, von „Geschichten aus der Vergangenheit", die mit ihren zahllosen Abschweifungen über Themen jeglicher Art eine authentische Enzyklopädie alles traditionellen brahmanischen Wissens und zugleich einen Abriß aller religiösen Ideen des alten Indien darstellt. Der zentrale Mythos dieses großen Epos schildert eine Krisensituation am Ende einer kosmischen Welt-Epoche mit einem Krieg um die Regentschaft in *Kurukshetra* (Ebene im Norden von Neu-Delhi), zwischen zwei verwandten Sippen des „mondhaften" *(soma-vamsha)* Fürstengeschlechtes, den *Kaurava* und den *Pandava,* die beide vom mythischen Helden *Bharata* abstammen. So stehen sich sowohl auf der einen als auch auf der anderen Seite die höchsten Fürsten der Erde gegenüber. Den Ausgang dieses Kampfes entscheidet ein anderer Fürst, ein Verbündeter der *Pandava* und Angehöriger einer Seitenlinie dieser Dynastie. Sein Name ist *Krishna* und in ihm verbirgt sich eine geheimnisvolle göttliche Präsenz. In der Tat ist er die Inkarnation, der „irdische Abstieg" des Gottes *Vishnu,* der gekommen ist den Sieg des *dharma* zu garantieren. Nach der Himmelfahrt der fünf Pandava-Fürsten bleibt auf der Erde nur ein einziger überlebender Held, der Fürst *Parikshit.* Er ist der Enkel des *Pandava*-Helden *Arjuna,* der tot geboren, aber von *Krishna* wiedererweckt wurde, damit das Geschlecht, zu dem auch *Krishna* gehört, nicht ausstirbt. *Parikshit* erbt den Thron von *Hastinapura,* der Hauptstadt von *Kurukshetra.* Sein Sohn *Janamejaya* läßt später eine große Opferzeremonie feiern, während der er die gesamte Geschichte seiner Ahnen anhört: das *Mahabharata,* das ihm von *Vaishampayana* vorgetragen wird. *Vaishampayana* ist einer der Jünger des großen Weisen *(maharshi)* *Krishna Dvaipayana Vyasa,* dem die Tradition die Abfassung dieses Epos zuschreibt. Sie sieht ihn gleichzeitig auch als Verfasser der Veden und der *Purana* (alte „Erzählungen"), von denen wir noch sprechen werden.

Praktisch ist es unmöglich, für diese großartige Dichtung ein Datum der Abfassung zu bestimmen. Das trotz der unglaublichen Forschungsarbeit der indischen Philologen des Bhandarkar Oriental Research Institute in Poona für eine kritische Ausgabe des *Mahabharata,* eine Arbeit, die Jahrzehnte in Anspruch genommen hat. Die Veröffentlichung des Werkes begann 1966 und ist erst 1993 beendet worden. Die Gelehrten sind sich einig darüber, daß die Zusammenstellung eines so eindrucksvollen Werkes Jahrhunderte gedauert haben muß, vielleicht schon seit dem 4. Jh. v. C.; und daß die Dichtung im 4. Jh. n. C. die Form gewonnen hat, in der sie uns überliefert ist.

Wir haben von der Zusammenfügung des *Mahabharata* aus verschiedenen Teilen gesprochen. Hinzuzufügen ist noch eine Eigenart, die man schon bei der ersten Begegnung mit dem Text bemerkt: Die Gesamtheit der Teile mit lehrhaftem Inhalt macht fast die Hälfte des ganzen Werkes aus. Dazu gehören nicht nur die Bücher XII und XIII („Buch des Friedens" und „Buch der Lehre"), sondern auch weite Abschnitte anderer *parvan,* besonders der dritte („Buch des Waldes") und dann der 5., der 6. (der die *Bhagavad-gita* enthält) und das Buch XIV (in dem die *Uttara-gita* oder *Anu-gita* enthalten ist). Die hier aufgezeichneten Lehren betreffen die Weltsicht des Menschen, der der brahmanischen Kultur angehört.

Der *dharma* ist in den verschiedenen Variationen der Bedeutung, die wir besprochen haben, der Hauptgegenstand der Lehre im *Mahabharata.* Die Anweisungen, die der greise *Bhishma* in den Büchern XII und XIII gibt, berücksichtigen die hauptsächlichsten Aspekte des *dharma.* Sie beginnen mit denen, die nur den König *(raja-dharma)* betreffen. Sie behandeln sodann die Lebensregeln für Zeiten der Gefahr oder des Unglücks *(apad-dharma),* um mit einer ausgedehnten Abhandlung über die endgültige Befreiung vom Zyklus der Wiedergeburten *(moksha-dharma)* und einem allerletzten Teil, der dem Schenken und dem Almosengeben *(dana-dharma)* gewidmet ist, abzuschließen. In diesem Zusammenhang ist es interessant zu bemerken, daß die *Manu-smrti* und die *Purana* eben genau das als bestes Mittel für die Errettung aus dem gegenwärtigen unglückseligen Weltzeitalter betrachten.[20]

Der *dharma* beherrscht nicht nur die Sphäre des religiösen Empfindens, sondern auch des Genießens der Güter der Welt. Dazu gehören das Vergnügen, die Befriedigung der Wünsche *(kama)* und der Erfolg, der vom Reichtum und von der Macht *(artha)* herkommt. Ein in Harmonie mit dem eigenen *dharma* und dem aller Dinge gelebtes Leben eröffnet die Möglichkeit den Kreislauf des Wiedergeborenwerdens und des Wiedersterbens *(samsara)* zu durchbrechen, indem alle

Bindungen zu den Beweggründen für das Handeln durchgetrennt werden und sich dem Menschen so die Türen zum Heil öffnen, das in der Befreiung *(moksha)* vom Werden, in einem Übergang vom „Nichtsein" ins Sein, vom Dunkeln ins Licht, vom Tode in die Unsterblichkeit besteht, wie es das berühmte Gebet der *Brhadaranyaka-Upanishad* verkündet (I,3,28). Genau für diese vier Ziele des menschlichen Lebens will das *Mahabharata* erschöpfend sein, wie es die berühmte Strophe sagt, die zweimal im Werk wiederholt wird, einmal am Anfang und einmal am Ende:

„Über *dharma, artha, kama* und *moksha* oder über den Stier der *Bharata:* Alles findet man in diesem Werk und kann dasselbe auch woanders finden. Was man jedoch nicht hier findet, das gibt es nirgendwo anders."[21] (Zitat im Sanskrit)

Die Problematik der vier Lebensziele wird in der religiösen Welt des *Mahabharata* unter der doppelten Perspektive von Aktivität und Passivität, Tätigkeit und Ruhe, von Einsatz für die Welt und Verzicht auf sie und alle Tätigkeit gelöst; in Sanskrit: *pravrtti* und *nivrtti.* Die neue Tendenz, den Lebensverzicht zu begünstigen, und dementsprechend auch die Verweigerung nicht nur der strengen Einhaltung vedischer Orthodoxie, sondern ebenso der Logik der Abfolge der vier brahmanischen Lebensstadien, indem man z. B. vorzeitig den *samnyasa* wählt, läßt einen weiteren Widerspruch entstehen: den zwischen *moksha* und *samsara.* Es handelt sich hier aber auch um den Gegensatz zwischen *moksha* und *dharma,* was so zu einer Quelle innerer Beunruhigung wird. Auf diese Fragen gibt die *Bhagavad-gita* eine Antwort, in der Gott selbst zum Menschen spricht und ihm nicht nur eine neue „Offenbarung" enthüllt, die persönlich ist und sich nur mit der Zeit enthüllt, sondern auch die Verkündigung dieser Wahrheit vollendet, die in den *mantra* des *Veda* zum Wort wird.

Nicht nur in der *Bhagavad-gita,* sondern im gesamten *Mahabharata*-Epos wird die Vorstellung von einem persönlichen Gott der Gnade vorherrschend, nachdem sie in einigen Upanishaden zum ersten Mal erkennbar wurde. Es vervollständigt sich auch die Idee eines Gottes, der sich eines fleischlichen Körpers bedient, der auf die Erde „herabsteigt", um die alte Ordnung wiederherzustellen und seinen Anhängern zur Hilfe zu kommen. Vor allem *Vishnu* ist die Hauptgestalt dieser „Abstiege", die die Bezeichnung *avatara* erhalten. Es handelt sich um Gott-Gestalten (die klassische Liste zählt 10), die eine derartige Bedeutung vor allem in der Volksreligion erhalten, daß einige von ihnen sogar zu weiteren allgemeinen Gottesbezeichnungen werden. Das ist jedenfalls bei *Krishna* (der Schwarze, Dunkle) der Fall, wie er im *Mahabharata* dargestellt wird; oder bei *Rama,* die göttliche

Hauptgestalt im *Ramayana*. Auch die Beziehungen zwischen dem Frommen und seinem zugänglichen Gott basieren auf einer neuen Art des Glaubens, nämlich auf einer Beziehung der Liebe und Teilnahme. Das ist die Idee der *bhakti,* wie sie bereits in den *Upanishaden* angekündigt wurde und in der *Bhagavad-gita* ihre maßgeblichste und stärkste Formulierung findet.

Den zwei bisher in der hinduistischen Tradition vorgeschlagenen Wegen zum Heil, dem *karma-marga* (der rituellen Handlung) und dem *jnana-marga* (der inneren Bewußtheit vom Selbst), wird so ein dritter hinzugefügt, der *bhakti-marga.* Es ist ein Weg, der sich auf der Liebe Gottes und auf dem Geschenk seiner Gunst gründet, auf seiner Gnade, die befreit und rettet. Die persönliche Gottheit schlechthin ist im *Mahabharata* natürlich *Vishnu-Krishna.* Seine Fähigkeit zu lieben ist unendlich, unbeschränkt ist seine Macht. Die Befreiung ist dank seines Eingreifens nicht mehr nur ein Privilegium einiger, sondern ein Wohl, auf das alle, auch die vom Veda Ausgeschlossenen, hoffen können.

In dieser Situation der Krise der alten Werte, wie sie uns das *Mahabharata* zeigt, beginnt auch das, was M. Biardeau die „Aufgabe des Fürsten" genannt hat und was sich vor allem am *artha,* also an Reichtum, Macht und irdischem Wohlbefinden, orientieren sollte seine schmerzhaften Seiten zu zeigen. Zu der doppelten Spannung zwischen *moksha/samsara* und *moksha/dharma* kommt nun jene andere nicht weniger wichtige Spannung auf der existentiellen Ebene, die Spannung zwischen *samanya-dharma* (der allgemeinen Norm) und *svadharma* oder *vishesha-dharma* (der eigenen oder besonderen Norm jedes einzelnen).

In dieses zwischen den verschiedenen Facetten des *dharma* verborgene Geheimnis reichen die Wurzeln des Leidens von *Yudhishthira,* dem ältesten der fünf *Pandava*-Brüder. Er ist ein Prinz, ein in ein Königsgeschlecht hineingeborener Adliger *(kshatriya).* Aber ihm gefällt der Krieg gar nicht, und er ist sogar unfähig das zu leugnen. Er fühlt sich von den Idealen des Friedens, des Wohlwollens, des Verständnisses, des Mitleids angezogen. Diese sind jedoch die Ideale eines asketischen Lebens, zu dem er als Prinz und Krieger nicht gerufen ist. Sein Problem unterscheidet sich nicht von dem *Arjunas,* dem Helden der *Pandava,* der sich weigern möchte Personen zu töten, die ihm lieb sind. Unter ihnen sind sogar seine verehrten Lehrmeister, die auf der Gegnerseite kämpfen. Eine Antwort auf solche Probleme ist nicht leicht. Sie wird vom Mensch gewordenen Gott selbst gegeben, von *Vishnu-Krishna,* dem *Bhagavat,* dem „glorreichen Herrn" der *Bhagavad-gita.* Dieses Buch ist für Millionen von Hindus zu einem wahren Evangelium geworden, teils in der Form von Religion, teils als Überlieferung der Meister *(sam-*

pradaya). Es präsentiert sich wie eine „geheime Lehre", die eine Antwort auf das Problem des Leidens in einer der ältesten Überlieferungen des hinduistischen Denkens sucht, die unter dem Namen *yoga-shastra* (Wissenschaft des Yoga) bekannt ist und deren Ziel das „Wissen von der absoluten Realität" *(brahma-vidya)* ist.

Der „Gesang der glorreichen Herrn"

Die *Bhagavad-gita* (der Gesang des *Bhagavat)* wurde zu Beginn des 2. Jh. v. C. geschaffen und enthält eine Lehre, die gemäß der hinduistischen Tradition von Gott selbst einem ihm ergebenen Freund erteilt wurde. Das Wort *Bhagavat* (in Hindi: *Bhagavan)* bedeutet im eigentlichen Sinne „derjenige, der unendliches Glück, Ruhm, Erhabenheit" genießt. In der Umgangssprache wird es heute *Bhagawan* ausgesprochen und bedeutet ganz einfach „Gott". Der Text dieser Lehre stammt aus dem Ende des 7. oder dem Anfang des 8. Jh. und ist uns in der vorliegenden Form von dem großen Gelehrten *Shankara* überliefert worden. Das Werk besteht aus 18 „Lesungen", die die Kapitel 25–42 des 6. Buches des *Mahabharata, Bhishmaparvan*, Bücher des *Bhishma*, in Anspruch nehmen. Der Text ist reich an Zitaten aus den *Upanishaden* und handelt von der außergewöhnlichen Selbstoffenbarung des *Krishna*. In der Gestalt dieses *avatara* zeigt sich Gott als ein Wesen voller Liebe zu seinen Gläubigen und für alle Kreaturen, von denen er nichts anderes verlangt, als geliebt zu werden. Alle, niemand ausgenommen, können dieses freiwillige und unentgeltliche Geschenk Gottes entgegennehmen. In anderen Worten: Alle können sich auf den Weg ohne Rückkehr zur Befreiung machen.

Diese Dichtung steht unmittelbar vor der Schilderung des großen Kampfes, der das Zentralthema des *Mahabharata* darstellt. Sie behandelt sozusagen den Kompromiß zwischen der Unvermeidbarkeit des Handelns und den neuen Tendenzen der Askese und des Verzichtes, die als Vorschlag des Aufgebens aller Tätigkeit verstanden werden wollen. Die Gelegenheit, diese göttliche Lehre zu formulieren, boten die zweifelnden Gedanken *Arjunas*. Der, der diesen Zweifel auflöst, scheint auch ein Prinz zu sein. Es ist *Krishna,* der ihm als Waffenträger und Wagenlenker nahe steht, aber auch als Ratgeber und Freund. Seine Präsenz auf dem Kriegswagen *Arjunas* ist nicht zufällig, sondern Ergebnis einer bewußten Wahl. Als Krishna beim Nahen eines Krieges, den er mit allen menschlichen Mitteln zu verhindern versuchte, den beiden verfeindeten Vettern die Wahl stellte zwischen sich selbst und seinem Heer, will *Arjuna,* ohne zu zögern, den Freund neben sich haben. Hingegen wollte sein unbeugsamer Gegner *Duryodhana* (erster der hundert *Kaurava)* das Heer um sich haben. *Krishna* aber war kein gewöhnlicher Mensch, sondern ein Gott im menschlichen Gewand. So war der Ausgang des Kampfes vorausgegeben, denn „dort, wo der Herr des *Yoga Krishna* ist, sind Glück, Wohlstand und Sieg", wie die Endstrophe der *Gita* lautet.

Die göttliche Lehre

Krishna beginnt mit dem Postulat zweier fundamentaler Prinzipien:

a) Die geistige Wirklichkeit im Inneren jedes Menschen stirbt nicht mit dem Körper, sondern überlebt ihn und existiert im Grunde für sich allein schon seit immer und für immer. Denn sie ist die einzige, die ewige und unwandelbare Realität *(Brahman* oder *atman*), die das gesamte Universum hält.
b) Der Mensch soll seine ihm zugeordnete Pflicht erfüllen, ohne sich den Tätigkeiten zu entziehen, die ihm zustehen.

Während das erste ein Prinzip ist, was schon in der brahmanischen Tradition gefestigt ist, so daß Krishna es auch als selbstverständlich voraussetzt, wird das zweite ausführlicher zur Diskussion gestellt. Das eigentliche Problem der Wahl zwischen einer Tätigkeit, die eine Entlohnung in der Welt zur Folge hat, und dem Verzicht, der zur Flucht vor Entlohnung durch Andacht, Hingabe an Gott, Kontemplation und Bewußtheit des Selbst strebt, braucht einen Sicherheitsanker, um gelöst werden zu können. Und dieser Anker wird in der Idee von der höchsten, unveränderlichen Wirklichkeit gefunden. Nicht wesentlich anders als das dreifache *Brahman* der *Shvetashvatara-Upanishad* ist sie auf geheimnisvolle Art auf allen Ebenen der Existenz vorhanden: in der physischen Welt, die aus den fünf Elementen Erde, Wasser, Feuer, Wind und Raum besteht und damit die Hinfälligkeit des Werdens verdeutlicht; im individuellen Geist oder Selbst, aus dem die wahrhafte Natur des einzelnen besteht; bis hin zum Göttlichen, des allerhöchsten *(Purusha)* und erhabenen Geistes *(Purushottama)*, der der hohe Herr *Vishnu* ist. Diese Wirklichkeit steht außerhalb von Zeit und Raum und ist gleichzeitig ganz in sich selbst. Sie verliert in Übereinstimmung mit der Gedankenwelt der jüngeren vedischen *Upanishaden* die undefinierbaren Umrisse eines unpersönlichen Absoluten und gewinnt ein Gesicht. Es ist das Gesicht einer göttlichen Person, die ihren Gläubigen die Rettung als Geschenk bietet. Mehr noch, in der Person des *Krishna,* der leibhaftig auf die Erde gekommen ist, wird sie zum Wesen einer Opferhandlung, die sich seit Anbeginn der Welt wiederholt. Darin besteht das „königliche Wissen" *(raja-vidja),* das „königliche Geheimnis" *(raja-guhya),* von dem am Anfang des 9. Kapitels die Rede ist (9,2).

Auch wenn hier mehrmals der Wert des kontemplativen Lebens hervorgehoben wird, legt die *Gita* jedoch eindeutig fest, daß eine Tätigkeit unvermeidbar ist, da sie nämlich durch die Störung des ursprünglichen Gleichgewichtes unter den „Qualitäten" *(guna)* der Natur verursacht wird. Diese untersten Charaktereigenschaften sind *sattva* („Helligkeit und Güte"), *rajas* („Tätigkeit und Leidenschaft") und *tamas* („Dunkelheit und Untätigkeit"). Die Zerstörung des ursprünglichen Gleichgewichts unter ihnen hat den Prozeß des Werdens (3,5) in Bewegung gesetzt. Ohne Handlung gibt es kein Leben. Denn der Geist, der den Körper bewohnt und durch diese drei *guna* an ihn gebunden ist, ist nur ein unbeweglicher Beobachter. Außerdem ist es die Tätigkeit des Menschen, die in der Welt jene uranfängliche Handlung wiederholt, aus der das Universum entstanden ist, und die so ihren Anteil am Fortbestand des Lebens leistet. Die „wahre" Handlung ist in der Tat eigentlich nur der Opferritus, vorausgesetzt man „verrichtet ihn im Sinne des Herrn", indem man alle Wünsche aufgibt und die Sinne beherrscht. Ebenfalls wird vorausgesetzt, man tut all dies nur zum Wohl der Welt, ohne eigene Interessen zu verfolgen. Diese Art der Tätigkeit macht den Menschen nicht unrein, wie auch der Herr nicht unrein wird durch sein dauerndes Wirken im Universum.

Dieser seiner neuen, aber zugleich auch alten Lehre gibt *Krishna* einen Namen: *Yoga*. Der Herr, der sich wiederholt selbst in der Welt erzeugt, um dort Ordnung und Gerechtigkeit wiederherzustellen, um die Guten zu schützen und die Niederträchtigen zu bestrafen, lehrt dieses *Yoga* seit undenkbaren Zeiten. Es besteht in der „Beherrschung bei allen Tätigkeiten" (2,50), gleichzeitig wird es auch als „Gleichmut" (2,48) verstanden. Letztere wird in der *Gita* am meisten hervorgehoben. Man versteht darunter die Fähigkeit einen immer gleichmäßigen Gemütszustand *(samsha)* gegenüber allen gegensätzlichen Erfahrungen, die durch das Gegensatzpaar Freude–Schmerz *(sukha–dukha;* 14,24–25) versinnbildlicht werden, zu behalten. Wer diese Tugend besitzt, ist ein Weiser und wird *yukta* (vollkommen, gesammelt) genannt. Dieses Wort wird in der Interpretationslinie der letzten vedischen *Upanishaden* als Synonym für *bhakta* (Frommer) verwendet. Ebenso wird die innere Sammlung *(yoga)* ein Synonym für „Liebe zu Gott" *(bhakti).*

Der von *Krishna* gelehrte *Yoga* ist jedoch nicht nur Handlung und Opfer bzw. Sammlung und Gottesliebe, sondern auch „wahres Wissen“ *(jnana).* Wissen ist die beste aller Opfergaben. Wissen ist erhabene Tat, Geschenk der Vision, die sich aus der innersten Sammlung ergibt. Wissen erlaubt uns zu sehen, wie „das eigene Selbst in allen Wesen wohnt und alle Wesen im eigenen Selbst“, wie „überall dasselbe ist“ (6,29). Ein solches Wissen ist wie ein Feuer, das „alle Handlungen zu Asche verbrennt“, es ist ein erhabenes Mittel zur Reinigung. Wissen ist aber nicht zu erhalten ohne den Glauben *(shraddha;* 4,33,55), da es ja nichts anderes ist als das Wissen vom Herrn, vom geliebten Gottwesen, von *Vishnu-Krishna.* Es geschieht in dem Bewußtsein, daß das Wissen von Gott Wissen von allem bedeutet, da Er alles ist.

Er ist Anfang und Ende, nichts gibt es außer Ihm. Das gesamte Weltall ist Frucht seiner göttlichen Vorstellung, da der Herr dem dauernden Prozeß der Weltwerdung und der Wiederauflösung nur als unbeweglicher Beobachter beiwohnt. Er ist der *dharma,* d. i. die innerste Eigenschaft jeder Sache: Geschmack im Gewässer, Licht im Monde oder in der Sonne, Ton im Raum, Männlichkeit im Manne, Wohlgeruch in der Erde, Glanz im Feuer, Leben in allen Lebewesen, Askese in den Asketen, Intelligenz in den Verständigen, Herrlichkeit in den Herrlichen, Kraft in den Kräftigen. Unendlich sind die Kundgebungen seiner Macht. Als er von *Arjuna* darum gebeten wurde, gab er ihm die Möglichkeit seine kosmische Form zu bewundern. Er erschien ihm als ein unermeßliches Wesen, das alles in sich enthält; wie die Zeit, die aufbaut und zerstört und dadurch Bewunderung und Furcht erzeugt. Dies ist die großartige Theophanie des 11. Kapitels, in der *Krishna* als *vishvarupa* (derjenige, dessen Form alles ist; oder derjenige, der alle Formen hat) erscheint und die den Höhepunkt der *Bhagavad-Gita* darstellt.

Nachdem er wiederum seine gütige und beruhigende Gestalt angenommen hat, spricht *Krishna* nochmals zu *Arjuna* und überträgt ihm eine allumfassende Botschaft der Rettung. Er bietet sich als wahrhaftige Zuflucht *(sarana)* für seine Gläubigen an. Wer den Herrn kennt und liebt, ist ein wahrer *yogin.* Für ihn ist *Yoga* „die Lösung der Bindung an das Leiden“ (6,23). Wer den Herrn liebt, verirrt sich nicht, sondern geht einen Weg, dessen Ziel der Friede *(shanti)* ist; ein allerhöchster Friede, der in Gott seine Vollendung findet.

Rama und das Ramayana

Um das 4.–3. Jh. v. C. begann ein anderer *avatara Vishnus* an Wichtigkeit und Beliebtheit zu gewinnen. Sein Name ist zum möglicherweise populärsten Gottesnamen in Indien geworden: *Rama* oder *Ramacandra*, der als Prinz aus der Dynastie „der Sonne" *(surya-vamsha)*, die in *Ayodhya* in der Nähe von *Faizabad* (nicht weit entfernt von Benares) regierte, auf die Erde hinunterkam. Seine irdischen Taten werden im *Ramayana* (Reise des Rama) erzählt. Dieses Epos wird dem Seher *Valmiki* zugeschrieben. Es handelt sich hierbei um eine Dichtung *(kavya)* von geringerem Umfang als das *Mahabharata*-Epos. Es hat immerhin ca. 24.000 Strophen, aufgeteilt in 7 Abteilungen *(kunda)*. In der Form, die wir kennen, könnte sie aus dem 2. Jh. n. C. stammen.

Die Erlebnisse *Ramas* auf Erden sind in Kürze folgende: *Ravana,* ein furchterregender Dämon mit 10 Köpfen und 20 Armen, konnte dank seiner Unverwundbarkeit die Welt beherrschen. Diese Unverwundbarkeit hatte er vom Gott *Brahma* erhalten, nachdem er ihn durch eine Askese von 10.000 Jahren versöhnlich gestimmt hatte. Nach einem sich in allen avatarischen Riten wiederholenden Schema wird *Vishnu* von den Göttern gebeten einzugreifen und dieser Situation der „Unordnung" ein Ende zu setzen. Er sollte den *dharma* wiederherstellen. Er beschließt, im Schoße jeder der drei Ehefrauen des Königs *Dasharatha* auf die Erde zu kommen, wodurch vier Kinder geboren werden: *Rama, Bharata* und die Zwillinge *Lakshmana* und *Shatrughna*. In Vollständigkeit ist *Vishnu* jedoch nur in *Rama* verkörpert. Aufgrund eines Versprechens, das *Dasharatha* vor Zeiten seiner zweiten Ehefrau gemacht hatte, muß *Rama,* obwohl er der durch den Vater bestimmte Nachfolger ist, für 14 Jahre ins Exil gehen. In dieser Zeit wird seine Frau *Sita* aus Rache von *Ravana* geraubt und nach Lanka gebracht. *Sita* war auf wunderbare Weise aus einer Furche geboren worden, die ihr Vater *Janaka* in den Ackerboden gezogen hatte, um einen Opferraum zu umgrenzen. *Rama* tötet den Dämon mit Hilfe einer Armee von Affen, die von *Hanumat,* dem Sohn des Windgottes *Yayu,* kommandiert wird. Er befreit seine Frau und kehrt siegreich in seine Hauptstadt *Ayodhya* zurück. Viele Jahre später erzählen seine Söhne *Kusha* und *Lava* dem Seher *Valmiki* das ganze Geschehen. Sein Ende besteht in der Rückkehr *Sitas* in den Schoß ihrer Mutter Erde, während *Rama* zum Himmel aufsteigt, wo er wieder eins wird mit *Vishnu.*

Rama ist ein idealisierter Herrscher, dank dessen Regentschaft auf der Erde ein „goldenes Zeitalter" *(rama-rajya)* herrscht. Der Prozeß seiner Vergöttlichung beginnt in den Abschnitten I und VII des *Ramayana,* die zuletzt geschrieben wurden. Er wird im *Mahabharata*-Epos, das die gesamte Geschichte in einem Teil ihres 3. Buches wiedergibt, und in den *Puranas* weitergeführt. Der vorher nur ein heldenhafter Fürst der *Ayodhya* war, ein Verteidiger der Brahmanen und Asketen gegen jede Art von Ungeheuer und Dämonen, wurde später ein idealer Herrscher, der respektvoll den *dharma* beachtet. Er wird in den späteren Quellen zur Verkörperung eines Gottes auf Erden und so zum Gegenstand eines Kultes des erhabenen Herrn der Welt.

Zwischen dem *Ramayana* und dem *Mahabharata* gibt es einen wesentlichen Unterschied, was die religiöse Auffassung betrifft: Während der große *itihasa* den vier Zielen der Existenz großen Raum einräumt, von denen *moksha* (das jenseitige Ziel) als das wichtigste angesehen wird, spricht das *Ramayana* überhaupt nicht vom *moksha.*[22] Sein Bereich ist von der irdischen Welt begrenzt, in der das Familienleben bevorzugt wird und wo man vor allem die Gerechtigkeit *(dharma)* verwirklichen soll. Diese ist der Höhepunkt für alles Gute und beinhaltet Reichtum und Genuß. Sie gründet sich auf der Wahrheit und dem Veda, da nur die Wahrheit Gott sein kann. Wer jener Regel glaubt, die die Wahrheit ist, kennt keine Angst vor dem Tod (II,14,7–8; 109,13; VI,46; 34cd). Zugleich sagt der Text (IV,18,14), daß der *dharma* „zart" und insgesamt schwer zu erkennen ist, auch für die Gutgesinnten; und daß nur der im Herzen wohnende Geist *(atman)* die Grenzen von Gut und Böse kennt. Ohne Zweifel bestehen Übereinstimmungen zwischen beiden Texten; besonders was die Struktur des Mythos betrifft. Ebenso tiefgreifend sind die Unterschiede. Zwar ist der *dharma* das erhabene Thema in beiden Werken, im *Ramayana* jedoch erlaubt seine Verwirklichung die Unsterblichkeit im Himmel zu erlangen. Die Welt hat hier keinen illusorischen Charakter, ebenso sind Hölle und Paradies real. Der Mensch muß gute Taten vollbringen, um die Früchte seiner Handlungen zu ernten. Auch wenn man der Tatsache keine Rechnung trägt, daß *Rama* in der Reihenfolge der *avataras* – und folglich der mythischen Anschauung, die die Inder von der eigenen Geschichte haben – dem *Krishna* vorangeht, erscheint es jedoch einleuchtend, daß die religiöse Sicht des *Ramayana* älter ist als die des *Mahabharata.* Die Vermutung, daß die erste Niederschrift dieses Werkes von *Valmiki* aus dem 4.–3. Jh. v. C. stammen könnte, ist eine Unterstützung dieser Hypothese.

Sichtweisen der Wirklichkeit

Die großen Epen, insbesondere aber das *Mahabharata*, beschreiben nicht nur den Kern der großen Mythen und die wesentlichen Züge der wichtigsten Gottgestalten des hinduistischen Pantheons. Sie wiederholen und greifen in den jüngeren *Upanishaden* wieder Elemente auf, die in nuce schon vorhanden waren. Sie bezeugen eine neue Phase philosophischen Denkens, das sich in einer Reihe von „Visionen" *(darshana)* konkretisiert, welche schließlich ihre systematische Formulierung in den ersten fünf Jahrhunderten unserer Zeitrechnung finden. Einige dieser „Visionen" wie z. B. der *Vedanta* oder der *Samkhya* stellen das Fundament des theoretischen Systems nicht nur der *Bhagavad-gita* (deren Lehre später *Yoga* genannt wird, der ja zu den vielen Benennungen der *darshana* gehört), sondern auch der anderen wichtigsten hinduistischen Religionen dar. Das Streben des *mumukshu* (d. h. derjenige, der *moksha* wünscht) bringt die hauptsächlichen Anregungen für dieses Denken, da nach hinduistischer Auffassung keine menschliche Tätigkeit das letzte Ende unbeachtet lassen kann, das ja „Befreiung" bedeutet. Das heißt, daß auch das philosophische Denken in Indien auf eine gewisse Weise religiös ist. Es gibt keine Trennung zwischen diesen beiden Arten der Suche, da beide in ein jenseitiges Ziel münden.

Man kann drei Paare solcher „Visionen" der Wirklichkeit unterscheiden: Das erste Paar stellt den experimentellen Gesichtspunkt dar und wird vom *Vaisheshika-darshana* („Vision der Eigentümlichkeit der verschiedenen Aspekte der Realität") gebildet, das die wahrnehmbare Seite des Weltalls mit besonderer Aufmerksamkeit untersucht. Seine Methode ist die Logik oder das *Nyaya-darshana*, das sich mit der korrekten „Argumentation" beschäftigt, aus der sich der indische Syllogismus ableitet. Dann haben wir den kosmologischen Aspekt oder das *Samkhya-darshana* („Aufzählung der Prinzipien der Realität"), das eben die physischen und psychischen Kategorien auf der Basis eines Dualismus „aufzählt", der zwei gegensätzliche Prinzipien (die Natur und eine Vielzahl geistiger Wesen) voraussetzt. Da die Lehre des *Samkhya-darshana* die Basis der Weltanschauung vieler hinduistischer Religionsschulen bildet, wollen wir hier kurz die wesentlichsten Linien umreißen.

Das *Samkhya-darshana* nimmt die Existenz zweier gleicher Substanzen an, beide sind unsterblich: a) die Seele *(purusha)* ist unbeschränkt, unverfälscht und verständig. b) Die Natur *(prakrti)*, auch „Fundament" *(pradhana)* und „unendlich" *(avyakta)* genannt, ist einheitlich, komplex und aktiv. In der Natur sind die drei Bestandteile, Seinsarten oder „Qualitäten" *(guna)* tätig: *sattva* („leuchtend und leicht“), *rajas* („beweglich und anregend“) und *tamas* („hemmend und schwer“). Unter diesen Bestandteilen herrscht ein Gleichgewicht. Dieses wird in dem Augenblick gestört, in dem das geistige Prinzip von der Natur verführt wird und in einem „feinen Körper“ *(lingasharira)* eingeschlossen wird. Nun wird es in psychische Prozesse verwickelt, so daß es sich für eine Tätigkeit verantwortlich fühlt, die ihm im Grunde fremd ist. Zugleich neigt die Seele *(buddhi)* dazu, Eigenschaften eines bewußten Wesens anzunehmen, die nicht die ihren sind, da sie nur dem Geist zuzuordnen sind. Das Resultat der Vereinigung zwischen dem geistigen Prinzip und dem „feinen Körper“ ist ein Lebewesen, ein *jiva,* das in den Zyklus der von menschlichen Tätigkeiten bestimmten Wanderschaften eintritt. Es ist nun Aufgabe des Menschen zu erreichen, daß das geistige Prinzip die Bewußtheit der eigenen grundsätzlichen Verschiedenheit von der Welt der Seele, die zur Natur gehört, erkennt und mit ihr seine ursprüngliche Freiheit zurückgewinnt.

Buddhi oder auch *mahat* („groß“) bedeutet den ersten Schritt des evolutiven Prozesses der Natur, der dann *ahamkara* (den Ichsinn) erzeugt. Aus ihm entstehen, wenn *sattva* vorherrscht, der Verstand *(manas)*, der die Botschaften aus der Außenwelt empfängt, und die fünf Sinne: Gehör, Gefühl, Sehkraft, Geschmack und Geruch. Beim Vorherrschen von *rajas* entstehen die fünf Handlungsorgane: Sprache, Hände, Füße, Ausscheidungs- und Fortpflanzungsorgane. Schließlich entwickeln sich unter dem Einfluß von *tamas* die fünf *tanmatra* oder „feinen Elemente“, die den Objekten der fünf Sinne entsprechen: Ton, Stoff, Form, Geschmack und Geruch.

Aus den *tanmatra* entwickeln sich die fünf „groben Elemente“ *(bhuta)*: Raum, Wind, Feuer, Wasser und Erde, aus denen die materielle Welt gemacht ist. Diesen fünf Elementen, deren innerste Eigenschaften *(guna)* Ton, Berührbarkeit, Form–Farbe, Geschmack und Geruch sind, entsprechen in zunehmender Zahl – je weiter sie sich aus den „weicheren“ (dem Raum) zum „härteren“ (der Erde) fortentwickeln – die fünf Sinnesorgane: Ohr, Haut, Auge, Zunge und Nase. So entwickelt sich die gesamte Evolution der Natur in 24 Kategorien oder Prinzipien der Wirklichkeit *(tattva)*, denen die geistigen Substanzen *(purusha)* hinzugefügt werden müssen (25. Kategorie). Das Beharren des Menschen im *samsara* hat seine Ursache in der Unwissenheit *(avidya)*, die aufhört, wenn die Seele sich als Teil der Natur begreift und so dem Geist erlaubt seine ursprüngliche Reinheit und Freiheit zurückzugewinnen.

Yoga stellt den praktischen Aspekt dieser „Vision“ dar. Er zielt auf die Wiedereingliederung des Menschen in sein wahres Dasein, in die geistige Realität, mittels eines Prozesses der „Vereinheitlichung", die durch die Praxis einer „inneren" Disziplin möglich wird.

Das letzte *darshana*-Paar besteht schließlich aus einem Gesichtspunkt, den wir den metaphysischen nennen können. Er umfaßt *Purvamimamsa* („erstes Nachdenken"), ein ritualisiertes System, das sich auf Analyse und Exegese der heiligen Texte und der vedischen Riten gründet; sodann *Uttara-mimamsa* („letztes Nachdenken"), auch *Brahma-mimamsa* („Nachdenken über Brahman") oder *Vedanta* (Schlußfolgerungen aus dem Veda) mit Bezug auf die Upanishaden genannt. Sie untersuchen die Natur des unveränderlichen Seins und der einzigen geistigen Wirklichkeit.

Diese orthodoxen „Visionen" wurden vom brahmanischen Denken einige Jahrhunderte vor dem christlichen Zeitalter entwickelt. Sie fanden dann aber in einer späteren Zeit auch in anderen Texten aphoristischer Art (in *sutras* oder in Versen verfaßt) ihren Ausdruck, wo die fundamentalen Prinzipien erläutert werden. Es handelt sich hier in der Reihenfolge um das *Vaisheshika-sutra* von *Kanada* (1.–3. Jh. n. C.), das *Nyaya-sutra* von *Akshapada* (3. Jh. n. C.), die *Samkhya-karika* (Strophen des *Samkhya)* von *Ishvarakrsna* (4. Jh. n. C.), die angeblich die Lehre des Weisen *Kapila* aufgegriffen haben; das *Yoga-sutra* (Aphorismen des *Yoga)* von *Patanjali* (vielleicht aus der gleichen Periode, auch wenn die offizielle Datierung sie in das 2. Jh. v. C. verlegt); das *Mimamsa-sutra,* das *Jaimini* zugeschrieben wird (200 v. C. oder n. C.?); und schließlich die *Brahma-sutras* oder *Vedanta-sutras* vom *Badarayana* aus den ersten Jahrhunderten n. C.

Unter all diesen „Visionen" haben a) die *Purva-mimamsa,* die den Weg der rituellen Handlung vorschlagen, b) der *Vedanta,* der in der inneren Bewußtheit das Mittel zur Rettung sieht, c) der *Yoga,* der eher dazu neigt, die neuen Ansprüche der *bhakti* aufzugreifen, größere Bedeutung erlangt.

Die „Vision" des *Vedanta,* die „Vollendung der philosophischen Spekulation des *Veda*" bedeutet, hat also das Ziel, zu dem die heiligen Schriften führen. Sie hat das gesamte religiöse Panorama des hinduistischen Denkens beherrscht und beherrscht es noch heute. Er inspiriert ohne Ausnahme alle großen Interpreten der religiösen Wahrheit und die bekanntesten Theologen, die die wichtigsten „Meister" *(acarya)* des Hinduismus darstellen. Ihre Werke bestehen fast immer aus weitschweifigen Kommentaren zu Texten der wichtigsten Quellen des *Vedanta.* Sie sind unter dem Namen *prasthana-traya* (das dreifache System) bekannt: die *Upanishaden,* die *Brahma-sutras* und die *Bhagavad-gita.* Die vedantische Spekulation findet ihren Ausdruck in außerordentlich verschiedenartigen Formen. Sie reicht von einem rigorosen Dualismus (*Kevaladvaita-vada)* des *Shankara* und seiner Nachfolger, der keine Unterscheidung innerhalb der Realität erlaubt, besonders nicht zwischen dem Selbst *(atman)* und dem Absoluten (*Brahman)*, bis hin zum Pluralismus der *Dvaita-vada,* die eine Reihe von „Dualismen" oder „Unterscheidungen" erlaubt; etwa die drei fundamentalen Kategorien der Dualität: Gott, Seele und Welt. Dazwischen liegen eine Reihe verschiedener Schattierungen, die von theistischen Schulen wie der *Dvaitadvaita-vada* (Dualismus und Nicht-Dualismus), der *Vishishtadvaita-vada* (Nicht-Dualismus mit Unterscheidungen) und der *Shuddhadvaita-vada* (Nicht-Dualismus reinster Art) bevorzugt werden. Im *Vedanta* erhält die Idee des *maya* eine große Bedeutung, die sich schon in der *Shvetashvatara-Upanishad* zeigt. Sie wird in der Vision des *Kevaladvaita-vada* zu einer Art metaphysischen Unwissenheit, die den Menschen daran hindert, das Bewußtsein seiner eigenen Identität mit der höchsten Wirklichkeit zu erlangen.

2.7 Eine Heilige Schrift für Shudras und Frauen

Da die *Bhakti*-Lehre mit ihrer allgemeinen Version von der Rettung aller Menschen Erfolg hatte, sah sich die Lehre der Brahmanen nun gezwungen auch diejenigen sozialen Schichten, denen bisher dem *dharma* gemäß der Zugang zu den Quellen der Offenbarung *(Veda)* verwehrt war, an der Wahrheit des Glaubens teilhaben zu lassen. Es handelt sich hierbei vor allem um die Frauen und die *shudra,* die nicht die den *dvija* reservierten Privilegien genießen durften. Um ihren Bedürfnissen entgegenzukommen und zugleich dem reichhaltigen, weitgehend sehr alten Kulturgut mythischen und religiösen Inhalt zu verleihen, beschlossen die Brahmanen Ordnung in die Unmenge von kosmologischen Mythen, von Götter- und Seherlegenden, von Geschichten über die Ursprünge heiliger Orte, von Erzählungen über Gelübde und Taten der Barmherzigkeit und von Verherrlichungen einer nicht enden wollenden Reihe von Kundgebungen göttlicher Macht zu bringen. All dieses war bisher nur durch Sänger *(suta)* überliefert worden. So schrieben sie nun in geduldiger und mehrere Jahrhunderte in Anspruch nehmender Arbeit (vom 4./5. Jh. v. C. bis zur Epoche der ersten Druckerzeugnisse) einen „fünften" Veda, der besonders für die niedrigsten Stufen in der sozialen Hierarchie bestimmt war. Es entstand eine Kategorie heiliger Texte, die die allgemeine Bezeichnung *Puranas* erhielt, was einfach „alte Erzählungen" bedeutet. Die brahmanischen Gelehrten legten einen Kanon von 18

„wichtigen“ Werken *(Maha-purana)* fest, deren Material in einer folgerichtigen Struktur geordnet wurde. Sie gaben allen anderen Texten den Namen „weniger wichtige“ *(Upa-purana)*, die jedoch ihrerseits auch einige Dutzende zählen und einen noch weiteren Kreis von Themen umfassen. Ludo Rocher hat neuerdings in einer diesbezüglichen Abhandlung 79 verschiedene *Puranas* aufzählen und untersuchen können.[23]

Die „alten Erzählungen“

Das Ziel dieser heiligen Texte alten Inhalts besteht hauptsächlich in der Aufbewahrung, der Übermittlung und der Aufwertung von religiösen Wahrheiten aus dem Veda dadurch, daß auch den einfachsten und religiös am wenigsten gebildeten Personen ein Zugang geöffnet wird. Nach diesen Texten existierte ursprünglich nur ein einziges *Purana* unermeßlicher Ausdehnung. Und erst nach vielen Weltzeitaltern habe Gott *Vishnu* persönlich die Gestalt des mythischen Weisen *Vyasa* angenommen, um den heiligen Text auf nur 400.000 Strophen zu reduzieren und ihn in 18 Teile zu gliedern. Diese mythische Angabe stimmt in diesem Fall fast haargenau mit dem realen Befund überein, wenn die 18 sog. „wichtigeren“ Werke gemeint sind. Gemäß einer sehr diskutierten Definition, die sich in den *Puranas* selbst findet, wären die unterscheidenden Merkmale unter den einzelnen Teilen fünf *(panca-lakshana)* an der Zahl: *sarga* (Aushauchung/Entstehung der Welt), *pratisarga* (Erneuerung dieses Aktes nach den periodischen Auflösungen des Weltalls im undifferenzierten Einen), *vamsha* (Genealogie der Götter und der antiken Seher), *manvantara* (Epochen der 14 *Manu* oder Patriarchen der Menschheit) und *vamshanu-carita* (Geschichte der Herrscherdynastien der Sonne und des Mondes). In Wahrheit behandeln die *Puranas* auch und vor allem die verschiedenen Aspekte der hinduistischen Religionspraxis (wie z. B. Pilgerfahrten an die heiligen Orte, verschiedene fromme Betätigungen, Anbetung göttlicher Bilder) und der Gottesliebe *(bhakti)*. Sie enthalten Gottesgesänge *(gita)* und Verherrlichungen *(mahatmya)* von Orten, Zeiten und heiligen Personen; dazu Angaben zu Votivgaben *(vrata)*, zu Geschenkgaben *(dana)* und zu anderen Taten des Mitgefühls.

Es gibt verschiedene Einteilungen für diese Texte, jede ist nur zum Teil sachgerecht. Auf der Basis der drei *guna* sind sie eingeteilt in: *sattvika, rajasa* und *tamsa;* je nachdem ob sie hauptsächlich *Hari-Vishnu, Brahma* oder *Agni* und *Shiva* gewidmet sind. Hinzugefügt wird in diesem Fall eine „gemischte“ Kategorie, die *samkirna*. Es existiert jedoch auch eine fünffache Klassifikation mit dem Bezug zu: *Brahma, Surya, Agni, Shiva* und *Vishnu*.

Einige der „wichtigen“ *Puranas* tragen den Namen einer Gottgestalt. So z. B. *Brahma-Purana,* auch *Adi-Purana* (das erste *Purana*) genannt, das eine Lobpreisung der *Gautami* oder *Godavari,* des „südlichen Ganges“, enthält; dann das *Vishnu-Purana,* das möglicherweise eines der ältesten ist (4.–3. Jh. v. C.) und das der Unterscheidung in *panca-lakshana* recht treu bleibt; *Shiva-Purana,* das das *Vayu-Purana* in vielen offiziellen Listen ersetzt; *Agni-Purana; Skanda-Purana* (Gott des Krieges und Sohn von *Shiva*), das mit seinen 80.000 Strophen das weitaus längste ist.

Andere Texte wie das *Matsya-Purana* (das ein langes Loblied auf die Stadt *Varanasi* enthält), das *Kurma-Purana* (das die *Ishvara-gita* oder den Gesang des Gottes *Shiva* enthält), *Varaha-Purana* und *Vamana-Purana* erhalten ihre Namen von einem *avatara* des *Vishnu* in der Reihenfolge von: Fisch, Schildkröte, Eber und Zwerg.

Wieder andere bekommen ihre Titel von alten Sehern, wie z. B. *Narada-Purana,* das u. a. die Erzählung der mythischen Herabkunft des Ganges auf die Erde enthält, mit einer Hymne auf den heiligen Fluß *(Ganga-mahatmya)*; *Markandeya-Purana,* das die fundamentalen Texte für die Religion der *Devi (Devi-mahatmya)* enthält.

Die Liste wird sodann vervollständigt durch *Padma-Purana* (*Purana* der Lotusblume), das sehr reich und lang ist an kultischen Texten; *Bhagavata-Purana,* das heilige Buch der *Vishnu*-Sekte der *Bhagavata,* das eine berühmte Biographie des *Krishna* (8. Buch) enthält und das die Anhänger der Göttin *Devi* durch das *Devibhagavata-Purana* ersetzen; *Bhavishya-Purana* (*Purana* der Zukunft), das in Form von Prophezeiungen Informationen über andere Religionen (auch die christliche) enthält; *Brahmavaivatra-Purana* (*Purana* der Wandelbarkeit des *Brahman* in der Welt des Sichtbaren); *Linga-Purana,* dessen Titel Bezug nimmt auf die verbreitetste heilige Versinnbildlichung von *Shiva,* das *linga* (Phallus); *Garuda-Purana,* das den Namen des Geiers trägt, der *Vishnu* als Fortbewegungsmittel dient; *Brahmanda-Purana* (*Purana* vom Ei des *Brahma,* mit dem das sich offenbarende Weltall gemeint ist).

Es handelt sich hier um eine Literatur von nicht besonders großem literarischem Wert, aber von großer Bedeutung für die Mythen und die hinduistische Religionspraxis alter und neuer Art. Der Überlieferung nach wurden sie von den *suta* (Sänger) geschaffen; besonders von *Ugrashravas,* vom Sohn von *Lomaharshana,* im Walde *Naimisa* (wahrscheinlich im heutigen *Pradesh*). Sie wurden wie das *Mahabharata* von *Vyasa* zusammengestellt. Sie sind authentische Enzyklopädien des *„smarta"* – des (alten) Hinduismus, seiner Glaubenswahrheiten, seines Kultus und seiner Frömmigkeit.

Harivamsa und die „Geschichte" Krishnas

Der *Harivamsha* oder das *Harivamsha-Purana* (alter Gesang vom Geschlecht des *Hari-Vishnu)* wird im allgemeinen als ein Anhang des *Mahabharata* angesehen. Er ist zusammen mit diesem, dem *Vishnu-Purana* (Buch V) und dem *Bhagavata-Purana* (Buch X) die Hauptquelle für die Lebensbeschreibung von *Vishnu-Krishna,* der auch *Hari* (von dunkelroter Hautfarbe) genannt wird. Er ist im *Purana*-Stil abgefaßt und teilt sich in drei Bücher *(parvan).* Das erste *Harivamsha-parvan* beginnt mit einer Weltschöpfung. Es stellt das Geschlecht vor, das auf *Vrshni* aus der Dynastie „des Mondes" zurückgeht und zu dem auch *Krishna* gehört. Das zweite, *Vishnu-parvan,* enthält die eigentliche Geschichte von *Vishnu-Krishna.* Das letzte, *Bhavishya-parvan* (Buch der Zukunft), berichtet auch von den letzten Ereignissen seines irdischen Lebens.

Der *Krishna*-Mythos gliedert sich in vier klar voneinander zu unterscheidende Teile: Kindheit und Jugend bis zur Tötung von *Kamsa,* dem Tyrannen von *Mathura;* Gründung von *Dvaraka;* Teilnahme am Krieg zwischen den *Pandava* und den *Kaurava;* Rückkehr nach *Dvaraka* mit der brüdermörderischen Schlacht der *Yadava* und das Ende *Krishnas.* Da viele erfolgreiche religiöse Strömungen nicht nur in Indien, sondern auch in den Vereinigten Staaten und in geringerem Maße auch in Europa von diesem Mythos beeinflußt wurden, ist es wohl angebracht, hier einige wesentliche Linien nachzuzeichnen.

Krishna wird als Sohn des *Vasudeva* (Inkarnation von *Kashyapa,* dem Vater der *Aditya* und *Daitya*), einem Nachkommen von *Vrshni* aus dem Geschlecht der *Yadava* (einem Seitenzweig der Fürstenfamilie „vom Monde" oder *soma-vamsha),* und seiner Frau *Devaki* (Inkarnation von *Aditi)* in der Stadt *Mathura* geboren. Das ist ein Ort, der sich am Ufer des *Yamuna,* einem Nebenflusse des Ganges, im Süden des heutigen *Delhi* befindet. *Prtha* oder *Kunti,* die Mutter der fünf *Pandava,* war seine Tante väterlicherseits, während sein Onkel mütterlicherseits *Ugrasena* der von allen anerkannte Führer der *Vrshni* war. Dessen Thron hatte jedoch sein Sohn *Kamsa* usurpiert, der als Tyrann in der Stadt herrschte. Er fürchtete die Verwirklichung einer Prophezeiung des Sehers *(rsi) Narada,* gemäß der er vom Sohn seiner Kusine *Devaki* getötet werden würde. So ließ er die ersten sechs ihrer Söhne kurz nach der Geburt töten. Der siebente, *Balarama* (auch *Rama, Baladeva, Balabhadra* oder *Samkarshana)*, wurde auf wunderbare Weise nach der Empfängnis in den Schoß der zweiten Frau *Vasudevas (Rohini)* versetzt und konnte sich so retten. Der achte aber, *Krishna,* wurde nächtens aus dem Palast geschmuggelt und durch die Tochter eines Hirtenpaares namens *Nanda* und *Yashoda* aus dem Dorf oder der Siedlung *(vraja) Gokula* im Walde *Vrndavana* am jenseitigen Ufer des Yamuna erzogen. *Krishna* ist nach diesem Mythos ein *Purnavatara* (vollkommene Herabkunft) von *Vishnu* und *Balarama,* die Inkarnation von *Avanta* oder *Shesha,* der kosmischen Schlangen, die das Weltende überlebt haben und dem schlafenden *Vishnu* als Ruhelager dienen. Sie sind aus zwei Haaren Vishnus, einem schwarzen und einem weißen, geboren. Beide Farben sind in der Ikonographie erhalten geblieben.

Krishna wuchs also als Viehhüter (daher sein Name *Govinda)* unter Viehhütern im Walde von *Vrndavana* auf. Er vollbrachte seit seiner Kindheit viele Wunder und tötete viele Dämonen, Ungeheuer und Drachen, die sein Leben und das der Hirten bedrohten. Sogar der Gott *Indra* mußte seine Überlegenheit anerkennen, als er mit einem Finger den ganzen Hügel *Govardhana* hochhob und ihn als riesigen Regenschirm benutzte, um die Hirten vor einem Regenguß zu schützen. Seine Jugend ist gekennzeichnet von seinen Liebschaften mit den Hüterinnen *(gopi)* des Waldes *Vrndavana,* die er mit dem Ton seiner Flöte verzaubert und unter denen die Figur der *Radha* sich besonders hervorhebt als seine bevorzugte Gespielin. Dieses göttliche Liebesspiel *(lila)* hat zahlreiche literarische Werke inspiriert, sowohl in Sanskrit, wie z. B. die äußerst berühmte *Gita-govinda* („Der Hirte" [*Krishna*] in einem Loblied von *Jayadeva* aus dem 12. Jh.), als auch in neu-indischen Sprachen, wie z. B. der *Sur-sagar* („Ozean an Frömmigkeit") des *Sur von Surdas* (1483–1563). Später dann wurde es auf symbolische Art verstanden als die Liebe, die *Krishna* an die Seelen seiner Gläubigen bindet.

Nachdem er so seine Jugend verbracht hat, kehrt er nach *Mathura* zurück, wo er den Tyrannen *Kamsa* tötet und den König *Ugrasena* wieder auf den Thron hebt. Aber der König von *Jarasamdha,* der Schwiegervater *Kamsas,* greift wiederholt *Mathura* an, um den Tod seines Schwiegersohnes zu rächen. *Krishna* möchte einen direkten Zusammenstoß vermeiden. Er verläßt *Mathura* zusammen mit seinem Bruder *Balarama* und den anderen *Yadava* und gründet eine andere Stadt (*Dvaraka* oder *Dvaravati)* auf einem felsigen Vorgebirge der Westküste von *Saurashtra* (heute *Kathiyavar* im Staate *Gujarat).* Diese Episode des Mythos hat, wie M. Piantelli festgestellt hat, einen offensichtlich indo-europäischen Ursprung und stellt z. T. die indische Version der Legende von Romulus und Remus und der Gründung Roms dar. Man beachte auch die Ähnlichkeit des Namens *(Bala)rama.*

Krishna raubt sodann die Tochter des Königs aus *Vidarbha* namens *Rukmini,* eine *avatara* von *Lakshmi,* der göttlichen Gattin von *Vishnu,* und heiratet sie. Mit ihr hat er einen Sohn, *Pradyumna,* ein *avatara* von *Kama,* dem Gott der Liebe, der seinerseits Vater von *Aniruddha* wird. Von einer anderen Ehefrau namens *Jambavati* bekommt *Krishna* einen zweiten Sohn, *Shamba.* Seine Lieblingsfrau ist jedoch *Satyabhama.* Um sie zufriedenzustellen, geht er so weit, den Baum *Parijata* aus dem Paradies *Indras* zu entwenden, der alle Wünsche erfüllen kann. *Vasudeva* (Titel von *Krishna), Samkarshana, Pradyumna, Shamba* und *Aniruddha* sind die fünf *vira* (Helden) aus dem indo-arischen Stamm der *Vrshni,* deren Namen in einer Inschrift aus dem 1. Jh. v. C. in *Mora* nahe bei *Mathura* aufscheinen. Vier von ihnen (ohne *Shamba)* sind die vier *vyuha* („Aushauchungen") Gottes in der Lehre der *Vishnu*-Schule *Pancarata* (Lehre der fünf Nächte).

Von der Teilnahme *Krishnas* am Krieg des *Mahabharata* haben wir bereits gesprochen. Am Ende dieses fürchterlichen Krieges kehrt *Krishna* zu seiner Stadt *Dvaraka* zurück, wo er seine Rückkehr in den Schoß des erhabenen Herrn vorbereitet. Während einer Pilgerfahrt nach *Prabhahsa-Kshetra* bricht unter den *Yadava* ein wilder Streit aus, so daß sie sich mit extremer Gewalttätigkeit gegenseitig umbringen. *Prabhahsa-Kshetra* ist ein berühmter heiliger Ort auf den Hügeln von *Saurashtra,* wo noch heute ein gerade wieder neu erbauter Tempel steht, der dem *Somanatha* (Herrn des Mondes) geweiht ist und der einer der zwölf *jyotir-linga* (*linga* des Lichts) von *Shiva* ist. *Shesha* oder *Ananta,* die göttliche Schlange, verläßt danach den sterblichen Leib von *Balarama* (dem älteren Bruder *Krishnas*), um in den Ozean zurückzukehren. *Krishna* zieht sich in einen geschützten Ort zurück, um sich in Meditation zu vertiefen, wobei er einen Fuß auf sein Knie gestützt hält. Gerade dieser Fuß täuscht einen vorübergehenden Jäger, der glaubt in ihm den Teil eines Dammhirsches zu erblicken. Er schießt seinen Pfeil gegen ihn. Sein Name ist *Jara* („Dekadenz, Alter"); dieser Jäger wird so Ursache des Todes vom *avatara Krishna.* Gemäß einer alten Chronologie, die sich auf astronomische Berechnungen des berühmten Astronomen *Aryabhata* aus *Kusumapura* (heute *Patna, Bihar)* zwischen dem 5. und dem 6. Jh. n. C. stützt, wäre das Ereignis auf das Jahr 3102 v. C. zu datieren. Es bezeichnet den Beginn eines *Kali-yuga,* eines unglückseligen und korrupten Zeitalters, mit dem jedes Weltzeitalter sein Ende findet.

2.8 Triumph der Bhakti

Die Gestalt des *Krishna* ist wohl die wichtigste Kraft der großen hinduistischen Meditationsbewegungen, die zuerst ihren großen Erfolg im Süden Indiens hatten, sich dann jedoch auch im Norden verbreiteten. Wie wir gesehen haben, wurde diese neue Offenbarung bereits in den jüngeren *Upanishaden* vorweggenommen. Sie wurde dann mit Nachdruck in der *Bhagavad-gita* verkündet und setzte sich ab den ersten Jahrhunderten unserer Zeitrechnung durch; sowohl im nördlichen Indien, wo die Gläubigen von *Vishnu-Krishna,* dem *Bhagavat* (deswegen werden sie auch *Bhagavata* genannt), die Botschaft der *Gita* lebendig erhielten, als auch im Süden, wo Gruppen von Mystikern ihre von Liebe zu Gott überfließende Frömmigkeit in Gesängen sammelten, die nicht in Sanskrit, sondern in der Sprache der einfachen Leute verfaßt wurden. Die religiösen Dichter, die zwischen dem 6. und dem 10. Jh. lebten, sangen ihre Liebe für *Vishnu-Krishna* oder *Shiva* in *Tamil.* Die Getreuen von *Vishnu-Krishna,* traditionsgemäß zwölf an der Zahl, wurden bekannt unter der Bezeichnung *alvar* (was „tief" oder eher „eingetaucht" in Gott bedeutet). Die Getreuen von *Shiva,* die viel zahlreicher sind (nämlich 63), heißen *nayanmar* (heilige Shiva-Angehörige).

Die Worte der ersten wurden von Meister *(acarya) Natamuni* oder *Nathamuni* (in Sanskrit) im *Nalayirativviyappirapantam* (die göttliche Dichtung in 4.000 Strophen) gesammelt. Die der *Shiva*-Angehörigen, unter denen besonders *Appar* und *Manikkavacakar* hervorragen, sind im *Tirumurai* vereint, dem Kanon von *Tamil Nadu.* In dieser Gegend werden noch heute die Sänger der Gottesliebe selbst Gegenstand des Kultes. Die Glaubensströmungen erhielten doktrinale Unterstützung bei den *Vishnu*-Anhängern von den großen *acarya,* wie z. B. *Ramanuja.* Bei den *Shiva*-Anhängern wurden sie unterstützt von *Saivasiddhanta.* Diese Lehren breiteten sich schnell aus über ganz Indien und wurden schließlich zum dominierenden Motiv der gesamten hinduistischen Religiosität, vom Mittelalter bis in unsere Zeit.

Die Abschnitte dieses Weges zur Vervollkommnung durch die Liebe, die in der höchsten Stufe mit der „erhabenen Erkenntnis" vom geliebten Gott (d. h. der gesamten Wirklichkeit) endet, werden (was den lehrhaften Teil in Sanskrit betrifft) in dem *Bhakti-sutra* (Aphorismen über die *bhakti)* erläutert. Dieses ist unsicherer Herkunft, möglicherweise stammt es aus den Jahren der Jahrtausendwende. Seine Zusammenstellung wird traditionsgemäß zwei mythischen Persönlichkeiten zugeschrieben: *Shandilya* und *Narada.* Insbesondere das *Narada-bhakti-sutra* erscheint wie eine Synthese der religiösen Auffassungen des *Bhagavata-Purana* oder wenigstens seiner ältesten Teile. Sie erläutern auch unter Zitierung jüngerer Autoren die verschiedenen Aspekte der *bhakti,* die erhabene Liebe zu Gott *(sutra* 2) bedeutet. Sie zeigt sich entweder in der Bindung an den Kult mittels Bilder (gemäß *Vyasa)* oder in der „Erzählung" *(katha)* von Geschichten, die die Größe Gottes hervorheben (gemäß *Garga),* oder in einem Zustand innerer Gnade, die durch das Nachdenken über das Selbst charakterisiert ist (gemäß *Shandilya*), oder auch in einem „vollständigen Aufgehen in Gott, wo alle Tätigkeiten ihm gewidmet werden, und extremer Furcht ihn zu vergessen" (gemäß *Narada).* Nach der Auffassung von *Narada* entwickelt sich *bhakti* aus dem Zuhören und dem Singen von Gesängen über die erhabenen Eigenschaften Gottes. Sie führt zu einer Liebe, die mit der eines Dieners oder einer Braut zu vergleichen ist. In der Gemeinschaft der Gläubigen *(bhakti)* gibt es keine Kastenunterschiede, keine Unterschiede bei Kultur, Schönheit, Herkunft, Reichtum, Beruf oder anderen ähnlichen Dingen. Alle müssen dieselben Tugenden wie Gewaltlosigkeit, Wahrhaftigkeit, Reinheit, Mitgefühl und Vertrauen praktizieren. *Narada* schließt (*sutra* 82) mit einer Liste von 11 Arten von *bhakti,* wo er wahrscheinlich auf zwei Strophen des *Bhagavata-Purana* (VII,5,23–24) zurückgreift. Dort ist von „9 Eigenschaften" der liebenden Frömmigkeit die Rede.

Die wichtigsten Meister der *bhakti* benutzten auch im Norden die Sprache des Volkes; z. B. das *Marathi,* das *Bengali* und besonders das *Hindi.* Die religiöse Literatur in *Hindi,* die die gesamte Periode von 1400–ca. 1650 charakterisiert, entwickelt sich in zwei Hauptlinien: der der *Saguna*-Schule, die einen persönlichen Gott verehrt, der Eigenschaften besitzt; und der *Nirguna*-Schule, die dagegen die liebende Verehrung nicht so sehr auf eine Gottfigur oder *avatara* richtet, sondern eher auf das *Brahman* der *Upanishaden,* was ohne Form und Eigenschaften ist. Die *Saguna*-Schule teilt sich ihrerseits in zwei Richtungen (*Rama-bhakti* und *Krishna-bhakti),* wobei sie jeweils *Rama* oder *Krishna,* den zwei wichtigsten *avatara* von *Vishnu,* folgt. Die Hauptvertreter der *Rama-bhakti* waren *Ramananda* aus dem 14. Jh. und *Tulsidas* (1532–1623), dem man die Abfassung des *Ramcaritmanas* (Der See aus *Ramas* Taten) verdankt. Das ist eine Version des *Ramayana* von *Valmiki* in *Hindi* und machte auch das einfache Volk mit dem Mythos dieses *avatara* von *Vishnu* bekannt. Dieses Werk wurde so zu dem am meisten bekannten Werk religiöser Art im *Hindi*-Sprachraum. Die Thematik der *Krishna-bhakti* ist von den *Puranas* beeinflußt und kreist vor allem um das „wunderbare Liebesspiel" *(lila)* von *Krishna* mit *Radha,* der Hirtin aus dem *Vrndavana*-Wald. Sie hat eine intensive

Glaubensbewegung in ganz Nordindien geweckt. Im Raum des *Maratha* hat die Verehrung von Krishna noch heute ihr Zentrum im Pilgerort *Pandharpur,* an den Ufern der *Bhima* oder *Bhimarathi.* Dort wird *Krishna* unter dem Namen *Vitthal* oder *Vitthoba* verehrt. Bekannte Vertreter der *bhakti*-Überlieferung in *Maratha* sind *Jnandev* oder *Jnaneshvar* (13. Jh.), ein berühmter Kommentator der *Bhagavad-gita;* dann *Namdev* (1270–1350) und *Tukaram* (1608–1649), ein Dichter von Gesängen intensiver religiöser Hingabe.

In Bengalen ist die Person von *Candidas* (Beginn des 15. Jh.) bedeutsam. Er ist Autor des *Shrikrshna-kirtana* (frommer Gesang zu Ehren *Krishnas),* der die in der *Gita-Govinda (Govinda,* also *Krishna),* einem Sanskrit-Epos des *Jayadeva* aus dem 12. Jh., begonnene Dichtkunst wieder aufgreift und auf die glühende Lyrik eines *Ramprasad Sen* im 18. Jh. vorbereitet. Im *Hindi*-Sprachraum ist die klarste und begeisterteste Stimme der *bhakti* jene einer Frau namens *Mirabai* (16. Jh.), deren Lieder eine Volkstümlichkeit erlangt haben, die nur noch von denen des *Surdas,* dem blinden Dichter aus *Mathura,* übertroffen wird. Unter den Mystikern der *nirguna-sampradaya,* die auch unter dem Namen *Sant* (indo-romanisch: „Sankt") bekannt sind, ist die Person von *Kabir* oder *Kabirdas* (1398–1518) zu erwähnen. Er ist ein Religionsdichter aus *Benares,* der in einer Familie muselmanischer Weber aufwuchs und die Schule von *Kabir-panthi* (die den Wegen *Kabirs* folgen) gründete. Seine Sprüche werden im *Bijah* (Samen der Wahrheit), im *Granthavali* (Sammlung von Texten) oder im *Adi Granth* (Das ursprüngliche Buch) der *Sikh* gesammelt. Die *Sikh* sind eine von *Nanak* (1469–1539) gegründete Glaubensgemeinschaft. *Kabirs* Dichtungen gehören heute zum Kern des heiligen Buches der *Sikh-panth* (Weg der Jünger des erhabenen Guru, d. h. Gottes).

2.9 Die großen hinduistischen Religionen

Parallel zur Verbreitung und zum Siegeszug der *bhakti* entfalten sich auch die Hauptreligionen der *Hindu,* die ja gerade in der *bhakti* eine ihrer wesentlichen Charaktereigenschaften finden. Sie erhielten von der *bhakti*-Bewegung viele Anregungen, bis zur Gegenwart. Die Eigenschaften der drei Hauptreligionen der Hindus a) *Vishnuismus,* b) *Shivaismus* und c) *Shakta* werden deutlich in den *Puranas* gezeigt. In ihnen triumphiert jene Gottesidee, die sich schon in den jüngeren Veden ankündigte. Gott ist ein erhabenes, persönliches Wesen, ein einziger Herr des Weltalls. Er ist das *Brahman,* das unpersönliche Absolute. Er wird auch *Ishvara*

(Mächtiger, Herrscher, Herr) genannt. Er hat unendlich viele Namen und Erscheinungsformen, aber wie auch immer man ihn anruft, er ist stets der einzige und alleinige Gott.

Die verschiedenen Namen bedeuten nach den *Puranas* überhaupt keine Unterscheidung: Nur „die Menschen, deren Seele sich wegen ihrer Unwissenheit *(avidya)* verirrt hat, sehen Unterschiede". Denn „das, was ich bin, bist auch du und ebenso diese Welt mit all ihren *deva, asura* und menschlichen Lebewesen". So sagte *Vishnu-Krishna* in einem Abschnitt des *Vishnu-Purana* (V,33,48–49). Auch das *Narada-Purana* mahnt: „Wer behauptet, daß es einen Unterschied gebe zwischen *Vishnu* und *Rudra-Shiva* oder zwischen *Ganga* und *Gauri* (ein anderer Name für *Uma* oder *Parvati,* der Frau von *Shiva)* oder zwischen *Lakshmi* (Frau von *Vishnu)* und *Gauri,* der ist ein Tor!" (II,43,93)

Bei diesen religiösen Anschauungen, wo die Frömmigkeit der *bhakti* vorherrscht, ist die Gestalt des *Brahma* sozusagen im Schatten geblieben. Sie hat recht wenige Kulte ins Leben gerufen im Vergleich zu denen von *Vishnu, Shiva* und *Devi,* den großen Hauptgottheiten der *bhakti.*

Der Vishnuismus

Der Vishnuismus *(vaishnava-dharma* oder *vaishnava-mata)* ist auf die Gottesgestalt des *Vishnu* gerichtet, dem „Sonnengott" des Veda. Er ist der Gott der Offenbarung und des *dharma,* in den Zeiten des *Taittiriya-aranyaka*[24] auch *Narayana* und *Vasudeva* genannt. Er heißt *Purushottama* (erhabener Geist) in der *Bhagavad-gita.* Fundamental für alle Richtungen des Vishnuismus ist die Lehre von den *avatara,* die im 3. Kapitel genauer erläutert wird. Eben an diese *avatara,* insbesondere an *Rama* und *Krishna,* richten sich in den meisten Fällen die Gebete der Gläubigen. Einige dieser „Herabkünfte" werden als weitere Namen des höchsten Herrn benutzt.

Die historischen Ursprünge dieser Religion gehen wenigstens bis ins 6. Jh. v. C. zurück, wie ein Bericht von Megastenus bezeugt, der Botschafter des Königs Seleukos von Syrien beim indischen Herrscher *Candragupta Maurya* war. Er berichtet, daß die Bewohner des Gebietes Methora (d. i. *Mathura),* die er Sourasenoi (Sanskrit: *Surasena)* nennt, in besonderer Weise den Gott Herakles verehrten, den die Griechen in *Vasudeva-Krishna* erkennen wollten. Die Analogien zwischen dem *Krishna*-Mythos und den indo-europäischen Mythen des Westens sind eindeutig erkennbar. Sie beschränken sich nicht nur auf die Umstände seines Todes (man denke an Achilles und seine Ferse), sondern betreffen auch, wie M. Piantelli bemerkt, einige Ereignisse aus seiner Jugend und seiner Reifezeit. Auf das 2. Jh. v. C. geht eine Inschrift aus dem heutigen *Khamb Baba* (bei *Sancti* im *Madhya Pradesh)* zurück, in dem von einem Eliodor die Rede ist, einem Botschafter der *Battriana Antialcida* beim König von *Vidisha,* der eine *garuda-dhvaja* (Standarte des *Garuda,* d. h. Wagen des *Vishnu)* zu Ehren des *Vasudeva,* des „Gottes aller Götter" *(devadeva),* errichten ließ und dann zum Vishnuismus konvertierte und ein *Bhagavata* (Bewunderer *Krishnas,* dem *Bhagavat,* d. h. dem „glorreichen Herrn", der sich im *Bhagavad-gita* offenbart hat) wurde. Die *Bhagavad-gita* ist nicht nur ein fester Bezugspunkt für alle Hindus, sondern sie ist gemeinsam mit dem *Harivamsha,* dem *Vishnu-Purana* und dem *Bhagavata-Purana* der fundamentale heilige Text der *Bhagavata* (der Anhänger von *Vishnu-Bhagavat),* die die Hauptströmung des Vishnuismus darstellen und die Kontinuität der *bhakti*-Überlieferung im nördlichen Indien garantiert haben. Hier sind die Aspekte der Frömmigkeit vorherrschend, die auch für eine andere alte Schule des Vishnuismus charakteristisch sind, nämlich die der *Pancaratra* (die „fünf Nächte", während derer fünf Schlangen die fundamentalen Ansichten dieser Schule erläutern). Diese Schule stützt sich auf eine Reihe von Texten, die im allgemeinen *Samhitas* (Sammlung) genannt werden.

Die *Pancaratra*-Richtung des Vishnuismus wird auch *Ekantika* (Anhänger des Alleinigen) genannt und vereint sich mit der *Bhagavata*-Richtung. Sie entwickelte die Lehre von den 4 *vyuha,* die wir schon erwähnt haben. Ihre ersten Spuren finden sich bereits in der Lehre der vierfachen Natur des allerhöchsten Seins, wie sie in der *Narayaniya* (Teil über das *Narayana)* aus den Kapiteln 335–351 des 12. Buches des *Mahabharata* (*Shanti-Parvan* „Buch des Friedens", Teil III: *Mokshadharmaparvan* „Buch über die Regeln der Befreiung") erläutert wird und möglicherweise aus dem 3. Jh. n. C. stammt. Dieser Lehre gemäß zeigt sich der absolute Aspekt des Gottes *(Bhagavat),* auch *Pra-Vasudeva* genannt und das höchste Ziel der liebenden Anbetung *(bhakti)* seiner Anhänger, in einer Reihe von „Emanationen" *(vyuha).* Sie tragen den Namen der engsten Verwandten *Krishnas* und stellen andere Stadien der Manifestation des Absoluten dar. Die erste Emanation der höchsten Gottheit erhält den Namen *Samkarshana,* Bruder von *Krishna,* der für die individuelle Seele *(jiva)* steht. Aus dem Kontakt *Samkarshanas* mit der Natur *(prakrti),* die ebenfalls aus dem höchsten Herrn entstanden ist, werden *Pradyumna* und der Verstand *(manas)* erzeugt. Aus ihnen kommen Anirudha und das Selbstbewußtsein (ahamkara). Dann entstehen die drei *guna,* und nach einem Schema, das an *Samkhya-darshana* erinnert, entwickeln sich die Elemente für das materielle Weltall, das in einem Schöpfungsakt vom Gott *Brahma,* dem Weltenschöpfer, geformt wird.

Nicht wesentlich anders ist die Weltanschauung der *Vaikhanasa,* eine andere Schule des alten Vishnuismus, deren Lehre im *Vaikhanasa-sutra* (3. Jh. n. C.) zusammengefaßt wird und die dem mythischen Stifter *Vishanas* zugeschrieben wird. Diese Schule hat heute noch Anhänger im Süden Indiens und unterscheidet sich von der Pancaratra-Schule darin, daß sie noch vedische Überlieferung bewahrt hat. Ihre zelebrierenden Priester stammen aus der Kaste der Brahmanen und benutzen im Kult ausschließlich das Sanskrit. Ihre Anhänger prägen ihren Körpern nicht die Symbole von *Vishnu* (wie vor allem den Kreis, *cakra,* und die Muschel, *shankha)* ein, wie es die anderen Schulen tun.

Der Vishnuismus der *Pancaratra*-Strömung verbreitete sich vor allem im Süden Indiens, wo die Grundlagen der Lehre sowohl für die Glaubensbewegung der *alvar* als auch für die der *Shri-sampradaya* (Tradition der *Shri)* gelegt wurden. Die Anhänger dieser letzten Bewegung, die auch unter dem Namen *Shri-vaishnava* bekannt sind, schenken der *Shakti,* der weiblichen Gottesmacht *Vishnus,* wie sie in *Shri* oder *Lakshmi* (seiner göttlichen Ehefrau) verkörpert wird, große Aufmerksamkeit. Sie wurde wahrscheinlich im 9. oder 10. Jh. n. C. von *Nathamuni* gegründet und zählt große Meister *(acarya)* zu ihren Vertretern; z. B. *Yamuna* (10./11. Jh.), der Autor eines interessanten Kommentars zur *Gita;* vor allem *Ramanuja* (1050–1137), der *pujari* (Priester für den Kult) war und die *bhakti* als gläubige Hingabe *(prapatti)* an die Gottheit auffaßte. Er war Verfasser wichtiger Kommentare zum *Brahma-sutra* und zur *Bhagavad-gita.* Er war Gründer der vedantischen Schule des *Vishishta-advaita-vada* (Lehre des Nicht-Dualismus mit Unterscheidungen), nach dem die individuellen Seelen und die körperliche Welt den Leib *Vishnus* formen, der gleichzeitig der universale Gott ist. Diese von *Ramanuja* gegründete Schule legte großen Wert auf die Lehren der *Shvetashvatara-Upanishad* und teilte sich im Laufe des 13. Jh. in zwei Richtungen, die in *Tamil Tenkalai* (südliche Kultur) und *Vatakalai* (nördliche Kultur) heißen. Ihre religiösen Haltungen kann man vereinfachend jeweils mit dem Verhalten eines Kätzchens (das sich von der Katzenmutter tragen läßt, ohne selbst dabei etwas zu tun) und dem Affenbaby (das sich an den Körper der Mutter festklammert) vergleichen. Für den ersten Ansatz ist die komplette Hingabe an den göttlichen Willen bezeichnend, während der zweite eine Teilhabe der Gläubigen am Gotteswerk verlangt. Die erste Richtung ist an die Bewegung der *alvar* und an die Quellen in *Tamil* gebunden. Die zweite Schule dagegen bevorzugt die Sanskrit-Überlieferung und wurde gestiftet von dem Reformator *Venkatanatha,* auch *Vedantadesika* (Meister des Vedanta, 13. Jh. n. C.). Er ist eine der bedeutendsten Persönlichkeiten seiner Zeit.

Von deutlich vishnuistischem Gepräge ist die Bewegung *Mahanubhava-sampradaya* (Überlieferung derjenigen, die die große Erfahrung des Glaubens machen). Sie wird auch *Mahanubhava-pantha* (Weg des *Mahanubhava)* oder *Datta-sampradaya* (Überlieferung des *Dattatreya)* oder *Munimarga* (Weg der stillen Asketen) oder nach moderner Bezeichnung *Manbhau-Panth* genannt. Sie ist durch einen starken Synkretismus gekennzeichnet, der dazu neigt, in einer einzigen Gottesgestalt *Dattatreya* (manchmal als *avatara* von *Krishna* angesehen) die Triade *Brahma-Vishnu-Shiva* zu sehen. Diese Bewegung wurde von *Govinda Prabhu* gegründet, einem Begleiter des Asketen *Cakradhara.* Sie wurde von dessen Jünger *Nagadeva Bhatta* im 13. Jh. organisiert. Ihre Lehre wird in den folgenden Schriften erklärt: *Avadhutagita* (Gesang des Asketen *Dattatreya), Dattatreya-Upanishad* (geheime Lehre des D.), *Dattatreya-samhita* (Sammlung des D.) und *Sutrapatha* (Rezitation von Aphorismen). In einigen Punkten nähert sie sich der Schule der *Natha* (sie zeigt auch eine gewisse Verwandtschaft zu der Schule der *Virashaiva).* Ihre Anhänger lehnen das Kastensystem ab, sie begraben ihre Toten, sie verneinen die Autorität des Veda. Sie verweigern sich den traditionellen hinduistischen Kulthandlungen und begehen ihre Hauptfeierlichkeiten *datta-jayanti* (Triumph des D.) oder *Dattatreya-janma-vrata* (Gelübde von der Geburt des D.) am Vollmondstag des Monats *Margashirsha* (November/Dezember). Sie kleiden sich zu Ehren *Krishnas* in einem dunklen Blau und leben noch heute im *Maharashtra* und im nördlichen *Karnataka.*

Nach *Ramanuja* waren noch viele andere *acarya* für die Gestaltung der vishnuistischen Theologie und Lehre bestimmend: Unter ihnen *Nimbarka* (12. Jh.), Gründer der *Sanakadi-sampradaya*-Schule, der sich gegen den strengen Nicht-Dualismus *(kevaladvaita)* von *Shankara* wehrte und die Lehre von der *bhedabheda* (Unterscheidung und Nicht-Unterscheidung) oder *dvaitadvaita* (Dualismus–Nichtdualismus) vertrat, indem er einen Ausgleich gegensätzlicher Ansichten versuchte. Dann gab es *Madhva* oder *Anandatirtha* (13. Jh.) aus dem südlichen *Karnataka,* der die *Brahma-sampradaya*-Schule gründete, die sich auf den dualistischen Gedanken (*Dvaita-vada)* stützt. Sie trifft klare Unterscheidungen zwischen dem Absoluten *(Vishnu),* den individuellen Seelen und der Welt. Dann folgt *Vallabha* (15.–16. Jh.), der sich möglicherweise an die Linie der Meister des *Rudra-sampradaya* anlehnte, die auf *Vishnuvamin* (13. Jh.) zurückgeht. Er gründete eine eigene *sampradaya* und kehrte zur Form des reinen Nicht-Dualismus *(shuddhadvaita)* zurück, demgemäß der Gott als *sat* (Sein) in der Welt und als *sat* und *cit* (Bewußtsein) in den individuellen Seelen präsent ist. Damit greift er auf eine Formel aus den nachvedischen Upanishaden zurück: *sac-cid-ananda* (Sein–Bewußtsein–Glück).

Schließlich ist noch der Bengale *Caitanya* oder *Sri Caitanya Mahaprabhu* (Beginn des 16. Jh.) erwähnenswert, der die Lehre des *acintyabhadabhada* (Unvereinbarkeit der Unterscheidung und Nicht-Unterscheidung) vertrat und eine eigene *sampradaya* gründete. Er wanderte von Bengalen aus und zog dem eigenen Wunsch sowie dem Wunsch seiner Jünger folgend nach *Mathura*, dem Ursprungsgebiet der Anbetung *Krishnas*. Unter seinen Jüngern gibt es eine Reihe von Lehrmeistern, die den Namen *Gosvamin* annahmen; in Erinnerung an den Mythos von *Krishna* als „Hirten“. Da ist *Rupa Gosvamin,* ein Jünger von *Caitanya* und Verfasser der *Bhaktirasamrtasindhu* (Fluß aus Nektar, der die hingebende Liebe ist). Dann gibt es *Jiva Gosvamin, Sanatana Gosvamin, Gopala Bhatta Gosvamin,* der Autor des *Haribhaktivilasa* (Liebenswürdiges Spiel hingebender Liebe für *Hari*). Sodann *Krishnadasa Kaviraja Gosvamin,* der das *Caitanyacaritamrta* (Nektar der Geschichte des *Caitanya)* verfaßte. Diese Werke erhalten eine besondere Bedeutung in der International Society for Krishna Consciousness, die von dem *Svami Prabhupava* (1896–1977) als moderne Form des *Caitanya-sampradaya* gegründet wurde und auch unter dem Namen *Hare-Krishna-Bewegung* bekannt ist.

Der Shivaismus

Der Shivaismus (*shaiva-dharma* oder *shaiva-matha)* orientiert sich an *Shiva,* einer der höchsten Gottheiten des hinduistischen Pantheons. Sein Name bedeutet „Wohltäter“. Mit diesem Namen ruft man den Gott des Unwetters *(Rudra)* an, damit das Toben sich legt. Ab der klassischen Periode zeigt sich *Shiva* als eine an Gegensätzen reiche Gestalt, in der sich die verschiedenen Schulen der Weisheit vereinen.

Die Grundlagen dieses Glaubens reichen nach einigen Gelehrten bis in die vorvedische Zeit zurück. Sie werden schon in der *Shvetashvatara-Upanishad* formuliert, dann weiterentwickelt in den wichtigsten *Puranas* shivaitischer Tendenz, z. B. dem *Vayu-Purana,* dem *Linga-Purana,* dem *Kurma-Purana* und dem *Shiva-Purana.* Ab dem 6./7. Jh. n. C. werden sie in einer Reihe von Texten unter dem Namen *Agama* (Überlieferung) zusammengefaßt und als direkte Offenbarung des Gottes *Shiva* betrachtet.

Die älteste Richtung der *shaiva-matha* ist jene der *Pashupata* („Anhänger von Parupati"), was einer der Namen von *Shiva* ist: „Herr *(pati)* der Haustiere *(pashu)*". An ihn richtet sich die berühmte Hymne *Shatarudriya* (Hymne der 100 *Rudra)* aus der *Taittiriya-samhita* (IV,5,2). Die *Atharvasiras-Upanishad* (die wichtigste Upanishad des *Atharva-veda)*, die wahrscheinlich aus derselben Epoche des *Mahabharata* stammt, spricht am Ende des 5. Teiles vom *Praupata-vrata* (Gelübde des P.), das darin besteht, die eigenen Glieder mit Asche zu bestreuen, da „alles nichts anderes als Asche ist", um so die Befreiung der Kreatur *(pashu)* von der Schlinge *(pasha)* zu erlangen, die aus den verschiedenen Kräften des Werdens besteht. Sie haben die Herrschaft über die unempfindliche Natur. *Pati, pashu* und *pasha* (Herr, Kreatur und Bindung) sind die drei Kategorien der Wirklichkeit auch nach dem *Pashupata-sutra* (Aphorismen über P.), die uns mit dem Kommentar des Brahmanen *Kaundinya* überliefert sind. Ihre Zusammenstellung wird dem Gründer dieser Schule, dem halblegendären *Lakulisha,* zugeschrieben, der im 2. Jh. n. C. in der heutigen Region des *Gujarat* gelebt haben soll.

Im südlichen Indien breitete sich der Shivaismus vor allem durch das Wirken der mythischen *Nayanmar*, die in Tamil lehrten, aus. Dort entwickelte sich zwischen dem 12. und dem 14. Jh. die Schule des *Shaiva-siddhanta* (endgültige Lehre der Anhänger *Shivas).* Diese Lehre beruht auf 28 *Agama* in Sanskrit, auf den Werken von den *Nayanmar* und zusätzlich einem Kanon von 14 Lehrschriften in Tamil *(Siddhanta-shastra)* aus der Feder von verschiedenen Autoren. Unter ihnen sind besonders *Meykantar, Arulnanti* und *Umapati* erwähnenswert. Der *Shaiva-siddhanta* macht sich die Anschauung von der Dreiteilung der Realität, die von dem *Pashupata* entwickelt wurde, zu eigen und philosophiert über die 36 Existenzprinzipien, die aus den 25 *tattva* des *Samkhya-darshana* bestehen. Er fügt 11 metaphysische Kategorien hinzu, die teils „rein" *(shuddha)*, teils „unrein" *(shuddhashuddha)* sind; angefangen beim nicht offenbarten Urlaut als dem Wesen von Shiva, bis hin zum *purusha,* was die individuelle Seele *(dasu)* meint. Die individuelle Seele ist auf keine Weise gleichzusetzen mit Gott, sondern sie wird von ihm durch einen Gnadenakt erleuchtet. Sie beginnt sich zu erheben, bis sie ihn erreicht und in ihm als treuer Diener wohnen darf.

In einer an *Tamil Nadu* angrenzenden Region, in *Karnataka,* entstand ab Mitte des 12. Jh. die sehr einflußreiche Schule der *Virashaiva* (shivaitische Helden). Ihre Ursprünge bleiben ziemlich im Dunkeln und scheinen an zwei ältere, heute verschwundene Sekten gebunden zu sein: die der *Kapalika* (Träger eines Totenkopfes als Schale für die Almosen, die ab dem 6. Jh. bestand) und die der *Kalamukha* („von schwarz gezeichnetem Antlitz", aus dem 11.–13. Jh.). An sie knüpft sich die halblegendäre Figur des *Basava,* der sich gegen die alleinige und unanfechtbare Autorität des Veda und die Kaste der Brahmanen wehrte. Er vertrat die Ansicht, daß das heilige Wort keinen Wert besitzt, wenn es nicht zur persönlichen und direkten Erfahrung Gottes führt. Seine Worte *(vacana)* trugen zusammen mit den Lehren seines Zeitgenossen *Allama Prabhu* erheblich zur Verbreitung der Bewegung der *Virashaiva* bei. Heute haben sie ein bedeutendes Zentrum im Pilgerort *Srisaila,* nicht weit von Haiderabad im Andhra Pradesh. Sie sind aber auch in einigen Zonen des *Maharashtra* und vor allem in *Karnataka* vertreten. Diese Gläubigen *Shivas* werden häufig auch *Lingayat* genannt, d. h. Träger von einem *linga.* Denn alle, ob Laien oder Mönche, tragen einen winzigen *linga* aus schwarzem Stein am Hals, der in ein Stückchen rotes Tuch geschlagen und in einem kleinen Silberetui eingeschlossen ist. Die *Lingayat* unterscheiden sich ziemlich deutlich von einigen Verhaltensweisen „orthodoxer" Hindus, da sie z. B. die Gleichheit (auch für die Frauen) predigen, auch wenn sie nicht gänzlich das Kastenwesen ablehnen, wie es ihr Gründer tat. Sie erlauben die Wiederheirat der Witwen und begraben ihre Toten, anstatt sie zu verbrennen. Andererseits praktizieren sie – vielleicht unter dem Einfluß der *Jaina*-Religion, aus der viele in der Vergangenheit übertraten – eine strenge vegetarische Diät. Dies zeigt möglicherweise am deutlichsten, wie unmöglich es ist, die vielfältigen Seiten der hinduistischen Religion nur in vereinheitlichender Art und Weise zu betrachten.

Bei der Aufzählung der wichtigsten Schulen des *Shaiva-matha* darf man nicht die Schule aus dem Norden vergessen, die hauptsächlich im Kashmir verbreitet ist, wo auch ihre maßgeblichsten Texte verfaßt wurden. Sie zeichnet sich durch eine strenge nicht-dualistische Vision *(advaita)* der Welt aus und ist unter dem Namen *Trika* bekannt geworden. Dieser Name findet in einer Reihe von dreiteiligen Formulationen der Lehre seine Begründung: z. B. *Shiva, Shakti* und *Anu* (Selbstbeschränkung Shivas). Diese Schule hat bedeutende Denker hervorgebracht:

Vasugupta (9. Jh.), der die in den *Shiva-sutra* (Aphorismen von Shiva) enthaltene Offenbarung empfangen habe und Gründer der *spanda,* der sog. Schule der „Vibration" (Erregung der göttlichen Bewußtheit), ist. *Somananda* (9. Jh.), der gemeinsam mit seinem Jünger Utpaladeva (10. Jh.) Autor des *Ishvarapratyabhijnasutra* (Aphorismen über das Erkennen der eigenen Identität mit Gott) ist. Er schuf die Grundlagen der sog. Schule des „Erkennens" (*pratyabhijna),* die ihren Höhepunkt in der Figur des *Abhinavagupta* (9.–10. Jh.) fand, einem Autor zahlreicher Traktate, u. a. des *Tantraloka* (Licht des Tantra), der als eine wahre Enzyklopädie dieses Denksystems angesehen wird.

In allen diesen Schulen wird der Gott *(Paramashiva* oder *Paramashvara)* als reine Bewußtheit *(caitanya)* oder Erregung *(spanda)* verstanden, die der Entstehung des Weltalls vorausgeht. Er ist die geistige Wirklichkeit *(atman)*, die für das Universum und alle Wesen grundlegend ist. Alles, was ist, ist nur Äußerung des immanenten und kinetischen Aspektes der Wirklichkeit, die „Shiva" genannt wird. Dieser Aspekt ist seine *Shakti,* die sich weder von ihm unterscheidet noch unabhängig von ihm ist. *Shakti* ist mit einem typischen Sinnbild des südlichen *bhakta* ausgedrückt – der „Leib von *Shiva*". *Shiva* und *Shakti* sind wie das Feuer und seine Macht des Brennens, zwei verschiedene Seiten einer einzigen und untrennbaren Realität. Die Macht von *Shiva,* nämlich seine *Shakti,* hat dann fünf Aspekte, die in der Ikonographie den fünf Gesichtern von *Sadashiva* entsprechen: *Ishana, Tatpurusha, Sadyojata, Aghora* und *Vamadeva.* In dieser Reihenfolge sind sie jeweils nach dem Zenit und den vier Himmelsrichtungen Ost, West, Süd und Nord gerichtet. Die Kundgebung der Macht der *maya* (kosmische Illusion) geschieht gleich wie bei einer Pflanze die Entwicklung aus dem Keim, und zwar nach dem Schema der 36 *tattva* aus dem *shaiva-siddhanta.* Dank dieser Kraft ist das Universum nur eine Erscheinung. Der Zyklus seiner Entstehung und seiner Rückkehr zur ungeteilten Einheit ist gleich wie ein „Spiel" *(krida).* In anderen Worten: *Shiva* verweigert sich aller Erfahrung und bleibt verhüllt, umgeben von Geheimnis. So ist der Mensch in Unwissenheit verstrickt. Aber das Bewußtsein, selbst *Shiva* zu sein, ist wie ein Erwachen, das ihn zur Befreiung führt. Zu ihr gelangte man, indem man die nachfolgenden Momente der Entäußerung, die den anderen Stadien der Bewußtheit entsprechen, rückwärts durchläuft.

Die Shakta-Religion

Der Kult der Göttin *(Devi)* als göttlicher Mutter des Universums *(Jagadamba)* hat prähistorische Ursprünge. Aber auch der Kult einer jungfräulichen Göttin ist aus sehr alten Zeiten bezeugt. Das zeigt uns der Name selbst, der aus der südlichsten Gegend Indiens kommt. Dort steht noch heute ein Heiligtum der *Kanya Kumari,* deren Name Jungfrau oder jungfräuliches Mädchen bedeutet. Dieser Kult entwickelte sich in Indien ungefähr seit dem 5. Jh. n. C. und erscheint ab dem 7. Jh.

als eine Religion, die der Göttin eine Rolle als höchstes göttliches Wesen *(shakti)* zumißt. Die wichtigsten Quellen dieser Religion sind einige *Puranas,* wie das *Devibhagavata-purana,* das die Göttin mit dem Titel *Bhuvaneshvari* (Herrin des Universums) heraushebt. Vor allem das *Tantra,* von dem im folgenden Abschnitt die Rede sein wird. Im Augenblick genügt der Hinweis, daß man unter dieser Bezeichnung im allgemeinen alle heiligen Texte des sog. Tantrismus versteht, eingeschlossen die vishnuitischen *Samhitas* und die shivaitischen *Agamas,* von denen schon die Rede war. Aber die gleiche Bezeichnung gilt insbesondere auch für die heiligen Texte der Religion der *Shakti,* für die traditionsgemäß ein Kanon von 64 Schriften beglaubigt ist.

Es ist fast unmöglich, in korrekter Weise die Umrisse des *Shakta*-Kultes zu beschreiben. Er neigt dazu, sich mit dem Tantrismus zu identifizieren und hat vieles mit den anderen beiden hinduistischen Hauptreligionen gemeinsam, insbesondere mit der shivaitischen. Auf jeden Fall steht fest, daß mindestens seit dem 14. Jh. alle tantrischen Schulen einen starken shaktischen Charakter annehmen. Bei dieser besonderen Auffassung wird *Shiva,* der männliche Pol der Gottheit, als der mit „Macht begabte" *(shakti-mat)* bezeichnet. Und diese weibliche Macht *(shakti)* ist die Göttin. Diese beiden Aspekte des Göttlichen sind im Innersten miteinander verbunden. Sie sind so untrennbar, wie das Feuer nicht von der Hitze und die Sonne nicht vom Licht zu trennen sind. Die weibliche Kraft erwirbt die Eigenschaften brahmanischer Absolutheit als die im Tantra enthaltene wesentliche Erfahrung, d. h. als „höchste Stimme" *(para vac).* Wir finden in der Terminologie des Wortes eine alte vedische Göttin wieder, nämlich *Vac,* was zugleich heiliges Wort *(shabda)* ist. Das ist eine Silbe, die in einer ursprünglich und geheimnisvoll klingenden Schwingung zu vernehmen ist. Aus ihr entstehen das Universum und die Schöpferkraft. Sie ist auf geheimnisvolle Art im Gebet der Gläubigen eingeschlossen, dieses zeigt das Wesen und die Macht des Universums und der Schöpferkraft. Die fünffache Natur von *Shakti* als Kraft des Bewußtseins *(cit-shakti),* des Glücks *(ananda-shakti),* des Willens *(iccha-shakti),* des Handelns *(kriya-shakti)* und des Wissens *(jnana-shakti)* findet ihre Entsprechung in den shivaitischen Schulen aus Kashmir; in der Darstellung *Shivas* mit fünf *marti* (Gesichtern), von denen schon die Rede war. Dank ihrer inneren Dynamik leitet die *Shakti* in drei aufeinanderfolgenden Perioden der Selbstbeschränkung den Prozeß der Offenbarung der Welt auf der Basis der 36 Kategorien *(tattva)* der shivaitischen und tantrischen Kosmologie ein.

Die höchste Wirklichkeit wird in der shaktischen und der tantrischen Ikonographie in der Doppelgottheit *Shiva-Shakti,* vereint in einer ewigen Umarmung *(maithuma)* und ihrer jeweiligen Verschiedenheit, dargestellt. Die Offenbarung und das Werden entstehen aus der Lösung dieser perfekten Übereinstimmung, aber auch aus der Trennung dieser beiden höchsten Prinzipien. In einem Glückszustand betäubt weiß *Shakti* bei geschlossenen Augen nichts davon, daß sie ein von *Shiva* verschiedenes Wesen ist. In der folgenden Phase jedoch trübt sich diese Überzeugung, und der schöpferische Instinkt, der diese beiden Pole des Göttlichen vereint, verwandelt sich in eine erste Schwingung. Diese Schwingung erhält die Bezeichnung *nada (*Ton). Das Ergebnis der ewigen Umarmung ist eine Art Kondensation von Energie, die die Bezeichnung *bindu* (Tropfen, Punkt) erhält. *Nada* und *bindu* werden durch die Mondsichel mit einem Punkt symbolisiert, was in der Nagari-Schrift (Schrift des Sanskrits) Nasa-Werdung bedeutet. Das ist ein Ton, der über die ausgesprochene Silbe hinaus anhält. Der *bindu* steht im Zentrum des *shri-yantra,* des berühmten Zeichens für den Tantra-Kult. Wenn *Shakti* die Bewußtheit vom Anderssein als *Shiva* erhält, trennt sich das göttliche Paar. Und die Göttin erzeugt die Illusion der Vielfältigkeit, indem sie auf dem unbeweglichen „Leichnam" *Shivas* tanzt. Die Unwissenheit *(avidya)*, die das individuelle Bewußtsein umgibt, stimmt mit ihrer Begrenztheit überein, die gerade das Werk dieser täuschenden Macht ist *(Maya-shakti).* Aber der *sadhana,* die Methode bzw. der Weg des Tantrismus, lehrt seine Anhänger die Augenblicke der Offenbarung rückwärts zu durchlaufen, um eine perfekte und ungeteilte Einheit mit dem Göttlichen zu erfahren.

Eine der wichtigsten Schulen der Shakta-Religion ist der *Kaulamarga,* der vor allem im Nordosten Indiens verbreitet ist. Seine Lehre gründet sich auf der Annahme genau voneinander zu unterscheidender „Familien" *(kula)* von Lehrmeistern, die eine ununterbrochene Nachfolgeschaft von *Shiva* persönlich bis zum Guru der Gegenwart ableiten. Auf der praktischen Ebene bedeutet diese Schule den letzten und besten der sieben Wege zur geistigen Vollendung des Tantra. In Südindien herrscht dagegen die Schule des *Samayacara* oder *Samayamarga* vor, die dem Kult der Innerlichkeit größere Bedeutung zumißt. In ihr erwirbt *Shakti* die Eigenschaften einer „perfekten Weisheit" *(shrividya)*, die auch als eine *murti* (göttliche Form) der Göttin gilt *(Mahavidya).*

2.10 Tantrismus

Der Tantrismus ist eine etwas „querlaufende" Religion, die seit mehr als 1000 Jahren das religiöse Leben der breiten Bevölkerungsschichten besonders im Bereich der rituellen Praxis prägt. Die wichtigsten Quellen des Tantrismus, die *Tantras,* sind ab dem 4./5. Jh. n. C. verfaßt worden. Sie werden als eine „Offenbarung" betrachtet, die besonders für die gegenwärtige kosmische Periode hilfreich ist. Zum Teil sind sie noch unerforscht. Sie verstehen sich als „Kette und Schuß" jenes weitläufigen Gewebes, als das sich die indische Religion zeigt.

Das Sanskrit-Wort *tantra* entstammt der indoeuropäischen Wurzel *tan* (verbunden mit dem lateinischen *tendo),* was „spannen, ausbreiten" heißt, aber auch „produzieren, schaffen"(z. B. ein literarisches Werk). Seine Grundbedeutung ist „Webstuhl", ein Werkzeug zum Spannen von Schuß und Kette eines Webstückes. Im späteren Sinn bedeutet es „Struktur, System (von Riten und Zeremonien), Lehrschrift".

Die *Tantras* selbst sagen, daß es 402 *shaiva-tantras,* 399 *vaishnava-tantras,* 180 *saura-tantras* (dem *Surya* gewidmete *Tantras),* 122 *ganapatya-tantras* (dem *Ganesa* gewidmete *Tantras)* und 39 *bauddha-tantras (buddhistische Tantras)* gibt.

Die shivaitischen *Tantras* werden *Agamas* (Überlieferungen) genannt. Es existiert ein Kanon von 18 bis 28 Werken. Einige Listen rechnen mit 64 bis 104 Schriften. Zu den *Agamas* müßten auch die *Upagamas* (weniger wichtige Überlieferungen) gezählt werden; auch für sie werden 28 Schriften ausgegeben. Aber in Wahrheit zählen beide Gruppen insgesamt zirka 200 Texte.

Gemäß der Überlieferung werden die *Tantras,* die für die vishnuitische Religion zuständig sind, *Samhitas* genannt. Sie zählen 108 Schriften (eine Glückszahl). Die Gelehrten haben jedoch mehr als 200 Schriften festgestellt. Sie umfassen vor allem einige Texte der *Pancaratra*-Richtung. Sie sind möglicherweise die ältesten, wie z. B. der *Jayakhya-,* der *Sattvata-* und der *Paushkara-samhita.* Dazu gehören auch andere Werke wie der *Lakshmi-Tantra,* der die Welt als eine Projektion der *Shakti* von *Vishnu (Lakshmi)* interpretiert; dann der *Ahirbudhnya-samhita* aus dem 8. Jh., der detaillierte Anweisungen für die Herstellung der äußerst komplizierten Bilder des Gottes *Vishnu* enthält.

Die shaktischen *Tantras* sind ebenfalls sehr zahlreich. Es gibt verschiedene Auflistungen von 20, 64, 77 oder 192 *Tantras,* wobei die Zahl 64 die angesehenste Zahl ist. Wenn man beachtet, daß die Listen auch Werke anderer Tendenzen (besonders shivaitischer Leben) miteinbeziehen, ist ihre Zahl jedoch wesentlich höher. Zudem werden ständig neue Texte entdeckt. Zu den wichtigsten Texten zählen hier der *Kularnava-Tantra (Tantra* des Meeres, was die große Familie an Lehrmeistern meint), wahrscheinlich aus der Zeit vor 1000 n. C.; dann der *Maha-nirvana-Tantra (Tantra* des großen *Nirvana)*, der wahrscheinlich ursprünglich aus dem 11. Jh. n. C. stammt. Er wurde mehrmals überarbeitet, so daß die Ausgabe, die wir besitzen, nicht früher als in das 18. Jh. datiert werden kann.

Gemäß einem Schema, das sich kaum von dem der *Puranas* unterscheidet, müssen die *Tantras* fünf große Themen behandeln: die Schöpfung, die Auflösung der Welt, das Ritual, die überirdischen Mächte und die Vereinigung mit dem erhabensten Wesen. In Wirklichkeit aber sind die Inhalte nach diesem Schema sehr schwierig zu klassifizieren. Sie können eher in vier Themengruppen eingeteilt werden:

a) *jnana* oder *vidya*, d. h. „Wissen"; die Teile mit lehrhaftem Charakter.
b) *yoga*: „äußere und innere Disziplin; *upaya*: „Mittel", um die verstandesmäßige Kontrolle zu verwirklichen und übermenschliche Fähigkeiten zu entwickeln.
c) *kriya*: „Ausführung, Aufbau"; dort werden Anweisungen für den Bau und die Gestaltung von Tempeln, von Gottesbildern und für heilige Darstellungen gegeben.
d) *carya* oder *siddhi*: „korrektes Verhalten"; hier werden Regeln für das Zelebrieren ritueller Handlungen und ganz allgemein für das religiöse und soziale Verhalten gegeben.

Es ist äußerst schwierig, eine Definition von Tantrismus in allgemein verständlichen Begriffen zu geben. Wenn man mit einigen Veränderungen und Einfügungen dem klaren Schema von Pio Filippani Ronconi folgt, ergeben sich folgende Hauptaspekte als charakterisierend.

Die *Gottheit als Paar:* Nach dem *Tantra* besteht die Gottheit aus der Einheit zweier entgegengesetzter und untrennbarer Pole; aus einem männlichen und einem weiblichen Pol *(Shiva* und *Shakti)*. Es ist das weibliche Prinzip *(Shakti)*, das meist die Rolle der höchsten Macht übernimmt. Die zyklischen Daseinsformen des Universums verwirklichen sich, wenn diese Einheit auseinanderbricht und wenn die zwei Elemente sich trennen. Diese Trennung existiert jedoch nur in unseren Augen. Sie ist ein Ergebnis der Macht der Täuschung *(maya-shakti)*. Denn alles, auch die geheimnisvolle Kraft, die in der Beziehung zwischen der individuellen Bewußtheit und dem universellen Bewußtsein tätig ist, ist Ausdruck jener Energie, mit der die Gottheit tätig ist, sich zeigt, sich verhüllt oder sich offenbart.

Mikrokosmos und *Makrokosmos:* Der Anhänger des *Tantra* (allgemein *tantrika* oder *sadhaka* benannt) sucht die Unterstützung der weiblichen Macht, dies sowohl im Kult der großen Göttin als auch durch ganz genaue Techniken der körperlich-seelischen Selbstkontrolle. Denn diese weibliche Macht ist im menschlichen Körper vorhanden. Sie wird gedacht als eingerollte Schlange *(Kundalini)*, die unbeweglich am Ende des Rückgrates ruht. Der *Tantra* bewirkt dementsprechend eine Wiedererweckung der Beziehung zwischen Körper und Psyche, zwischen Körper und Universum, zwischen Mikrokosmos und Makrokosmos. Hierzu verwendet der Gläubige auch magische Wörter und Silben der Macht *(mantra)* als Mittel der Verwandlung des sterblichen Körpers in einen „göttlichen" Leib. Diese Gedankenwelt hat einen bedeutenden Anteil an der religiösen Überlieferung Indiens und führt zu einer eindeutigen Aufwertung des Menschen als seelisch-körperliche Person.

Yoga: Die *Yoga*-Techniken sind ein entscheidender Aspekt des *Tantra.* Die verschiedenen Formen des tantrischen *Yoga (hatha-yoga, laya-yoga, kundalini-yoga* usw.) werden in besonderen Werken dargestellt: in der *Hathayoga-pradipika* von *Svatmarama,* in der *Gheranda-samhita,* in der *Shiva-samhita,* im *Satcakra-nirupana* und in vielen anderen Werken aus dem 14. bis 18. Jh. Sie werden auch in etwa 20 der späteren *Upanishaden* beschrieben, die als *Upanishaden* des *Yoga* bekannt geworden sind. Sie umschreiben die mystische Struktur des sog. „Feinkörpers", der aus Kanälen *(nadi)* und magischen Kreisen *(cakra)* besteht. Sie zeigen den Weg, auf dem es durch eine Reihe von Reinigungspraktiken *(satkarman)*, durch besondere Körperstellungen *(asana)*, durch präzise Atemkontrollübungen *(pranayama)* und durch schwierige Muskelkontraktionen *(bandha)* und „Siegeln" *(mudra)* gelingt, den Lebensatem *(prana)* und den männlichen Samen *(bindu)* im Innersten des Körpers zurückzuhalten. So wird Kundalini zu ihrer Wiedervereinigung mit *Shiva* (an der höchsten Stelle seines Hauptes) geführt. Das erlaubt dem Anhänger des *Tantra,* die unteilbare Einheit von allem zu erleben und die Befreiung von allen Bindungen zu verwirklichen. Das findet seine Entsprechung in der „Auflösung" der Welt *(laya).*

Gotteswort und die Realität: Die gesamte Wirklichkeit wurde als Klang geschaffen, der unausdrückbar und unhörbar in seiner erhabenen Form ist. Wenn dieser Klang erklingt, gibt er Zeugnis von der Vielheit der Formen und der erfahrbaren Dinge. Dieser Urlaut ist in einer Reihe von mystischen Tönen eingeschlossen, die aus einsilbigen Formeln des Gebetes bestehen. Sie sind imstande die geheimnisvollen Mächte zu beschwören. Diese Mächte werden *bija-mantra* genannt, da sie die „Samen" der Dinge bedeuten.

Magische Diagramme und Kreise: Typisch für den *Tantra* ist die Verwendung einer Reihe von Diagrammen *(yantra)* und Kreisen *(mandala)* mit magischer Kraft. Sie werden nicht nur als Mittel bei der Yoga-Konzentration benutzt, sondern gelten auch als Psycho-Kosmogramme. Sie bestehen aus mehreren Symbolen, die die verschiedenen Seiten der Wirklichkeit im kosmischen und individuellen Bereich zeigen.

Guru und Initiation: Die Beziehung zwischen dem Lehrmeister *(guru)* und dem Jünger *(shishya)* sowie der Initiationsritus *(diksha)* sind von außerordentlicher Wichtigkeit im *Tantra*. Die Figur des *Guru* ist grundlegend, um den Gläubigen *(sadhaka)* ins tantrische *sadhana* zu führen. Er geht auf dem Weg, der als letztes Ziel die mystische Vereinigung mit dem Göttlichen hat.

Puja und *nyasa:* Das tantrische Ritual, das in den meisten Fällen noch immer in aller Vollständigkeit praktiziert wird, besteht aus einem Anbetungsritual *(puja)* der Gottheit, meist mit Unterstützung eines Bildes *(murti)*. Das Ritual enthält auch eine Art Segnung *(nyasa)* der einzelnen Glieder des Körpers, die einzelnen Gottheiten anvertraut werden. Dabei werden kurze magische Formeln *(matrka* = kleine Mütter) ausgesprochen. Das geschieht mit dem Ziel den sterblichen Leib in der Anbetung in einen göttlichen Körper zu verwandeln.

Im *Tantra* gibt es viele Wege *(acara)* für den Gläubigen. Eine im *Kularnava-tantra* enthaltene Liste zählt sieben Wege auf, die in der Reihenfolge ihrer Wichtigkeit und Vollkommenheit folgende sind:

a) *„Weg des Veda"* oder *„Weg des rituellen Aktes":* Er verlangt Reinheit von Körper und Geist. Er zielt auf die Stärkung der universalen Ordnung und des moralischen Gesetzes. Und er besteht in der Ausführung von täglichen Riten, die der traditionellen Praxis ähneln.
b) *„Weg des Krishna-Anhängers":* Er basiert auf der hingebungsvollen Liebe an die Gottheit und einem höheren Bewußtsein von der absoluten Wirklichkeit.
c) *„Weg des Vishnu-Anhängers":* Hier wählt der Gläubige den Weg der inneren Bewußtheit.
d) *„Günstiger Weg":* Er ist günstig für die Erlangung der Vollkommenheit und die Verwirklichung der Tätigkeiten in der Welt *(pavrtti)*. Er ist bekannt auch unter dem Namen „Weg der rechten Hand".

Mit diesem vierten Weg ist der erste Zyklus der *acara* abgeschlossen, der häufig nur mit dieser Bezeichnung benannt wird.

e) *„Ungünstiger Weg“:* Er ist für das aktive Leben ungünstig. Er ist der „Weg des Verzichtes“ *(nivrtti)* oder „der Rückkehr“. Er wird auch „Weg der linken Hand“ genannt *(vama)* oder auch „Weg, der mit einer Frau gegangen wird“ *(vama).*

Dieser Name bezeichnet gleichzeitig auch die drei letzten *acaras* im allgemeinen und benennt die Praxis eines Rituals der „fünf M“.

f) *„Weg des vollbrachten Endes“* (oder „des *Aghara*“ oder „des *Yoga*“). Hier verwirklicht der Gläubige, der bereits den achtfachen *Yoga* beherrscht, eine letzte Loslösung von der Welt.

g) *„Weg des edlen Gläubigen“:* Hier erreicht man die totale Bewußtheit der letzten Wirklichkeit und stirbt endgültig in der Welt des Werdens.

Der Gläubige, der die ersten drei Wege durchläuft, ist den Daseinsbedingungen eines „Haustieres“ *(pashu)* gleichgesetzt. Wer dem 4. und 5. Weg folgt, wird als „Held“ *(vira)* angesehen. Die letzten beiden Wege sind von einem sog. „göttlichen“ *(dviya)* Zustand gekennzeichnet. Die letzten drei Wege schließen außerdem die Erfahrung der geschlechtlichen Vereinigung *(maithuna)* des Gläubigen mit einer Gefährtin (Shakti genannt) mit ein. Diese rituelle Sexualität wird heute bei den öffentlichen Zeremonien meist nur noch symbolisch vollzogen. Damit kann der Gläubige in sich die *Kundalini-Shakti* mit dem Ziel wecken, sie zu erhöhen und zu ihrer ureigenen Wurzel aufsteigen zu lassen.

Im Bereich des *Tantra* spielen die 9 Meister des *hatha-yoga* (yoga der Kraft) eine wichtige Rolle. Sie sind auch unter dem Namen *Natha* (Herren des *Yoga*) bekannt. Der erste unter ihnen *(Adinatha)* wird mit dem Gott *Shiva* gleichgesetzt. Die Tradition des *Natha* zeigt viele Übereinstimmungen mit den 84 *Siddhas* (Vollkommene) des tantrischen Buddhismus. Sie werden auch *Kanphata-yogin* genannt, und zwar wegen ihrer Gewohnheit die Knorpel der Ohrmuschel für schwere Ohrringe zu durchlöchern. Diese Schule ist vor allem im Gebiet des Himalaya verbreitet, wo man glaubt, daß dort noch heute ihre ersten Lehrmeister nach dem Erreichen einer körperlichen Unsterblichkeit leben.

Ihr Gründer oder zumindest ihr berühmtester Lehrmeister ist der halblegendäre *Gorakshanatha* (in Hindi: *Gorakhnath),* der möglicherweise zwischen dem 11. und dem 12. Jh. gelebt hat. *Goraksha* war Jünger von *Matsyendranatha.* Er ist der Verfasser des *Goraksha-shataka,* einer der wichtigsten Quellen des *hatha-yoga.* Er hat wegen der großen Schwierigkeit *(hatha)* seiner physischen Praktiken diesen Namen erhalten. Einige der Techniken zur Körper- und Atemkontrolle aus dieser tantrischen Yogaschule sind auch in Europa und in den Vereinigten Staaten populär geworden. In den meisten Fällen wurden sie jedoch vereinfacht und sind einer Gymnastik mit gesundheitlichen Zwecken gleichgesetzt worden.

Eine besondere Entwicklung haben einige Schulen in *Bengalen* gemacht. Sie sind dort im Schoße des vishnuistischen Hinduismus im Mittelalter entstanden, vielleicht auch unter dem Einfluß analoger Strömungen des tantrischen Buddhismus. Man nennt sie *Sahajiva*. Sie versuchen das höchste Ziel der mystischen Erfahrung, das sie *mahasukha* (großes Glück) nennen, durch Yoga-Praktiken sexueller Art zu erreichen. Sie vollziehen mit Hilfe jener vollkommenen Spontaneität und Natürlichkeit, die Zeichen der angeborenen Präsenz *(sahaja)* des Absoluten ist, die Vereinigung der beiden Elemente, des männlichen und des weiblichen Geschlechts. Dabei identifizieren sie sich mit dem göttlichen Paar *Krishna* und *Radha*. Sie sind eng verbunden mit den Bewegungen des *Natha* und des *Siddha*, in gewisser Hinsicht mit der Bewegung der *Sant* („Heilige“) des *nirguna-sampradaya*.

Noch heute sind sie in Bengalen durch die *Baul* („Verrückte“) vertreten. Das ist eine Art Sekte wandernder *yogin* und Sänger, die in der ganzen Welt berühmt geworden sind wegen ihrer ungewöhnlichen musikalischen Gaben, aber auch wegen ihrer antikonformistischen und gegen jede Regel des Anstands verstoßenden Gewohnheiten. Ihr eigentümlicher Weg der Verwirklichung wird *ulta-marga* genannt oder auch *ulta-sadhana* (Weg der Kehrseite). Dies nicht nur wegen ihres (vom Standpunkte der gewöhnlichen Moral aus gesehen) skandalösen und unmoralischen Verhaltens, sondern auch weil sie die „Umlenkung“ der normalen körperlichen und geistigen Strebungen mit dem Ziel anstreben, im Mikrokosmos des eigenen Körpers die ursprüngliche Einheit von *Shiva* und *Shakti* wiederherzustellen.

2.11 Smarta und der fünffache Kult

In der zweiten Hälfte des 1. Jahrtausends gab es eine äußerst komplexe Situation, welche verschiedene Glaubensformen entstehen ließ. Eine besteht darin, einer genau bestimmten „Tradition von Meistern“ *(sampradaya)* anzugehören, die oft ungenau auch „Sekten“ genannt werden. Diese bewegen sich nicht nur innerhalb der sog. drei großen „Religionen“, von denen die Rede war, sondern auch im Rahmen „kleinerer“ Gruppen. Dazu gehört der Kult von *Surya* (*saura*-Kult); der Kult von *Ganesha* oder *Ganapati*, dem sehr beliebten Sohn Shivas mit dem Elefantenkopf (*Ganapatya*-Kult); der Kult von *Brahma* (*Brahma*-Kult); die Verehrung von einigen anderen *avatara* von *Vishnu*, besonders von *Rma* und *Krishna;* oder der Kult von *Hanumat,* dem Sohne des *Vayu* (Windgott), dem ersten Minister von *Sugriva,* dem Häuptling des Affen, der mit *Rama* verbunden war.

Ergänzt werden diese Kulte noch durch eine Reihe von anderen „Richtungen" oder „Tendenzen". Sie alle haben einen Stifter, eine Folge von Lehrmeistern, heilige Texte und häufig nur lokale Verbreitung.

Die Mehrheit der Hindus bekennt sich jedoch weiterhin zur offiziellen brahmanischen Überlieferung, die ihre Gedankenwelt auf Texten der *Smrti* gründet und die ihren wichtigsten Repräsentanten in *Shankara* gefunden hat. Diese Hindus werden *Smarta* (Anhänger der offiziellen Überlieferung) genannt. Ab dem 7./8. Jh. n. C. hat sich innerhalb dieses Zweiges der indischen Religion eine Mischform des Kultes entwickelt, die danach strebt, die 5 Hauptrichtungen *(dharma-sampradaya)* zu vereinen: den Vishnuismus, den Shivaismus, die Shakta-Anhänger, die Saura-Anhänger und die *Ganapatyas.*

Dieser Synkretismus, mit dem sich viele Hindus identifizieren, hat eine besondere Form des Kultes entstehen lassen, der den Namen *pancayatana-puja* („Anbetung mit 5 Altären") trägt. Er umfaßt den Kult von 5 göttlichen „Formen" (*marti):* *Vishnu, Shiva, Devi, Surya* und *Ganesha.* Sie scheinen eine repräsentative Funktion für alle Gottheiten einzunehmen, wie eine Art „Rat der Dorfältesten" *(Dancayat)* für die Götterwelt. Der indische Gelehrte *Vishwambhar Sharan Pathak* ist nach vielen Studien zu der Schlußfolgerung gelangt, daß dieser Kult eine Weiterentwicklung der Triade *Brahma, Vishnu* und *Shiva* darstellt; aber unter Hinzufügung von *Surya,* der in einigen Quellen auch in einer anderen Triade mit *Brahma* und *Vishnu* als dritter genannt wird. Hinzugefügt wird auch *Ganesha,* und *Brahma* wird häufig durch *Shakti* ersetzt. Sichere Zeugnisse dieses Kultes sind aber nicht vor dem 11. Jh. datierbar.

2.12 Shankara und die Reform der asketischen Orden

Die indische Überlieferung schreibt die Reform des dargelegten Kultes dem großen Meister des *Vedanta Shankara* oder *Shanakaracarya* zu. Seine Bedeutung im philosophisch-religiösen Panorama überschreitet die Grenzen eines einfachen Reformators bei weitem. Er war Brahmane aus der Adelsfamilie *Nambutiri* von Kerula. Nachdem er schon mit 8 Jahren in das Stadium des *samnyasa* eingetreten war, gründete er den Mönchsorden der *dashanamin.* Dieser ist eine Verbindung von mehreren Orden, die so genannt werden, weil jeder Mönch seinem Namen einen der folgenden 10 *(dasha)* Namen *(naman)* als Nachsilbe hinzufügt:

tirtha („heiliger Durchgang"), *ashrama* („Held"), *sarasvati* („göttliches Wort" = Name der Göttin der Redekunst und der Kultur), *bharati* (anderer Name für *Sarasvati*), *vana* („Wildnis"), *aranya* („Wald"), *parvata* („Gebirge"), *sagaha* („Meer"), *giri* („Berg") und *puri* („Festung").

Diese Mönchsnamen finden wir z. B. wieder in den Namen folgender berühmter *samnyasin dashanamin: Anandatirtha* (anderer Name des vishnuitischen Meisters *Madhva), Madhusudana Sarasvati* (bedeutender Meister des *Vedanta* aus dem 16. Jh.), *Candrasekhara Bhurati* (berühmter *Shankaracarya* aus Sringeri, 1892–1954), *Madhava Vidyaranya* (Autor des *Shankaradigvijaya* = „Triumphaler Weg des *Shankara*"), *Anandagiri* (Autor einer Biographie von *Shankara,* die verlorengegangen ist), *Ishvara Puri* (der spiritueller Lehrer des mystischen Bengalen *Caitanya* war).

Man glaubt, dass *Shankara* in den vier verschiedenen Himmelsrichtungen vier Klöster gegründet habe: im Westen *Dvaraka,* im Norden *Badrinath,* im Osten *Puri* und im Süden *Srngeri.* In ihnen wird die reinste brahmanische Tradition bewahrt. Ihre Meister leben in der Linie des *Shankara.* Sie gelten als die höchsten Autoritäten für alle Hindus der *Smarta.* An diese angesehenen Vertreter des *Advaita-Vedanta* wendet man sich im allgemeinen in Sanskrit mit der Anrede „Heiligkeit". Sie verkörpern auf dieser Erde das Absolute und werden von seiten der *samnyasin* und der jungen Schüler kultisch verehrt. Die Schüler bereiten sich mit harter Disziplin durch das Studium der Sanskrit-Grammatik, des *Veda* und der Logik sowie auch der Klassiker der *Advaita*-Schule auf das Dasein als Mönche *(samnyasin)* vor. Jedes Kloster hat eine Schutzgottheit mit ihrer besonderen *Shakti.* Sie ist verknüpft mit einem Veda sowie mit einem oder mehreren Orden der *dashanamin.* Beim Eintritt in das Kloster legt man besonderes Gewicht auf je eines der vier *mahavakya* der Upanishaden: *tat tvam asi* („Derjenige, der du bist"). Mit diesem Wort werden die Lehren abgeschlossen, die das Ziel haben, mit Hilfe poetischer Bilder das Bewußtsein von der eigenen Identität als *atman* und als *Brahman* mitzuteilen:

ayam atma brahma („dieser *atman* ist das *Brahman*");
prajnanam brahma („*Brahman* ist Wissen");
aham brahmasmi („ich bin das *Brahman*").

In dieses Schema fällt noch ein anderes wichtiges shankarisches Kloster, nämlich das von *Kana* (nicht weit von Madras im Tamil Nadu). Dieses war als Zentrum der vier anderen Klöster gedacht. Hier benutzt man die Formel *om tat sat* („in Wahrheit, dieses ist die Realität"), die im 17. Kapitel der *Bhagavad-gita* (23. Strophe ff) kommentiert wird.

Shankara ist einer der größten Denker des alten Indiens. Er ist der wichtigste Vertreter des nicht-dualistischen Vedanta *(advaita)*. Er gab seiner Lehre vor allem in langen Kommentaren der „dreifachen (Quelle des) Systems *(Vedanta)*" Ausdruck. Es gibt noch eine große Anzahl verschiedener anderer Werke von ihm. Seine einheitliche Sicht alles Wirklichen geht von der Identität von *atma* und *Brahman* aus und sieht die Welt mit all ihren Göttern und Formen der Vielfalt als reine „Täuschung". Das „wahre Wissen" gilt ihr als das erhabene Mittel zur Befreiung. Sie hat alle folgenden Entwicklungen des hinduistischen Denkens bis in die Gegenwart geprägt. Seine Lehre, seine Organisationskraft und die vielen Diskussionen, die er vor allem mit Vertretern der buddhistischen Schulen führte, trugen möglicherweise entscheidend zum Niedergang des Buddhismus in Indien bei. Dann waren es die Eroberungen und Zerstörungen der Moslems (ab dem 13. Jh.), die ihn endgültig aus dem Gebiet seines Ursprunges verschwinden ließen.

2.13 Zusammenstoß mit dem Islam

Das Aufeinandertreffen von Islam und hinduistischer Tradition begann mit der Eroberung Nordwestindiens durch die Türken. Dann folgte die Gründung des türkischen Sultanats von Delhi am Ende des 12. Jhs. Die Moslems waren nie Herren Gesamtindiens, sondern nur von einigen Regionen, die sie unter ihre Kontrolle bringen konnten. Die Moslems ließen deutliche Zeichen ihrer Anwesenheit zurück. Sie zerstörten systematisch Tempel, Klöster und heilige Orte aller indischen Konfessionen. Dazu kam die Verfolgung derjenigen, die als „Götzendiener" und „Ungläubige" bezeichnet wurden. Sie wurden vielfach getötet. Die Geschichte der moslemischen Herrschaft über Indien ist mit einigen Ausnahmen (wie der des Herrschers Akbar [1556–1605] aus der Moghul-Dynastie) eine schmerzliche Folge von Gewalttaten im Namen eines fanatischen Glaubens. Sie hörte erst im Laufe des 18. Jhs. auf, als die englischen Kolonialherren Indien eroberten.

Ein anderes Ergebnis hatte der Kontakt mit dem Islam für das indische Volk. Wenn die religiöse Kultur des alten Indiens die außergewöhnliche Kraft hatte, fast unverändert diesen gewaltsamen Zusammenstoß mit dem Islam zu überleben, so geschah das zum Teil durch das Klosterwesen. In den Kasten wurden die alten Traditionen gehütet und gelehrt, in den Sippen und Großfamilien. Die Bewahrung in wichtigen religiösen Zentren war behindert. Das Zusammentreffen zweier fremder Religionen hatte auch einige positive Wirkungen. Sie trugen dazu bei, andersartige Formen des religiösen Ausdrucks sowohl im Islam als auch im Hinduismus zu schaffen. So geschah es, daß die indischen Moslems allmählich weniger streng wurden in ihren Glaubensprinzipien. Sie akzeptierten auch Formen der religiösen Verehrung, die ihnen vorher unbekannt waren. Die monotheistische und bilderstürmerische Gewalt der Eroberer trug dazu bei, daß die Inder den Wert einer absoluten Wirklichkeit, die keinen Veränderungen unterworfen ist, wiederentdeckten. Zumindest teilweise war der indische Sufismus auf der islamischen Seite ein Ergebnis dieser Synthese. Auf der hinduistischen Seite gab es die Bewegung der *Sant* des *nirguna-sampradaya,* in die Eigenarten der vishnuitischen *bhakti*-Schulen und der *Yoga*-Tradition der *Natha* einflossen. Den gleichen Ursprung hat die vom *Guru Nanak* (1469–1539) gegründete *Sikh*-Religion. Sie verstehen sich als Jünger Gottes, dieser ist ihr einziger Guru.

Im heutigen Indien leben trotz vieler Gewalttätigkeiten, die fast immer von politischen Kräften gesteuert werden, Moslems, Sikhs und Hindu nebeneinander. Sie teilen zahlreiche Elemente und Formen des täglichen religiösen Lebens miteinander.

2.14 Christentum und Neu-Hinduismus

Gefesselt von den Genüssen, die die europäische Kultur dem Land bieten konnte, versuchten die oberen und kultivierten indischen Schichten zu Beginn des 19. Jhs. einen Kompromiß zwischen der hinduistischen Tradition aus den Sanskritquellen und dem von den Missionaren gepredigten Christentum zu suchen. Es war die „moderne" Kultur, die über die englische Zivilisation und Sprache nach Indien kam. Diesen Tendenzen gab man die Bezeichnung Neu-Hinduismus.

Die Hauptpersonen dieser kreativen Reformbewegungen nahmen gelegentlich eine äußerst kritische Haltung gegenüber der alten brahmanischen Kultur ein. Zugleich schufen sie sich eigene Vorstellungen und Verhaltensweisen von der christlichen Religion.

Diese Begegnung mit dem Christentum war mit Sicherheit nicht die erste. Die christliche Präsenz in Indien geht bis mindestens in die Mitte des 4. Jhs. n. C. zurück, vielleicht sogar nach weiter. Einer Überlieferung der indischen Kirche des syrisch-malabarischen Ritus gemäß soll der heilige Apostel Thomas im Jahr 68 n. C. in der Nähe der heutigen Stadt Madras auf einem Berge, der noch heute seinen Namen trägt, gestorben sein. Noch hat man keine Beweise für den Aufenthalt des Apostels Thomas im südlichen Indien um die Mitte des 1. Jhs. Diese Überlieferung muß mit Recht bezweifelt werden. Sie ist eine Legende. Doch es ist sicher, daß es im 4. Jh. n. C. bereits eine christliche Kirche in Südindien gab. Ihr Vorhandensein war aber ohne nennenswerten Einfluß auf das religiöse und soziale Leben Indiens. Ebenso waren es andere Religionen, z. B. die Zarathustra-Religion, die an den Küsten des Gujarat am Anfang des 10. Jhs. einigen Erfolg hatten. Die Anhänger dieser neuen Glaubensrichtungen wurden schnell als neue „Kasten" bezeichnet. Sie wurden als neue geschlossene und endogame Gruppen innerhalb des sozialen Systems Indiens gesehen. So konnte die eigene Kultur und religiöse Identität bewahrt werden. Doch es gab Wechselwirkungen zwischen den Religionen.

Von ganz anderer Bedeutung ist die zweite Phase des Eindringens christlicher Religion nach Indien. Es war die der katholischen Mission, besonders die der Jesuiten im 16., 17. und 18. Jh. Die Persönlichkeiten von Franz Xaverius (1506–1552), von Roberto de Nobili (1577–1656) und Giuseppe Constantino Beschi (1680–1747) sind glänzende Beispiele einer kulturellen Beeinflussung. Die Zeit war noch nicht reif genug, um die Bedeutung ihres Wirkens und ihres Beispieles richtig bewerten zu können. So haben trotzdem Spuren ihres Einflusses bis in unsere Zeit überlebt. Das zeigt z. B. der *Saccidananda-ashrama,* eine Eremitage aus dem Jahre 1950 in Shantivanam im Bezirk Tiruchirapalli im Tamil Nadu. Sie wurde von Pater Jules Monchanin gegründet und mit Gestalten christlicher Mönche und Mystiker, die fast zu Symbolen eines Dialogs zwischen den Religionen geworden sind, illustriert. Man muß in diesem Zusammenhang an den Benediktiner Henri Le Saux (1910–1973) erinnern, der sich nach dem Brauch der *samnyasin Abhishiktananda* (derjenige, dessen Glück die „Weihe" ist) nennen ließ. Er weihte sein ganzes Leben dem Ziel einer Begegnung mit der indischen Religion, die in der „Grotte des Herzens" geschehen sollte.

Etwas anders lagen dagegen die Motive der letzten christlichen Missionierung, die durch die englische Kolonialmacht eingeleitet wurde. Das Christentum wurde als eine „höhere" Religion dargestellt, die von den neuen „großen Herren" (*bare sahab*) des Westens praktiziert wurde. Diese herrschaftliche Bewertung verursachte bald heftige Reaktionen der Inder. Besonders in der 2. Hälfte des 19. Jhs. entstanden apologetische, nationalistische und antichristliche Hindubewegungen. Die christliche Kultur fand aber auch Zustimmung, insbesondere unter den Intellektuellen. In der Tat konnte die Reform des Hinduismus „in zwei verschiedenen Arten" verstanden werden: entweder im Sinne einer Rückkehr zu den Ursprüngen oder als Anpassung an veränderte Lebensbedingungen. In einer dieser Richtungen bewegten sich jeweils die verschiedenen Vereinigungen (*samaj, sabha)*, die sich als Reformbewegungen aufbauten. Einige von ihnen haben auch eine bedeutende politische Funktion erlangt.

Im Sinne einer erneuernden Reformbewegung wirkte der *Brahma Samaj* („Gesellschaft des Brahma"), der 1828 von dem Bengalen „Raja" *Rammohan Ray* (1772–1833) gegründet wurde. Er wurde von *Keshab Candra Sen* (1838–1884) erneuert. Diese Gesellschaft lehnte den hinduistischen „Polytheismus" mit seiner Kultur der Bilder und den Grundsätzen aus den heiligen brahmanischen Texten ab. Sie setzte sich für eine soziale Verbesserung der indischen Gesellschaft ein, aber auch für eine „weniger pantheistische" Deutung der Quellen hinduistischer Religiosität. So wurde sie für die Mentalität der neuen Herrscher akzeptabler. Eigenartigerweise hat genau diese Haltung den traditionellen Hinduismus in einer häufig vereinfachenden Form bei kultivierten Klassen Indiens wieder neu in Kurs gebracht. Sie findet aber auch breite Anerkennung in den technologisch weiter entwickelten Ländern Europas und Amerikas.

Im Sinne einer Rückkehr zu den Ursprüngen Indiens bewegte sich dagegen der *Arya Samaj* („Gesellschaft der Arya"). Er wurde 1875 durch den Brahmanen *Dayanand Sarasvati* (1824–1883) gegründet. Er schlug die Rückkehr zur Reinheit der brahmanischen Kultur vor, indem er sowohl alle fremden Religionen als auch die Vernachlässigung der eigenen Tradition ablehnte.

Der maharatische Brahmane *Bal Gangadhar Tilak* (1856–1920) nahm eine noch viel radikalere Haltung der Rückkehr zur alten Überlieferung ein. Sie war mit einer modernen Kultur schwer zu vereinbaren. Er belebte erneut den Kult des Elefantengottes *Ganesha,* der im *Maharastra* ziemlich populär war. Auf der Ebene der Gesellschaft vertrat er die Ansicht, daß Kinderehen oder Ehen zwischen Jugendlichen legalisiert werden sollten. Rinder sollten durch ein staatliches Gesetz geschützt werden, um ihre Tötung zu verhindern. Wie zu bemerken ist, existieren Religion und Politik im Werke von *Tilak* eng nebeneinander.

Das gleiche muß von anderen wichtigen Persönlichkeiten dieser Zeit gesagt werden. Z. B. von *Pandit Madan Mohan Malaviya* (1861–1946), der der Initiator der All-India Hindu Mahasabha war. Sie wurde 1910 in Allahabad in Opposition zur All-India Muslim League (Dacca 1906) gegründet. Später wurde sie in *Akhil Bharativa Hindu Mahasabha* umgetauft. Außerdem war er der Gründer der Banaras Hindu University, die ihre Tätigkeit 1921 in Varanasi begann. Sie verstand sich als Zentrum der Förderung und Verbreitung der traditionellen Hindukultur auf Universitätsebene. Diesem Versuch folgte bald auch noch eine andere ähnliche Initiative des berühmten bengalischen Dichters *Rabindranath Thakur* (1861–1941), der 1901 in Shantiniketan eine Schule gründete. Sie war dazu bestimmt, unter dem Namen *Vishvabharati* zu einer bedeutenden panindischen Universität zu werden.

Von andersartiger, aber größerer Bedeutung sind unter religiösem Gesichtspunkt einige andere Institutionen, die von der Vergangenheit bis heute eine sehr wichtige Rolle in der Förderung grundlegender Werke der brahmanischen Überlieferung spielen, auch wenn sie starken christlichen Einflüssen unterliegen. Ein bedeutendes Beispiel hierfür ist die *Ramakrishna Mission,* die sich am Vorbild des bengalischen Mystikers *Ramakrishna* (1834–1886), einem überzeugten Anhänger der Göttlichen Mutter, orientiert. Sie wurde 1897 von seinem Jünger *Vivekananda* (1863–1902) gegründet, der ein außergewöhnlicher, auch im Westen bekannter Verkünder der Prinzipien des Vedanta war. Die tragenden Motive der *Ramakrishna Mission,* die sich innerhalb der heutigen indischen Gesellschaft durch ihre humanitären Initiativen auszeichnet, lassen einen deutlichen christlichen Einfluß erkennen. Übrigens lehrte der gleiche *Vivekananda* in den Armen die Gegenwart Gottes zu erkennen und ihren Dienst als wahre *puja* anzusehen. Darin ist ihm später *Mahatma Gandhi* gefolgt.

Von einer tiefen Bewunderung für die religiösen Überlieferungen in Indien wird auch seit ihren Anfängen die *Theosophische Gesellschaft* gekennzeichnet. Sie wurde 1875 in New York von Frau H. P. Blavatsky (1831–1891) und von dem Militär-Oberst *H. S. Olcott* (1832–1907) gegründet. Später wurde das Zentrum auf Initiative ihrer großen Bewunderin Annie Besant (1847–1933) nach Adyar in die Peripherie von Madras verlegt. Diese Gesellschaft zeichnet sich durch einen starken Synkretismus und durch die Erwartung eines „universalen Meisters" aus. Sie hat sich auch über die Grenzen Indiens hinaus verbreiten können und hat heute Niederlassungen in der ganzen Welt.

Ein lebendiger Beweis von der letztlichen Einheit aller religiösen Wege in der mystischen Erfahrung findet sich im letzten Jahrhundert in der Gestalt eines großen Heiligen des modernen Indiens, in *Ramana Maharshi* (1880–1950). Er lebte fast 50 Jahre lang als Eremit in einer Felsengrotte des Berges *Arunacala* (Roter Berg), in Tamil Nadu. Seine Lehre ist in einigen kurzen poetischen Werken und in einer Sammlung von Antworten niedergelegt, die er gelegentlich auf die Fragen derer gab, die aus aller Welt an ihn heranströmten, um die Begegnung *(darshana)* mit einer heiligen Person zu erleben. Vor allen Dingen aber stellte er die einzigartige und langandauernde Zeugenschaft einer Loslösung von der Welt und eines stillen Verzichtes auf die Verlockungen der modernen Kultur. Er erzeugte damit ein lebhaftes Interesse auch außerhalb Indiens.

Der Bengale *Aravinda Ghos* oder *Aurobindo Ghosh* (1872–1950), bekannt auch als *Shri Aurobindo,* kam aus der Politik, bevor er sich der Religion widmete. Nachdem er im Gefängnis der Engländer, wohin er wegen Aufruhrs geraten war, den Zustand vollkommener Andacht *(samadhi)* als Höhepunkt des *Yoga* erreicht hatte, ging er nach Pondichéry, einem französischen Besitz in Tamil Nadu. Dort gründete er seinen *ashram,* wo er seinen Unterricht erteilte, z. B. durch Kommentieren von *Upanishaden* und *Bhagavad-gita*. Noch heute erlernt man dort eine Form des *Yoga,* die er „integralen Yoga" nannte. Diese Form basiert auf einer engen Beziehung zwischen dem Mikrokosmos und dem Makrokosmos. Er sieht das Universum in einem ständigen Werden als eine Realität, die sich noch nicht gänzlich verwirklicht hat und die ihrer Vollendung zustrebt. Sie strebt hin zur Gottheit. Der Mensch kann diese Vollendung auf dem Niveau des Mikrokosmos erreichen, indem er *Yoga* praktiziert. Er versucht durch das heilige Wissen jenen „vierten Zustand" *(tariya)* zu erreichen, von dem schon die *Upanishaden* sprachen und der jenseits vom körperlichen und vom geistigen Leben liegt.

Alle Erneuerungs- und Reformbewegungen, welcher Richtung auch immer, haben nie großen Einfluß auf die Volksmassen gehabt. Sie sind beschränkt geblieben auf die recht begrenzten Kreise der Intellektuellen. Aus diesem Grunde verdient eine Persönlichkeit besondere Beachtung: *Mohandas Karamcand Gandhi* (1869–1948), *Mahatma* (Großer Geist) genannt. Er verdient sie wegen seiner Anstrengungen, die er unternahm, seinem Volke eine neue moralische Würde zu verleihen. Er brachte sein Wissen über das Christentum und seine Achtung vor dem Wesen und den verschiedenen Formen der traditionellen Religionen zum Tragen. Seine Lehre gründet sich auf der moralischen Ehrlichkeit, verstanden als Bindung an die Wahrheit *(sytyagraha)*, auf Reinheit im Leben *(brahmacarya)*, auf Schuldlosigkeit als Weigerung zu schlagen und zu töten *(ahimsa)*, auf Armut und Einfachheit im Leben und auf einer vegetarianischen Lebensform. Seine Lehre hat einen außergewöhnlichen Einfluß in der ganzen Welt gefunden. Seine Person repräsentiert immer noch ein Ideal, das allzuoft als nicht zu verwirklichen angesehen wird. Dieses Ideal stellt die edelsten Prinzipien aller religiösen Lehren dar, wenn sie diesen Namen verdienen wollen.

2.15 Hinduismus heute

Wenn man die Komplexität des religiösen Lebens im heutigen Indien betrachtet, kann man daraus nur schließen, daß es unmöglich ist, ein einheitliches Bild vom Hinduismus zu entwerfen. Die heilige Tradition ist in eine Reihe von unterschiedliche Tendenzen, Schulen und Überlieferungen einzelner Meister *(sampradaya)* zerfallen. Man könnte auf die Spitze getrieben sagen, daß jedes Dorf oder jedes Stadtviertel seinen eigenen Guru hat, dessen Autorität von den Leuten anerkannt ist. An ihn wendet man sich um Rat. Seine Lehre leitet er meist von alten Lehrern her.

Es ist dementsprechend unmöglich, eine genaue Definition für dieses komplexe sozio-religiöse Phänomen zu liefern. Sogar die Akzeptanz des *Veda* und die Tatsache, daß ihm auf der Ebene der Lehre überall die gleiche überzeugende Kraft zugewiesen wird, wie man sie auch der direkten Übermittlung oder der deduktiven Folgerung *(pramana)* zuspricht, ist im Grunde nur ein gemeinsamer Nenner von relativer Wichtigkeit. Denn es gilt, daß weniger als 5 % der Hindus von diesen Texten jemals hörten. Und weniger als 1 % (nur ein Teil der männlichen Mitglieder der Kaste der Brahmanen) kennt ihre Inhalte. Hindu-sein bedeutet heute nicht bestimmten Glaubensbekenntnissen anzugehören. Es bedeutet nicht einmal die im *Veda* offenbarte Wahrheit anzuerkennen. Hindu-sein bedeutet heute ganz einfach (wenigstens unter soziologischem Gesichtspunkt) in eine hinduistische *jati* hineingeboren zu sein; in eine der vielen endogamen Gruppen, aus denen die hinduistische Gesellschaft besteht. Diese Gruppen werden meist mit dem portugiesischen Wort „Kaste“ bezeichnet.

Die Sanskrit-Neubildung *hindutva,* mit der man den Terminus „Hinduismus“ hat übersetzen wollen, bezeichnet auf der einen Seite die Tatsache, Inder zu sein. Und es bedeutet auf der anderen Seite das Inder-Sein als „ideale Kategorie“. Das sicherste äußere Kriterium der Zugehörigkeit scheint (wie M. Piantelli meint) der Zugang zu den Tempeln zu sein. Besonders in den konservativen Regionen, wie z. B. Orissa, ist dies der Fall. Ein Inder wird immer Zugang dazu haben, auch wenn er keine religiösen Gefühle hegt und keinem Glauben traditioneller Lehre anhängt. Ein Westler dagegen, auch wenn er sich peinlich genau an die Vorschriften des *dharma* und im Rahmen eines enthusiastischen Glaubens an die Lehren der verehrungswürdigen Texte des Hinduismus hält, wird immer erleben, daß man ihm den Zugang verweigert, da er kein „Hindu" ist. Er gilt als Fremder (*mleccha)*, der eine hinduistische Lebensart angenommen hat.

Unter dem Gesichtspunkt der Ideen und der Glaubenswahrheiten nährt sich das religiöse Leben vieler Hindus aus den Kenntnissen, die sie vom leitenden Priester des Dorfes *(purohita*, in Hindi: *pujari)*, von Asketen oder von wandernden Heiligen und heute sogar von den modernen Massenkommunikationsmitteln erhalten. Während die Ärmsten und Ungebildetsten häufig ein sehr tiefes religiöses Bewußtsein zeigen, pflegen breite Schichten des kleinen und mittleren Bürgertums einfach die Vorstellung, daß im Universum eine geheimnisvolle und großartige Macht lebt, die unzählige Formen, gutwillige und böswillige, annehmen kann. In deren Geheimnisse können nur sehr wenige Privilegierte eindringen: heilige Personen und Asketen, von denen die heiligen Texte sprechen und deren alte Geschichten von den Meistern *(guru)* erzählt werden. Das sind die wahren Formen, in denen die Volksfantasie die höchste göttliche Macht verkörpert sieht.

Im sog. Volksglauben nehmen neben den Lehren der „gebildeten" brahmanischen Religion lokale Traditionen einen großen Raum ein: bäuerliche Heldenfiguren, die vergöttlicht wurden und dem großen Pantheon eingegliedert wurden. Es gibt eine große Anzahl von guten und von böswilligen Geistern, Zwergen, Dämonen, von Ungeheuern und Hexen, die z. B. Kinder rauben. Und es gibt die unruhigen Geister der Verstorbenen *(preta)*. All diesen Geistwesen sind auch Kulte geweiht, die sich z. B. an Schlangen *(naga)*, an Bäume oder andere Phänomene der Natur wenden.

Bis ins heutige Indien hat auch die uralte Tendenz vieler Menschen zum Rückzug aus der Welt, zum Verzicht und zur Isolation überlebt. Die alte Einteilung des Lebens in die vier Stadien (von der religiösen Einführung bis hin zum Verzicht auf die Welt) hat inzwischen nur noch theoretischen Wert. Sie löst sich auf und mündet in die Entscheidung, ob man in der Familie oder als Mönch leben will. Dem Kloster kann man sich unabhängig von Alter und sozialer Stellung anschließen. Die Mönche werden mit der allgemeinen Bezeichnung *sadhu* („guter Mensch") bezeichnet. Sie erfreuen sich immer noch einer hohen Achtung bei allen Hindus, egal was auch immer ihre persönliche Überzeugung sein mag. Ein religiöses Fest, öffentlich oder privat, wird vor allem durch die Gegenwart einer möglichst hohen Anzahl von *sadhu* geheiligt. Jede ihnen gewidmete Aufmerksamkeit wird als höchst verdienstvoll angesehen.

Eine wichtige Rolle in diesem so vielfältigen Bild nimmt auch die Verehrung der heiligen Kuh ein, in der sogar *Mahatma Gandhi* ein unterscheidendes Merkmal für das Hindu-Sein sah. Die Heiligkeit dieses Tieres ist weltweit bekannt. Sie geht über den allgemeinen Respekt vor jeder Form des Lebens, die die indische Mentalität auszeichnet, hinaus. Ihre Ursprünge reichen weit in die Vergangenheit der frühen Hirtennomaden zurück. Denn die Rinderherden waren die hauptsächlichste Quelle für den Lebensunterhalt bei den alten Indo-Ariern, die sich vor allem von der Weidewirtschaft nährten. Der *Rig-veda* (I,73,6) lobpreist die Kuh *(go)* und weist ihr göttlichen Ursprung zu. Die irdischen Kühe werden so zu Abbildern der himmlischen Kühe des Gottes *Indra,* deren „Geheimnis“ im höchsten Himmel des Gottes *Vishnu* (V,3,3) vom Gott *Agni* gehütet wird. Sie geben Milch, wie die Wolken den Regen geben. Die Wolken werden symbolisch mit ihnen gleichgesetzt. Die Milchkuh *(dhenu)* wird *devi* genannt *(Rig-veda* VIII,101,16). Sie wird mit der Muttergöttin gleichgesetzt, die Leben gibt und erhält. *Aditi,* die Göttin der Natur, wird die „vollkommene Kuh“ genannt. Ähnlich auch *Vac,* die Göttin der Sprache. Im *Rig-veda* wird sie häufig als *aghnya,* als „diejenige, die nicht getötet werden darf“ (nicht einmal für eine Opferhandlung), bezeichnet. Seit dem *Atharva-veda* wird sie den Brahmanen und den Opferriten gleichgestellt, da sie eine der begehrtesten Entlohnungen *(dakshina)* darstellt, die man dem Priester für die Ausführung des Ritus anbieten kann.

Die Bedeutung der heiligen Kuh steigt schließlich noch mit den puranischen Mythen *(Puranas)*, in denen sie unter dem Namen *Surabhi* gleich wie *Diti* und *Aditi* als eine der Töchter des Patriarchen *Daksha* angesehen wird. Als *Kamadhenu* (die Kuh, die alle Wünsche erfüllt) stellt sie den ersten der Schätze dar, der aus dem „Durcheinandermischen des Ozeans“ *(samudra-manthana)* durch die *devas* und die *asuras* entstanden ist. Die fünf Erzeugnisse der Kuh *(panca-gavya)* sind: Milch, Geronnenes, geklärte Butter *(ghrta*, in Hindi *ghi)*, Urin (der früher und seltener heute noch als Heilmittel genutzt wird) und Kot (der in kreisförmigen Laiben, die an den Diskus als *Vishnu*-Emblem erinnern sollen, als Brennstoff dient). Sie sind von größter Wichtigkeit im Leben der Hindus, nicht nur im religiösen Alltag. Aus all diesen Gründen wird die Tötung einer Kuh als schweres Verbrechen angesehen. Als besonders günstig und wünschenswert gilt die dunkle Kuh *(kapila)*, die die Milch für das *agnhihotra* (tägliche Spende, Opferung ins Feuer) gibt und für die Ernährung der Brahmanen dient. So wird deutlich, daß sie eines der kostbarsten Geschenke darstellt, die man einem Brahmanen machen kann. In den *Puranas* wird sie nicht nur als ein solches Geschenk hervorgehoben, sondern man findet dort auch detaillierte Anweisungen, um die „Gaben einer Kuh" mit entsprechenden Zutaten in der Form eines Bildes anzufertigen.

Die Kuh ist gemeinsam mit ihren Kälbchen *(vatsa)* schließlich zum paradigmatischen Sinnbild für die Mutterliebe *(vatsalya)* ohne Machtausübung, für Sicherheit und Gemütsruhe, aber ohne Furcht *(abhaya-dana)* geworden. Als solche ist sie von den Künstlern der *Pallava*-Periode in dem berühmten *Krishna*-Saal in Mamallapuram im Tamil Nadu verewigt.

Agehananda Bharati erinnert daran, daß es neben den großen Massen auch eine Minderheit „moderner" Hindus gibt, die in den großen Städten lebt und die englische Sprache im Alltag gebraucht. Auch wenn diese Minderheit nur 2 % der gesamten Hindu-Bevölkerung ausmacht, sind ihre Ansichten auf dem Gebiet der Religion jedoch von großer Bedeutung, da durch sie der Hinduismus dem Rest der Welt bekanntgemacht wird. Der moderne Hinduismus ist durch einen ausgeprägten Puritanismus geprägt, in dem die sehr positive Bewertung der Sexualität der tantrischen Überlieferung keinen Raum findet. Dazu kommt eine antirituelle Haltung, die viele alte Riten als „Aberglauben" klassifiziert, mit Ausnahme des Heiratsrituals. Dieser moderne Hinduismus wird durch die große Zustimmung in der westlichen Kultur verstärkt. Man denke hier z. B. an das Echo, das der Auftritt des *Svamin Vivekananda* im Weltparlament der Religionen in Chicago 1893 fand. Diese Richtung offenbart eine deutliche Tendenz zur Toleranz, aber auch zur Vereinfachung der Lehren und zum Dialog der Religionen. Doch innerhalb dieser Bewegung gibt es viele Vorbehalte und Generationskonflikte. In diesem Zusammenhang wird ein alter Gedankengang wieder belebt, der des *samanya-dharma*. Man interpretiert ihn jedoch neu in dem Sinne, daß alle Menschen, die die universellen ethischen Normen respektieren, als Hindus zu betrachten wären.

In den Vorstellungen des „modernen Hinduismus" gibt es nur einen einzigen Gott, der aber unter verschiedenen Formen verehrt werden kann. Darunter sind auch die Formen, die von heiligen Personen unseres Zeitalters geschaffen wurden. Eine typische Hauskapelle aus Kalkutta könnte ein Ölbild der Göttin *Durga* zeigen, der Schützerin von Bengalen; dann ein Bild von *Rama* und *Sita* und in deren Gefolge vom Gott *Shiva* mit dem Dreizack und der Kobra um den Hals. Dann Bilder von *Ramakrishna Paramahamsa*, von *Swami Vivekananda* und von einem zeitgenössischen Guru wie z. B. *Sai Baba* oder *Anandamayi Ma* (eine bekannte bengalische Heilige). Und wenn der Ehemann oder die Ehefrau einen persönlichen Guru haben, findet auch dessen Bild seinen Platz in der Hauskapelle, die täglich mit frischen Blumen und Rauchstäbchen geschmückt wird. Formell wird zwischen menschlichen oder göttlichen Gestalten unterschieden, doch de facto gelten alle Meister als göttlich. Das Ritual ist unterschiedlich in der Intensität und Dauer. Es reicht von einer einfachen täglichen Gabe bis zu einem kompletten *puja*, an dem die ganze Familie teilnimmt. Ein westlicher Forscher, der mit Indien Kontakte pflegt, darf sich nicht wundern, wenn auch seine Fotografie einmal unter den Hausgöttern eines *pandit*-Freundes auftaucht. Denn der Gast oder auch derjenige, den man sich als solchen wünscht, wird ebenfalls seit jeher als göttlich angesehen. Genauso wenig darf er sich wundern, wenn er in einem Dorf, wo er zufällig während einer Pilgerschaft Aufnahme gefunden hat, anläßlich einer *Puja* als lebender *murti* zusammen mit allen anderen heiligen Bildnissen verehrt wird.

Nach der Meinung der meisten modernen Hindus lehren alle Religionen dieselbe Wahrheit, unabhängig vom Namen, den sie Gott geben. Jeder, der seine Pflicht innerhalb der Gesellschaft erfüllt, der an Gott glaubt und den andern Menschen keinen Schaden zufügt, ist auf dem Wege zur geistigen Vollendung. Wenn er dann eine Erfahrung der Perfektion und der totalen Freiheit anstrebt, kann er sich irgendeiner Form des Yoga anschließen: *karma-Yoga, jnana-Yoga* oder *bhakti-Yoga*. So kann er den Sieg über jede Art der Bindung an die Welt der Dinge anstreben, was Befreiung *(mukti)* von der Wiedergeburt bedeutet.

Ein anderer Aspekt dieses „modernen“ und vorwiegend städtischen Hinduismus besteht darin, daß die Religion immer mehr auf ein moralisches Verhalten beschränkt wird. Alles, was mit traditionellen Riten zu tun hat, wird als „Aberglauben“ betrachtet. Es handelt sich hier sicherlich um eine Haltung, die vom Christentum beeinflußt ist und die auf großartige Weise in *Mahatma Gandhi* verkörpert wird.

Die Meister einiger der wichtigsten hinduistischen Mönchsorden (wie z. B. der *Ramakrishna* Mission von Kalkutta oder der *Ashrama* von Aurobindo) bestätigen, daß alle Religionen gleich sind in ihrem Gehalt und daß der Hinduismus unter ihnen dank seiner besonderen Toleranz und seiner Auffassung von der Welt einen hervorragenden Raum einnimmt. Sie appellieren an den logischen Verstand, um ihre Zuhörer zur Wahrheit zu führen. Damit sind sie Persönlichkeiten wie *Maharishi Mahesh Yogi* ähnlich, dem Gründer der „Transzendentalen Meditation“. Er hat sich intensiv mit der westlichen Welt beschäftigt.

Nicht anders verhalten sich andere Persönlichkeiten, die heute vor allem außerhalb Indiens ausgesprochen populär geworden sind: z. B. *Sathya Sai Baba* aus Puttaparthy im Andhra Pradesh, der als Inkarnation von Sai Baba aus Shirdi, einem Heiligen des Sind aus dem vorigen Jahrhundert, betrachtet wird. Der neue *Sai Baba* gehört zu einer brahmanischen *jati* und predigt seinen Anhängern eine Art Synkretismus, der alle großen Religionen als wertvoll erachtet, dem Hinduismus jedoch eine Hauptrolle reserviert. Man schätzt die Anzahl seiner Anhänger in Indien auf einige Dutzend Millionen, hauptsächlich aus dem Stadtbürgertum. Auch seine Anhänger im Westen kommen aus ökonomisch besser gestellten Gesellschaftsschichten.

Es gibt jedoch auch noch den volkstümlichen *Hinduismus,* der um die Herdfeuer der Armen, wo man noch immer den getrockneten Kot der heiligen Kuh verbrennt, lebendig geblieben ist. Er besteht in den heiligen Waschungen, in den Pilgerfahrten und Tempelfesten. Für viele Inder ist ein neues Auto fast eine Erscheinungsform eines Gottes, der auch seine *puja* (Verehrung) verlangt. Dieser volkstümliche Hinduismus wird noch lange nicht aussterben.

3. Kapitel

Die Gottheit

3.1 Die Gottesvorstellung

In der kleinen Abhandlung „Das Gebet“ des christlichen Theologen Origenes steht geschrieben: „Nichts ist einzigartig, was in den Bereich von Materie und Körper gehört. Im Gegenteil, alles, was einzig erscheint, ist geteilt, gespalten, getrennt in mehrere Teile, die die Einheit verloren haben. Einzig ist allein das Gute, vielfach sind dagegen die entehrenden Dinge. Einzig ist die Wahrheit, vielfach sind die Lügen. Einzig ist die Gerechtigkeit, vielfach sind ihre Fälschungen. Einzig ist die Weisheit Gottes, vielfach sind die Weisheiten und Überzeugungen unseres Jahrhunderts. Einzig ist das Wort Gottes, vielfach sind die Worte, die mit Gott nichts zu tun haben.“[25]

In diesem Abschnitt wird also deutlich die grundlegende Vorstellung von einem einzigen Gott vertreten: Das ist eine Vorstellung, die von verschiedenen religiösen Überlieferungen der Menschheit voll geteilt wird. Die hinduistische Überlieferung macht hier keine Ausnahme. Sie erklärt sogar mit aller Überzeugungskraft, derer sie fähig ist, daß der Gott nur ein einziger sein kann, da die Wahrheit nur eine ist. Wie wir gesehen haben, wird diese Vorstellung schon im *Rig-veda* vertreten, wo der Gott als eine einzige Realität *(ekam,* neutrum) verstanden wird, die in einer Vielfalt von göttlichen Formen existiert. Im *Rig-veda* I,164,46 heißt es: „Das Sein, das einzig ist, benennen die Brahmanen auf verschiedene Weise.“ Und in X,129,2 steht: „Es atmete, ohne einen Lufthauch zu erzeugen, jenes Einzig-alleinige.“

Das unpersönliche Absolute (Brahman)

Das geheimnisvolle Einzige des *Rig-veda* präsentiert sich in der philosophischen Spekulation der *Brahmanas* und der *Upanishaden* als ein neutrales Prinzip, das die Bezeichnung *Brahman* erhält. Man identifiziert es mit dem Gebet und betrachtet es sowohl als transzendent als auch gleichzeitig als innerlich. Es ist die einzige Realität, nicht erfaßbar mit den Gedanken und unaussprechbar in Worten. Das *Brahman* ist unveränderlich, es unterliegt nicht den Begrenzungen von Raum und Zeit. Es ist unerkennbar und also unendlich fern. Das *Brahman* ist das Größte vom Größten, es ist das Fundament des Universums, das es umfaßt und gleichzeitig in sich enthält. Es ist der Urgrund für jedes menschliche Wesen. In diesem Fall zeigt es sich als ein spirituelles Prinzip, das mit dem Terminus *atman* (maskulin) bezeichnet wird. Als Kleinstes vom Kleinsten lebt es im Herzen und ist dementsprechend unbeschreiblich eng mit ihm verbunden. Es ist ein erhabenes Echo des *Paramatman,* des allerhöchsten Gewissens.

Der Gott ist das Unsagbare und Unbeschreibliche. Trotzdem unterscheiden schon die *Upanishaden* eine Dreiheit von „Eigenschaften" Gottes: *Satya* (Wahrheit/Realität/Gutsein), *Jnana* (Wissen) und *Ananta* (Unendlichkeit). Einer anderen Dreiheit gemäß, die in der Zeit einiger nachvedischer *Upanishaden* zu finden ist, ist der Gott *sac-cid-ananda* (wesenhaft/wahr/gut – Bewußtheit – Glück). So erklärt die *Chandogya-Upanishad,* daß das Unendliche durch das Glück charakterisiert ist (VII,23). Sie fügt hinzu, daß alles Endliche sterblich, das Unendliche aber unsterblich ist (VII,24). Ebenso erklärt *Shankara,* daß man aus „praktischen" Gründen von bestimmten Charakteristiken des *Brahman* sprechen kann, vier an der Zahl: *nitya* (immerwährend, ewig), *buddha* (wach, bewußt), *shuddha* (absolut, rein) und *mukta* (frei).

Die Schwierigkeit, die absolute Wirklichkeit, die reine und stille Transzendenz mit der unendlichen Vielfalt der Erscheinungsweisen in Beziehung zu setzen, erfordert einen weiteren Gedankengang, der zur Formulierung der Theorie von der doppelten „Form" *(rupa)* des *Brahman* führt. *Brahman* hat eine nicht offenbarte *(amurta)* und eine offenbarte *(murta)* Form. Es hat eine unsterbliche *(amrta)* und eine sterbliche Form *(martya)*, eine Form außerhalb der Zeit *(akala)* und eine zeitliche Form *(kala)*. So wird das *Brahman* in seiner undifferenzierten Seinsart *nirguna* (ohne Eigenschaften) genannt. In seiner Beziehung zur Welt wird es *saguna* (mit Eigenschaften) genannt.

Purusha

Der *Rig-veda* besingt in der Hymne X,90 diese unendliche Wirklichkeit als einen Gott, aus dessen unermeßlichem Leib, der in einer uranfänglichen Opferhandlung geopfert wird, alle Lebewesen entspringen. Er nennt ihn *Purusha* (Mann, göttliche Person). Ebenso wie die *murti* von *Vishnu-Krishna*, die in der großen Theophanie der *Bhagavad-gita* als *Vishvarupa* (derjenige, der alle Formen hat) dem *Arjuna* erscheint, so hat auch der vedische *Purusha* tausend Häupter, tausend Arme, tausend Füße (X,90,1). Er ist alles (das gesamte Universum: idam sarvam): alles, was war, und alles, was sein wird. Er ist der Herr der Unsterblichkeit (V.2).

Ein Viertel von *Purusha* sind alle Lebewesen, drei Viertel aber das Unsterbliche im Himmel (V.3). Das ganze Weltall mit all seinen Kreaturen, die Götter und die Kasten der *Aryas* entstehen aus diesem „Körper“ von *Purusha,* wenn er in dem Opferritus geopfert wird. Dieses Opfer bedeutet Werden der Welt. Aus diesem vedischen Text stammt die Vorstellung von der Welt als „Körper“ oder als „geringere Erscheinungsform“ des Gottes, wie sie in einigen *Upanishaden* und in der *Bhagavad-gita* beschrieben wird. Diese Sicht wird besonders von der vishnuitischen Schule *Ramanujas* vertreten.

Gott ist das Unendliche

Zur Einführung dieses Abschnittes möchte ich nochmals eine Stelle aus der schon erwähnten Abhandlung des christlichen Theologen Origenes über das Gebet zitieren: „Wenn man sagt, daß der Vater aller Heiligen im Himmel ist, darf man deswegen nicht meinen, daß er von leiblicher Form sei und im Himmel wohne: Auf solche Art begrenzt, wäre er geringer als die Himmel, die ihn umgeben. Deswegen sollte man glauben, daß alles von der unaussprechlichen Macht seiner Göttlichkeit umgeben ist und daß alles an ihm Gehalt ist.“[26]

Man könnte die indische Gottesvorstellung nicht besser beschreiben, die von einem unendlichen Wesen spricht, das alles in sich enthält, was existiert, und außerhalb dessen nichts anderes existiert. In der puranischen Kosmologie beschreibt man die Welt als ein „kosmisches Ei“ oder als „Ei des Brahma“ *(brahmanda)*, das von allen Seiten mit Wasser umgeben ist, die „über dem Himmel sind“. Die Wasser sind vom Feuer umgeben, das Feuer vom Winde und der Wind vom Raum. Wenn man der Kosmologie des *Samkhya-darshana* folgt, ist dann in perfekter Übereinstimmung mit der Struktur des Individuums, das als Mikrokosmos oder in der Überlieferung des tantrischen *Yoga* als *pindanda* (Opferkugel in Eiform) betrachtet wird, der Raum vom Ichsinn erfüllt. Dieser Ichsinn wird Intellekt und der Intellekt wird vom Nicht-Offenbarten *(avyakta)*, das die Natur bedeutet *(prakrti)*, erfüllt. Der Gott aber ist der größte, da er all dies umfaßt und durchdringt. Er ist der erhabene Herrscher *(Parameshvara)*.

Gott als persönliches Wesen, das errettet *(Ishvara)*

Wir haben gesehen, daß es zwei Seiten des *Brahman* gibt. Von ihnen nimmt jenes, das wegen seiner Beziehungen mit der Welt *saguna* genannt wird, die Form eines persönlichen Gottes an. Dieser ist mit Eigenschaften *(saguna)* ausgestattet, aber gleichzeitig auch ohne Eigenschaften *(nirguna)*. Er wirkt in der Welt, aber bleibt verborgen und ist wegen der Macht der *maya* unergründlich. Der Gott entsteht aus sich selbst, läßt das Weltall sich zuerst entfalten und saugt es dann in sich auf. Das geschieht in einem endlosen Prozeß. In bezug auf seine dreifache Funktion wird der göttliche Herr *(Ishvara)* – auch *Ira, Prabhu, Bhagavat* genannt – einmal als *Brahma,* dann als *Vishnu* und dann als *Shiva* angerufen. In allen Fällen ist er jedoch der göttliche Herr über alles, was offenbart wurde. Er ist der allerhöchste *(Paramapurusha)* oder der erhabene *(Purushottama)* Geist, der sich z. B. in der *Bhagavadgita* offenbart. Die Vorstellung von einem persönlichen Gott, die sich in den jüngsten Gedankengängen der *Upanishaden* zeigt, findet ihre Vollendung in den *Puranas* und in den *Tantras*, deren Gottesbild noch heute das der meisten Hindus ist.

Der göttliche Herr, der das Weltall mit Gerechtigkeit *(dharma)*, mit Wissen *(jnana)*, mit Distanz *(vairagya)* und mit Macht *(aishvarya)* regiert, ist mit Allwissenheit, mit Ausgeglichenheit, mit Bewußtheit ohne Ende, mit Freiheit und mit unerschöpflicher und unendlicher Macht ausgestattet. Er wird von seinem Anhänger *(bhakta)* „gewählt" *(ishta-devata:* „auserwählte Gottheit"). Der Glaubende ergibt sich ihm in vertrauensvoller Hingabe *(prapatti)*. Der Gott aber nimmt sich seiner in Liebe an und erfüllt ihn mit seiner Gunst und seiner Gnade *(prasada, anugraha)*.

3.2 Der Gott und die Götter

Nach der Klassifikation in den Veden hat das brahmanische Pantheon 33 Gottesgestalten: Diese sind eingeteilt in drei Gruppen in bezug zur „dreifachen“ Welt: Himmel, Atmosphäre und Erde. Die *puranischen* Texte sprechen jedoch von Tausenden von göttlichen Gestalten. Das *Agni-Purana* (120,34 ff) spricht von 33 Tausend, 33 Hundert und 33 Einheiten. Diese Zahl wird all denen, die je einen hinduistischen Tempel kennengelernt haben, fast glaubhaft erscheinen. Die Vorstellung vom Unendlichen in Verbindung mit dem höchsten Sein drückt sich in einer unzähligen Reihe seiner möglichen „Formen“ *(murti)* aus. Mit *murti* wird im hinduistischen Kult auch jedes Idol oder jedes Bildnis benannt, das als Gegenstand der Anbetung geeignet erscheint.

Ebenso unzählig sind die Namen des Gottes. In Versen gefaßte Listen von 108 oder sogar 1000 oder 1008 Beinamen sind zu Ehren jeder der höchsten männlichen oder weiblichen Gottheiten *(Vishnu, Shiva, Ganga* usw.) verfaßt worden. Die frommen Hindus wiederholen sie gewöhnlich mit Ehrfurcht in langen Litaneien, die auch als Lobeshymnen *(sahasra-nama-stotra:* „Hymnen der 1000 Namen“) aufgefaßt werden und als Gebet gesungen werden.

Die Vielfalt der Gottesgestalten hat zu verschiedenen Einstellungsversuchen geführt. Einige der höchsten Gottheiten haben ganze Klassen von göttlichen Gestalten, die ihren Namen führen. So gibt es z. B. 10 *Vishnus,* 11 *Rudras,* 12 *Adityas* (der Name bedeutet „Kind von *Aditi*“: einer der Namen der Sonne), 8 *Vasus* (der Name bedeutet „gut, ausgezeichnet, üppig, großzügig“). Die *Maruts* (Gottheiten der Gewitterstürme) zählen 7 für jede der 7 Sphären (Erde, Sonne, Mond, Sterne, Planeten, Polarstern und das Sternzeichen Großer Bär). 13 Gestalten gibt es bei der Gruppe der *Vishve-deva* („alle Gottheiten“). Dann gibt es noch 8 Hüter der Himmelsrichtungen (*dikpala* oder *lokapala*): *Indra* (Osten), *Agni* (Südosten), *Yama* (Süden), *Nirrti* (Südwesten), *Varuna* (Westen), *Vayu* (Nordwesten), *Kuberta* oder *Soma* (Norden) und *Ishana* (Nordosten). Außerdem die 9 „Planeten“ *(nava-graha)*: Sonne, Mond, Mars, Merkur, Jupiter, Venus, Saturn, *Rahu* und *Ketu*, deren Bildnisse zu Gruppen vereint sich in den großen hinduistischen Tempeln befinden. Unter dem Gesichtspunkt des Kultes sind die *murti* der großen Gottheiten von besonderer Wichtigkeit. Jede von ihnen besitzt eine eigene bildhafte Darstellung und kann ebenfalls zu einer persönlichen Gottheit werden und an besondere Kultorte gebunden sein. So z. B. wird der Gott *Vishnu* zu *Varadarajasvamin* (Herr, der der erste unter den Gnadenbringern ist), etwa im gleichnamigen Tempel von

Kanci im Tamil Nadu. Oder er wird zu *Ranganathasvamin* (der Herr, der die Weltbühne beherrscht) auf der Insel Srirangam im Flusse Kaveri bei Tiruchirapalli (auch Tamil Nadu).

Krishna dagegen wird z. B. in Puri bei Orissa zu *Jagannatha,* wo er als Mitglied einer Dreiheit zusammen mit seiner Schwester *Subhadra* und seinem Bruder *Balabhadra* verehrt wird. Er wird zu *Venkateshvara* (Herr des Berges Venkatacala) oder auch zu *Balakrishna* oder *Balaji* (göttlicher Knabe) im berühmten vishnuitischen Pilgerort Tirumalai bei Tirupati im Andhra Pradesh. Er wird zu *Vitthalnath* oder *Vithoba* in Panharpur im Maharashtra.

Shiva wird als *Nataraja* (König der Tänzer mit Bezug auf seinen kosmischen Tanz) im bekannten Pilgerort Cidambarani (Tamil Nadu) verehrt. Er gilt als *Ekambareshvara* (Herr der Asketen, die nur ein einziges Kleidungsstück tragen) im gleichnamigen Tempel von Kanci und als *Lingaraja* (der beste aller linga) in Bhubaneshvara in Orissa. Die Göttin *Shakti* wird als *Kali* (die Schwarze) im berühmten Tempel von Kalighat in Kalkutta, aber auch als *Minakshi* (diejenige mit den fischförmigen Augen) in Madurai im Tamil Nadu, als *Kamakshi* (diejenige mit Augen voller Liebe) in Kanci, als *Sarada* (ein Name von Sarasvati) in Singeri in Karnataka und als *Annapurna* (die voller Nahrung ist) in Varanasi verehrt.

All das sind nur ganz wenige Beispiele für die Vielfalt der *murti*, d. h. der Figuren, Bildnisse oder göttlichen „Formen", zu denen jeweils eine ganz eigene Ikonographie gehört. Sie alle bevölkern die hinduistischen Kultorte. Obwohl jeder Tempel nur einer Gottheit gewidmet ist, ist im Prinzip keine Gottheit von den anderen *murti* ausgeschlossen.

3.3 Die göttliche Dreiheit

Die wichtigsten Gottheiten sind in einer Dreiheit zusammengefaßt. Die Dreiheit hat mit den drei großen Kasten in der menschlichen Gesellschaft zu tun und steht mit den drei Eigenschaften der Natur *(Sattva, rajas* und *tamas)* in Harmonie. Die göttliche Dreiheit wird von den Göttern *Brahma, Vishnu* und *Shiva* gebildet. Sie versinnbildlicht die verschiedenen Funktionen des Göttlichen. So steht *Brahma* für die „Schöpfung": er leitet das Geschehen im Weltall und entspricht dem *guna* des *rajas* (Aktivität, Passion) und der roten Farbe. *Vishnu* ist die Kraft, die bewahrt und das Universum im Sein erhält, indem er den Bestand des *dharma,* der kosmischen Ordnung, garantiert. Er entspricht dem *guna* des *sattva* (Helligkeit, Güte) und der weißen Farbe. *Shiva* schließlich ist die „zerstörende" Kraft. Er entspricht dem *guna* des *tamas* (Finsternis, Untätigkeit) und der schwarzen Farbe. Er herrscht über jedes periodische Weltenende und leitet die Auflösung der Welt in eine einzige und undifferenzierte Wirklichkeit.

Im neu-brahmanischen Kult und seiner Lehre, die sich auf epische und puranische Texte beruft, wird diese Dreiheit jedoch als eine dreifache Offenbarung eines einzigen erhabenen Wesens verstanden. Eine Bestätigung hierfür ist der *Dattatreya*-Kult, der möglicherweise gegen 1260 entstanden ist und noch heute im Maharashtra und Karnataka bezeugt ist. *Dattatreya* wird in den *Puranas* als eine *amshavatara* („partielle" Herabkunft) des Gottes *Vishnu* verstanden. Er wird als Sohn vom *rsi* (Seher) *Atri,* einem der „mentalen Söhne" des Gottes Brahma und der *Anasuya,* der Tochter des Patriarchen *Daksha* (der auch *Durvasas* und *Soma* zeugte, die die partiellen Herabkünfte von *Shiva* und *Brahma* sind), geboren. Er vereint schließlich in sich die Eigenschaften der gesamten göttlichen Dreiheit und wird als *Brahma, Vishnu* und *Shiva* in einer einzigen Gestalt verehrt.

Neben einer Ikonographie von Bildern der drei Gestalten nebeneinander wie z. B. in einem Relief in Badami (Karnataka) gibt es auch die Darstellung von *Dattatreya* als dreiköpfigen *samnyasin* in Begleitung von vier Hunden und einer Kuh (Symbole der 4 Veden und der Erde) oder als *murti* von *Vishnu* mit vier Armen, mit den *vahana* (Reittieren) von *Brahma* und *Shiva.* Es gibt aber auch noch die Verkörperung als eine einzige Person, die auf einem Sockel sitzt, auf dem *hamsa* (die Wildgans und Gefährt *Brahmas),* der Geier *Garuda* (*Vishnus* Gefährt) und der Stier (*Shivas* Gefährt) dargestellt sind. Diese Art Bildnis findet sich z. B. in einem *Dattatreya*-Tempel an den Ufern des Teiches von Bhutanatha in Badami.

Der Gott Brahma

Im Unterschied zu *Shiva* und *Vishnu* erhält *Brahma* kaum je die Eigenschaften eines *Ishvara,* des höchsten erhabenen Herrn des Universums. Im heutigen Indien ist ihm nur ein einziger wichtiger Pilgerort gewidmet: der Tempel von *Pushkara* in der Nähe von Ajmer im Rajasthan. *Brahma* ist nämlich eine göttliche Gestalt, die geboren wird und wieder stirbt. Ein einziger Tag in seinem Leben hat die Dauer eines ganzen Weltalters *(kalpa),* das 4 Milliarden und 320 Millionen menschliche Jahre lang ist. Sein Leben ist gleich lang wie ein „großes Weltalter" *(mahakalpa)* und dauert 100 Jahre, bestehend aus je 360 solchen Tagen. Es handelt sich hierbei also um eine unvorstellbar lange Zeit, nicht aber um eine unendliche Zeit. *Brahma* wird am Anfang eines *mahakalpa* als Lotosblüte aus dem Nabel von *Vishnu-Narayana* geboren, der auf einer Lagerstätte schläft, die ihm die Schlange *Ananta* (die Unendliche) oder auch *Shesha* (was bleibt) bildet und die auf den kosmischen Wassern schwimmt.

Unmittelbar nach der Geburt beginnt der Gott den *Veda* zu singen, als maßgebende Wahrheit des neuen Zeitalters. *Brahmas* Hautfarbe ist rot. Er wird mit vier Gesichtern, die im allgemeinen einen Bart haben, abgebildet. Diese Gesichter zeigen die vier Veden an, aber auch die vier Kasten *(varuh)*, die vier kosmischen Zeitalter *(yuga)*, die vier Himmelsrichtungen *(dis)*. Außerdem hat *Brahma* vier Arme, die im allgemeinen einen Opferlöffel *(surva)*, ein Buch (der *Veda)*, einen Rosenkranz *(mala)* und einen kleinen Wasserkrug *(kamandalu)* halten.

Brahma wird als der Ahnherr *(pitamaha)* der Götter verehrt. Seine Ehefrau ist *Sarasvati,* eine Personifizierung des Wissens, dessen Symbol gleichzeitig auch ihr Reittier ist: die Wildgans *hamsa*. Sie sitzt gewöhnlich auf einem Thron in der Form einer Lotosblüte oder auf einem Wagen, der von sieben Wildenten gezogen wird.

Vishnu und seine avatara

Vishnu ist der erhabene Herr in den weitverbreiteten Bhakti-Religionen. Er beschützt, unterstützt und bewahrt das Universum und alle Lebewesen, indem er die Kräfte des Übels und der moralischen, sozialen und kosmischen Unordnung vernichtet. Wenngleich er im *Rig-veda* nicht besonders beachtet ist, wird er seit der vedischen Zeit als eine „gutherzige" Gottesgestalt gesehen, die „dem Menschen niemals feindlich gesinnt" ist. *Vishnu* strebt danach, den Gläubigen reichhaltige Schätze zu verleihen. Er müht sich das Bestehen der menschlichen Rasse zu garantieren. *Vishnu* ist eine Gottheit der Sonne, Träger einer alles durchdringenden Energie, die Leben spendet. Sein Name bedeutet: derjenige, der alles durchdringt. Seine Bedeutung ist seit der Verbreitung der brahmanischen Religion enorm gestiegen.

Vishnu wird zum Gegenstand der intensiven Zuneigung *(bhakti)* seiner Anhänger, zum erhabenen Wesen, zum persönlichen Gott. Seine idealen Eigenschaften sind Wissen *(jnana)*, Kraft *(bala)*, Männlichkeit *(virya)*, Hoheit *(aishvarya)*, Macht *(shakti)* und Herrlichkeit *(tejas)*. In der vedischen Welt ist *Vishnu* die Gottheit, die den Weg der Sonne in drei Schritten von Osten nach Westen durch den Zenit hindurch festlegt. In der später folgenden Mythologie wird er deswegen auch oft als

Trivikrama bezeichnet. Diese drei Schritte dienen ihm zur Eroberung der „dreifachen Welt" (Erde, Luft und Himmel; bzw. Himmel, Erde, Unterwelt) und werden zur Besonderheit einer seiner irdischen Herabkünfte *(avatara)*: der des *Vamana.*

Durch diese seine Kundgebungen in der Welt erfüllt *Vishnu* seine Aufgabe als Hüter des *dharma* und als Garant des empfindlichen Gleichgewichtes, auf dem das gesamte Universum ruht. Deswegen wird er häufig dargestellt mit der rechten Hand im Zeichen der *abhaya-mudra,* d. i. die „Geste des Mangels an Furcht", die begleitet werden kann durch eine andere Geste, „der Geste dessen, der Gnade erteilt". Er trägt auf dem Kopfe eine Tiara mit Gemmen geschmückt. Seine Hautfarbe ist dunkelblau wie der Nachthimmel. Sein Gewand ist gelb wie das Sonnenlicht. Seine wichtigsten Sinnbilder in den verschiedenen Händen seiner vier Arme sind: die Scheibe *(cakra)* – eine furchterregende Waffe, die gleichzeitig Sinnbild der Sonne und auch des Verstandes ist, die die Unwissenheit zerstört; sodann die Keule *(gada),* die die Kraft des Verstandes versinnbildlicht; die Lotosblüte *(padma)* als Zeichen für das Weltall; und die Muschel *(shankha),* die den Ursprung allen Daseins verdeutlicht.

Diese Symbole können in den Händen des Gottes auf 24 verschiedene Arten verteilt sein und so entsprechend andere „Formen" des Gottes *Vishnu* zeigen, deren Namen die folgenden sind: *Keshava, Narayana, Madhava, Govinda, Vishnu, Madhusudana, Trivikrama, Vamana, Shridhara, Hrshikesa, Padmanabha, Domodara, Samkarshana, Vasudeva, Pradyumna, Aniruddha, Purushottama, Adho'kshaja, Narasimha, Acyuta, Janardana, Upendra, Hari, Shri-Krishna.* Auf seiner Brust hat er ein Haarbüschel *(shrivatsa),* das die Natur als Urgrund *(pradhana)* des körperlichen und geistigen Universums darstellt. Er trägt ein Schmuckstück, den Atem *(atman)* der Welt, *Kaustubha* genannt. Einige seiner Symbole wie z. B. die Scheibe *Sudharshana,* die Keule *Kaumodaki* und die Muschel *Pancajanya* können sich in weitere Gottesgestalten verwandeln, die zum Gegenstand eines Volkskultes wurden. So geschah es auch mit dem Tragtier *Vishnus,* dem Geier *Garuda,* der als Vogel auf seinem Flug über den Himmel zum Sonnensymbol geworden ist.

Während *Vishnu* sich im tiefen Schlaf des *Yoga* (oder seiner *maya)* befindet und seine Ehegattin *Lakshmi* ergeben zu seinen Füßen sitzt, entsteht aus seinem Nabel eine Lotosblüte. In deren Inneren wird *Brahma* geboren, der große Ahnherr, der universelle Ordner mit den vier Gesichtern, der eine Neuwerdung des Weltalls einleitet.

Die große Bedeutung des *Vishnu*-Kultes im Hinduismus des Mittelalters und in der Neuzeit ist besonders auf die Lehre von den *Avatara* zurückzuführen. Dadurch werden die Stammeshelden oder legendären Persönlichkeiten wie *Krishna-Vasudeva* und *Ramacandra* von der Gestalt des Gottes *Vishnu* als des höchsten Herrn aller Welten absorbiert. Sie werden so gleichfalls zu Namen für den Erhabenen. Gemäß dieser Lehre zeigt sich *Vishnu* jedes Mal in der Welt neu, wenn sich ein Verfall des *dharma* und ein Zuwachs des *adharma* bemerkbar macht. Er will die Guten retten, die Bösen bestrafen und das ewige Gesetz wiederherstellen *(Bhagavad-gita* 4,7). Die *avatara* sind unzählbar und betreffen nicht nur den Gott *Vishnu.* Noch heute geschieht es, daß religiöse Persönlichkeiten von einiger Bedeutung sich zu *avatara* erklären oder als solche von ihren Anhängern anerkannt werden. Es gibt Haupt-*avatara (mukhyavatara)* oder vollständige *avatara (purnavatara*); wie *Narasimha, Krishna* oder *Rama.* Und es gibt Teil-*avatara (amshavatara)* oder auch menschliche Formen eines Symbols oder einer göttlichen Waffe *(ayudhapurusha).* Was die *avatara* von *Vishnu* betrifft, so verfügt die brahmanische Tradition über verschiedene Listen, die mindestens 7, aber maximal 37 *avatara* aufzählen. Das *Bhagavat-purana* (I,3,5 ff) nennt z. B. 24 *avatara.* Die am meisten verbreitete und angesehene Liste aber zählt 10 *avatara* auf, die ihre Entsprechungen in der Ikonographie finden.

Die ersten „Herabkünfte“ sind mit kosmologischen Mythen verknüpft: Da ist *Matsya,* der Fisch. Er rettet den ersten Menschen *Manu* vor einer großen universalen Sintflut.

Dann ist *Kurma,* die Schildkröte. Sie trägt auf ihrem Rücken den Berg *Mandara,* der von den Dämonen als eine Art Quirl benutzt wird. Die Dämonen bewegen den Berg mit Hilfe der Schlange *Vasuki,* deren Schwanz sie als Schnur benutzen. Sie schlagen die Milch des Ozeans zu Butter. Daraus gewinnen sie den Trunk der Unsterblichkeit *(amrta)* und viele andere wertvolle Dinge.

Dann ist *Varaha,* der Eber. Er holt die Erde, die in den kosmischen Wassern verschwunden war, wieder aus der Tiefe. Man stellt ihn dar als einen Menschen mit einem Eberkopf, der in seinen Armen vorsichtig eine weibliche Figur, nämlich die Erde, hochhebt. So z. B. in einem wunderschönen Relief der Pallava-Kunst, das sich in einem Heiligtum, dem sog. Varahamandapa, in Mamallapuram befindet.

Dann ist *Narasimha,* der Löwenmensch. Er tötet den Dämonen *Hiranyakashipu,* der *Prahlada,* einen Anhänger *Vishnus,* verfolgt und bedroht hatte. In den Darstellungen hat er einen menschlichen Körper mit Löwenkopf und hält – auf seine Knie gestützt – den Dämonen fest, dem er gerade mit seinen Krallen den Bauch aufreißen will.

Dann ist *Vamana,* der Jüngling. Das ist ein junger Brahmane in der Gestalt eines Zwerges. Von dem Dämon *Bali,* der den *devas* auf unrechte Weise die dreifache Welt entwendet hatte und sie nun beherrscht, erhält er einen nur drei Schritte großen Raum zugestanden, zum Sitzen und Meditieren. Dadurch, daß er sich unerwarteterweise in einen Riesen verwandelt, erobert er mit diesen drei Schritten die Herrschaft über die dreifache Welt zurück. In den Reliefs der hinduistischen Tempel wird er als *Trivikrama* dargestellt, der mit einem Fuß fest auf der Erde steht und den anderen Fuß steil in den Himmel reckt. Z. B. im Tempel, der dem Gott *Shiva* als „Herrn des Berges Kailasa" *(Kailasa-natha)* in Kancipuram (Tamil Nadu) gewidmet ist.

Die folgenden *avatara* sind menschliche Gestalten: Der erste ist *Parashurama,* der Krieger-Brahmane *Rama Jamadagnya* („mit dem Kriegsbeil bewaffnet"). Er darf nicht verwechselt werden mit *Ramacandra* von *Ramayana.* Er ist gemeinsam mit *Narasimha* der gewalttätige und furchtbare Aspekt *(ugra)* des Gottes *Vishnu.* Er richtet ein Blutbad unter den *kshatriya* an, die ihm den Vater getötet hatten. Im allgemeinen wird er als ein Weiser mit Sturmhaube und Kriegsbeil *(parashu)* dargestellt.

Die nächste Menschwerdung des Gottes ist *Rama* oder *Ramacandra:* Er ist der König von *Ayodhya* und verkörpert die Idealgestalt eines Herrschers. Noch heute wird in Indien der Ausdruck *rama-rajya* benutzt, um eine vollkommene Herrschaft, ein Goldenes Zeitalter zu bezeichnen. *Rama* (in der modernen Umgangssprache: *Ram)* ist das am häufigsten gebrauchte Wort für Gott. In dieser „Herabkunft" tötet *Vishnu* den Dämonen *Ravana,* um seine eigene Ehefrau *Sita* (eine *avatara* von *Lakshmi)* zu befreien, die er ihm geraubt hatte. Bei seinem Unternehmen wird er von *Hanumat* (Hindi: *Hanuman),* einem Sohn des Windes und erstem Minister von *Sugriva,* dem Häuptling der Affen, hilfreich unterstützt. Dieser *Hanumat* erfreut sich einer großen Volkstümlichkeit in allen Teilen Indiens. *Rama* symbolisiert die „sonnige" Seite *Vishnus.* Er wird mit zwei Armen, in denen er Pfeil und Bogen hält, und häufig in Begleitung seiner getreuen Ehefrau *Sita* und seines geliebten Bruders *Lakshama* dargestellt.

Die beliebteste Menschwerdung ist *Krishna,* der „Dunkle". Er zeigt den Triumph des *dharma* über den *adharma,* der die im Epos *Mahabharata* beschriebenen Geschehnisse zu ihrem unausweichlichen Ende führt. Er enthüllt dem *Arjuna* das „höchste Geheimnis" in dem berühmten Gesang der *Bhagavad-gita* und offenbart sich als erhabener Herr des Weltalls. *Krishna* wird unter den verschiedensten Formen verehrt. Ebenso reich ist seine bildhafte Darstellung. Er ist der göttliche

Knabe *(Balakrishna)*, der von den Viehhütern des Waldes *Vrndavana* aufgezogen wird. Er ist der faszinierende junge Mann, der die Schäferinnen mit dem melodischen Klang seiner Flöte *(Muralidhara* = „Flötenträger"; oder *Venugopala* = „Hüter mit der Flöte") zur Liebe verführt. Er ist vor allem der oberste Herrscher. Hier wird es schwierig, seine Ikonographie von der des Gottes *Vishnu* zu unterscheiden.

Der neunte *avatara* ist *Buddha,* der stille Asket der *Shakiya,* der die Bösen und die Dämonen durch eine falsche Lehre täuscht und so dem *dharma* erlaubt, überlegen zu bleiben.

Dann folgt *Kalkin.* Dies ist der *avatara,* der noch kommen muß. Dann wird *Vishnu* auf einem weißen Pferd (oder auch als Mensch mit einem Pferdekopf) am Ende dieses Weltzeitalters erscheinen.

In den avatarischen Mythen wird die Tötung *Vishnus* durch die Feinde des *dharma* als ein Opferritus verstanden, bei dem diejenigen, die geopfert werden, erlöst werden. Deutlich wird das im *Vishnuparvan* des *Harivamsha* (Kapitel 32), wo von der Tötung des Tyrannen *Kamsa* durch *Krishna* die Rede ist. Dieses Kapitel hat den Titel *Kamsasamskara* erhalten, wobei das Wort *samskara* jede Zeremonie bezeichnet, die nach den Texten über den *dharma* von den Wiederauferstandenen *(dvija,* d. h. die drei obersten Kasten) im Laufe ihres Lebens vollzogen werden sollen.

Shiva

Der Name *Shiva* bedeutet „wohltätig, wohlgesinnt, heilsam". Ursprünglich wird er als Beiname für den vedischen Gott *Rudra,* den furchtbringenden Gott des Unwetters, bei der Anrufung zum Zwecke der Besänftigung seines Zornes benutzt. *Shiva* ist heute der höchste Gott für die wichtigsten *bhakti*-Religionen. In seiner Gestalt vereinen sich die entgegengesetzten Erfahrungen von Geburt und Tod, von Askese und Erotik. Er ist als Erzeuger das Symbol der Schöpferkraft und der Fortpflanzung. Dargestellt wird er als *linga:* eine auf der Spitze abgerundete Säule, die sowohl Weltachse als auch Symbol des männlichen Penis sein soll, wie es aus der alten Ikonographie hervorgeht. Gleichzeitig ist er auch Zerstörer; oder die „Große Zeit" *(mahakala)*, die alles fortschafft; oder der „Furchterregende" *(Bhairava).* Er wird als „Heilbringer" *(Shankara)*, als „Großer Gott" *(Mahadeva)*, als „Großer Herr" *(Mahesha, Maheshvara)*, als „Herr der Haustiere" *(Pashupati)*, als „Großer Asket" *(Mahayogin)* oder als „Herr der Yoga-Anhänger" *(Yogeshvara)* angerufen.

Shiva ist unbeschreiblicher Bußübungen fähig. Er meditiert z. B. ganz mit Asche bedeckt auf einem Verbrennungsplatz der Leichen. Unter seinen vielen Gestalten *(murti)* gibt es auch noch folgende: als „König der Tänzer" *(Nataraja)*, der mit seinem kosmischen Tanz die Welt zerstört und wieder erschafft; als „Göttlicher Meister" *(Dakshinamurti)*, der die Prinzipien des Glaubens mittels der Stille lehrt; dann der bettelnde und nackte Asket, der als Bettelschale einen Totenkopf *(kopala)* bei sich hat und von einem kleinen Damhirsch *(Bhikatsana)* begleitet wird. Er ist der „Herr, der zur Hälfte Frau ist" *(Ardhanarishvara)*, der „aus dem *linga* entsteht" *(Lingodbhava)*, „der *Vishnu* und *Shiva* gleichzeitig ist" *(Harihara)*. In seinen guten Verkörperungen hat *Shiva* im allgemeinen die Farbe Weiß. Rot oder Schwarz dagegen trägt er in jenen „fürchterlichen" Einkörperungen. Da kann er auch eine besondere Keule tragen, die aus einem Schienbein mit Totenkopf besteht. Einige der Beinamen fassen die wichtigen Aspekte seiner komplexen Persönlichkeit zusammen und werden besonders in den puranischen Texten erklärt. Sie werden in vielen Bildern dargestellt.

Ein sehr wichtiger Mythos ist der von der Geburt *Kumaras:* Die erste Braut von *Shiva* (*Shiva* als *Bhava,* der „Seiende") hieß *Sati* (die „tugendhafte" Ehefrau). Sie war Tochter des Patriarchen *Daksha.* Als dieser bei einem großen Opferfest zu Ehren des Gottes *Vishnu* absichtlich nicht den Gott *Shiva* einlud, ergab sich seine Frau *Sati* freiwillig dem Verbrennungstod. Deswegen erhielt die hinduistische Praxis des Witwenselbstmordes beim Begräbnisfeuer des Ehemannes die Bezeichnung *sati. Shiva* aber rächte in einem Wutanfall den tragischen Tod seiner Frau, indem er aus sich einen fürchterlichen Dämon *(ugra)*, den *Virabhadra,* entließ. Dieser war die Verkörperung seines Zornes, er zerstörte dann das Opferfest von *Daksha.* Vom Schmerz über das tragische Ende von *Sati* gebrochen unterzog sich der Gott *Shiva* in seiner himmlischen Wohnstatt auf dem Gipfel des Berges *Kailasa* der Askese und härtesten Büßungen.

Die traditionelle Ikonographie zeigt ihn nur mit einem Tigerfell bekleidet, mit einer Schlange um den Hals gewickelt und in den Händen einen Dreizack *(trishula)* und eine kleine Trommel in Form einer Wasser- oder Sanduhr *(damaru)* tragend. Seine Haare sind nach Sitte der Asketen auf dem Kopf zu einem Haarknoten gebunden und werden von einer Mondsichel gekrönt, auf der im allgemeinen die himmlische *Ganga* (der Fluß Ganges) sanft zur Erde heruntersteigt. Deswegen wird *Shiva* auch häufig *Candrashekhara* („der den Mond als Krone trägt") genannt.

Mit der sprühenden Energie aus seinem dritten Auge verbrennt er dann *Kama*, den Gott der Liebe. Dieser hatte versucht der Tochter der Berge *(Parvati)* bei einem Verführungsversuch zu helfen. Von diesem Augenblick an heißt *Kama Ananga*, was „ohne Körper" bedeutet. *Parvatis* Absicht gelingt später nur, indem auch sie sich harten asketischen Übungen unterzieht. Ihre Vereinigung mit dem Gott *Shiva* wird jedoch von den Göttern unterbrochen. Die *puranischen* Texte erzählen, daß die Hitze des männlichen Samens von *Shiva* zu groß war, als daß das Weltall ihn ertragen konnte. So beschloß er, ihn in den Mund von *Agni,* dem Feuer, zu entlassen. Aber seine Hitze war auch für *Agni* zu groß, so daß dieser den Samen *Shivas* an die Wasser des Ganges übergab. Dort formte sich ein Embryo, aus dem ein Sohn *Shivas* entstand. Er wurde *Skanda* genannt und von sechs Pleiaden *(Krttika)* aufgezogen. Deswegen wird er auch *Karttikeya* (Sohn der Pleiaden) genannt und bekommt sechs Köpfe. *Skanda*i st der Gott des Krieges. Er hat den Pfau (*mayura)* zum Gefährt und heißt auch *Kumara* (junger Held, in Tamil: *Murukan).* Im Süden heißt er *Subrahmanya* („den Brahmanen teuer, fromm, keusch").

Zur *Shiva*-Familie gehört auch noch eine andere wichtige göttliche Gestalt. Das ist *Ganesha* oder *Ganapati,* das Oberhaupt der *„gana",* einer Gruppe weniger wichtiger Gottheiten im Dienste von *Shiva. Ganesha* wird auch *Vinayaka* (der Führer), *Vighneshvara* (der die Hindernisse beseitigt) und *Gajanana* (mit dem Elefantengesicht) genannt. Sein Gefährt ist die Ratte *(akhu).* Er wird wegen seiner Weisheit verehrt und zu Beginn jeden schwierigen Unternehmens (z. B. am Anfang literarischer Werke) und vor einer Reise angerufen. Über seinen Ursprung berichtet der *Shiva-Purana,* daß die Göttin *Parvati* ihn aus dem Talg ihrer Haut schuf, um ihn zum Wärter ihrer Wohnungen zu machen. Aber als *Shiva* von ihm abgewiesen wurde, schlug er ihm den Kopf ab, da er ihn noch nicht kannte. Um den Zorn der Göttin *Parvati* zu besänftigen, griffen die Götter ein. Sie wurden von ihr gebeten nach Norden zu gehen und ihr den Kopf der ersten Kreatur zu bringen, der sie begegneten. Sie trafen als erstes einen Elefanten mit nur einem Stoßzahn, sie befestigten seinen Kopf auf dem Körper von *Ganesha.*

Als Beweis für seine Weisheit erzählt dasselbe *Purana,* daß *Shiva* und *Parvati* die Hochzeiten ihrer Söhne feiern wollten. Sie beschlossen, daß derjenige zuerst verheiratet werden sollte, der am schnellsten eine Umwanderung der gesamten Welt zustande gebracht hätte. *Skanda* lief mit großem Schwung los. *Ganesha* aber beschränkte sich darauf, respektvoll und ohne jede Hast siebenmal um seine eigenen Eltern zu kreisen. Damit gewann er die Wette, denn *Shiva* enthält in sich das ganze Weltall.

Ein anderer Mythos ist der von der Zerstörung von *Tripura,* der dreifachen und unbesiegbaren Stadt der *asura* (Dämonen). Sie wurde von dem göttlichen Architekten *Maya* in Gold, Silber und Eisen erbaut. Das sind Materialien, die den Himmel, die Erde und den dazwischen liegenden Raum versinnbildlichen sollen. *Shiva* zerstörte diese dreifache Stadt mit einem einzigen Speerwurf (oder auch: er verbrannte sie). Damit vollbrachte er eine Tat, die das shivaitische Gegenteil zum vishnuitischen Mythos von *Trivikrama* ist. So erhielt er den Beinamen *Tripurantaka* (Zerstörer von *Tripura).*

Im Mythos vom Umrühren des Ozeans aus Milch, den wir schon erwähnten, übernimmt *Shiva* zur Rettung der Welt die Aufgabe, das Gift *(kalakuta*), das als erstes erzeugt wird, zu trinken. Als Folge davon wird sein Hals blau und deswegen wird er häufig *Nilakantha* genannt, was „mit dem blauen Hals" bedeutet.

Shiva spielt auch eine entscheidende Rolle im Mythos vom Abstieg der *Ganga* auf die Erde. Sie lebte als ein göttliches Mädchen im Himmel, das die Menschen in der Milchstraße bewundern konnten. Diese Milchstraße war entstanden, als die große Zehe vom Fuße des Gottes *Vishnu Trivikramas* die Schale des „Eies von Brahma", das die Welt bedeutet, durchstoßen hatte und so das Einfließen von kosmischen Wassern in den Himmel verursacht hatte. Ein König und Asket namens *Bhagiratha* unterzog sich strengen Bußen, um von den Himmlischen als Geschenk die göttliche *Ganga* zu erhalten. Das tat er, um die Aschen der *Sagara* zu reinigen, die seine Vorfahren gewesen waren und die sich der schweren Sünde schuldig gemacht hatten. Sie hatten einen Asketen beleidigt, dessen Name „Meer" bedeutete. *Shiva* war diesem Ansinnen günstig gesinnt. Doch er fing mit seinem eigenen Kopf die Gewalt des himmlischen Flußwassers auf, so daß es dann sanft auf die Erde fließen konnte. Dort brachte es Reinigung und Rettung. Seitdem wird *Ganga* auch als eine zweite Braut des Gottes angesehen. Sie erscheint häufig als ein Wasserstrahl oder auch als ein Mädchen auf dem Haupte von *Shiva.* Dieser trägt deswegen auch häufig den Namen *Gangadhara* (der auf dem Haupt *Ganga* trägt).

Die Erscheinung *Shivas* als *Nataraja* (König der Tänzer) ist sehr populär geworden und auch außerhalb Indiens weit verbreitet. Das geschah dank der kunstvollen Herstellung von Bronzestatuen aus der Zeit der Chola-Dynastie (850–1100). Einer dieser Könige, *Rajaraja* (985–1012), weihte dem Gott *Shiva* als „Großen Herrn" *(Brhadishvara)* den elegantesten und eindrucksvollsten Tempel der Hauptstadt Tanjavur (Tamil Nadu). Der Tanz von *Shiva* ist sowohl faszinierend als auch furchterregend. Durch ihn zerstört er und erschafft er laufend die Welten neu. In den Bildern wird *Shiva Nataraja* mit 4 bis 18 Armen dargestellt; wie z. B. in der wundervollen Skulptur des Felsentempels N.1 von *Badami.* Er ist von einem Feuerkreis umgeben und hält einen Fuß erhoben, während er den anderen auf den Rücken von *Apasmara* abstützt. Das ist ein zu Boden geworfener Zwerg, der das Vergessen versinnbildlicht.

Zu den vielen anderen „Formen" *Shivas,* die erwähnenswert wären, gehört eine besonders berühmte, die häufig falsch gedeutet wird. Es handelt sich um die sog. *„trimurti"* des Felsentempels von Elephanta, einer Insel in der Bucht von Bombay. Diese großartige Darstellung ist fast sechs Meter hoch und zeigt *Shiva* als *Mahadeva* oder als „Großen Gott" mit drei Gesichtern. Im Zentrum befindet sich *Saumya* (der Glückliche) oder *Tatpurusha* (höchster Geist). Nach Osten ist die transzendente Seite *Shivas* als Herr des Universums dargestellt. Nach Süden ist *Ghora* oder *Aghora-Bhairava* (seine fürchterliche Seite der Zerstörung), nach Norden ist *Vamadeva-Uma,* seine weibliche Seite der *Shakti,* Symbol der Schöpferkraft des Göttlichen, dargestellt. Eine Weiterentwicklung dieser Darstellung scheint das Bildnis mit den fünf Gesichtern von *Sadashiva* zu sein, von dem schon die Rede war. Es handelt sich hier um eine Typologie, die auch in dem sog. *Pancamukhalinga (linga* mit fünf Gesichtern) wiedererscheint. Es sind in Wirklichkeit aber nur vier Gesichter, denn der *Linga* selbst soll das fünfte sein, als transzendente Form des Gottes *Shiva.* Die fünf Gesichter sind auch gleichzeitig Symbole der fünf Elemente der Natur: in der Reihenfolge von Raum, Luft, Erde, Feuer und Wasser.

Die *murti* aber, die am häufigsten in den shivaitischen Tempeln anzutreffen ist, ist keine richtige *murti,* sondern eine Gestalt, die zwar nicht Ikone, aber ein auf das Wesentlichste beschränktes Idol ist: das *Linga,* der männliche Penis. Es ist ein Zylinder aus Stein, der an der Spitze abgerundet ist, ein Symbol ohne direkten Bezug zur Wirklichkeit. Er ist der wesentlichste Ausdruck von allem und gleichzeitig die Achse des Universums. Er ist das kosmische Ei und das sichtbare „Zeichen" der Gegenwart Gottes in den shivaitischen Tempeln. Das *Linga* ersetzt jedes andere Symbol und wird auf einer Basis befestigt, die das weibliche Sexualorgan *(yoni)* versinnbildlicht. *Yoni* ist ein Symbol der *Shakti,* mit der der Gott *Shiva* beständig vereint ist. Dieses Symbol hat eine Form, die auf überraschende Weise an die Struktur des Opferaltars alter Kulturen erinnert. Bevor man das *Linga* als ein konkretes Kultobjekt deutet, steht es als Zeichen einer geheimen Wirklichkeit, die alle Dinge durchdringt. Das ist in einem Abschnitt der *Ishvaragita* (Gesang des Herrn [Shiva]) bezeugt:

„Das *Linga* ist für alle, die sich den Riten widmen, im Feuer zu suchen, im Wasser, im Himmel, in der Sonne für die Weisen, im Holz und anderem Material für die Dummen. Für die *yogin* aber im Herzen."

Die *Shivalinga* sind unendlich in der Zahl, sagt das *Shiva-Purana*. Das gesamte Universum ist „eine Tat des *linga*", da alles die Form von *Shiva* hat und „nichts anderes wirklich existiert". Das *Linga* ist auch in den Worten der Brahman.

Vor der Entstehung der Welt entstand zwischen Gott *Brahma* und Gott *Vishnu* ein Streit darüber, wer von beiden der größere wäre. Mitten in der Diskussion erschien zwischen ihnen eine riesenhafte Säule aus leuchtendem Licht *(jyotir-linga)*, als steil aufgerichtete Versinnbildlichung *(sthanamurti)* von *Shiva. Brahma* und *Vishnu* versuchten vergebens die Enden dieser Säule zu ergründen. Der eine stieg nach oben, der andere stieg nach unten. *Vishnu* gab auf. *Brahma* aber log und gab als falschen Zeugen eine Blüte an, die er auf seinem Flug gefunden hatte. Darauf erschien im *linga* das Antlitz und die Gestalt des Gottes *Shiva.* Aus seiner Stirn entsteht der fürchterliche *Bhairava*, der mit dem Nagel des kleinen Fingers dem Gott *Brahma* den fünften Kopf abschneidet. Dieser hat von nun an nur noch vier Köpfe. Dann verfluchte er ihn dazu, daß er nie von Menschen verehrt werden dürfe.

In der shivaitischen Ikonographie hat schließlich auch noch der Stier *Nandin,* das Gefährt und Symbol für *Shiva,* große Bedeutung. Eine äußerst fein gearbeitete Darstellung steht in den shivaitischen Tempeln des Südens. Dort empfängt er die kultische Verehrung von Gläubigen, die ihn ebenso wie das *linga* als ein Symbol der Fortpflanzung betrachten oder die ihn als *Shiva* in Tierform ansehen.

3.4 Die große Göttin

Das Konzept und die Darstellung vom Göttlichen in weiblicher Form hat einen bedeutenden Anteil in der religiösen Kultur Indiens. Dies nicht nur auf dem Niveau des einfachen Volkes und der bäuerlichen Kultur, sondern auch in der gebildeten Tradition der Brahmanen. Die Tempel Indiens sind von einer großen Anzahl männlicher Götter bevölkert. Aber wir finden auch eine Menge weiblicher Gottheiten. Viele von ihnen sind Gegenstand ganz besonderer Verehrung.

Schon im *Rig-veda* finden wir die ersten Vorboten dieses Kultes einer Göttin. Dies nicht nur in den Hymnen, die die heilige Sprache *(Vac)* feiern, sondern auch in anderen Texten. Der Abschnitt des *Purusha-sukta (Rig-veda* X,90) sagt, daß im *Purusha,* dem individuellen und geistigen Prinzip, eine göttliche Kraft *(viraj)* wohnt, die er ständig erzeugt und von der er ständig erzeugt wird. Dies ist ein Beweis für die Vorstellung, daß die göttliche Schöpferkraft als weiblicher Aspekt der Gottheit aufgefaßt werden kann.

Im nördlichen Indien, besonders in Bengalen, wird die große Göttin als *Manasa* (Göttin der Schlangen) verehrt. Die Göttin der Pockenkrankheit *Sitala* wird verehrt, weil sie diese Krankheiten zurückhält oder austeilt. Die Menschen vollziehen für sie viele Rituale. Sie wird in vielen Dörfern im *Uttar Pradesh* verehrt. Aber auch in großen Orten an den Ufern des Ganges stehen ihre Tempel. Ihr Bildnis ist in kleinen Tempeln aufgestellt, deren Priester Männer einer niedrigen Kaste sind. Sie fungieren als Vermittler zwischen der Göttin und dem Volk. In der Stadt Varanasi wird sie auch als *Annapurna* (die übervoll an Nahrung ist) verehrt, sie wird mit einem großen Kochlöffel in der Hand dargestellt.

Vor allem sind in den Flüssen Indiens weibliche Göttinnen. Unter ihnen nehmen *Ganga* (Ganges, dessen Name in der indischen Sprache weiblich ist) und *Yamuna* (wichtigster Zufluß des Ganges) die bedeutendste Stelle ein. Die beiden Flüsse fließen bei der Stadt Allahabad zusammen. Der Mythos sagt, daß sich diesen beiden Strömen (der hellen *Yamuna* und der dunklen *Ganga*) unsichtbar und geheimnisvoll der alte Strom der Göttin *Sarasvati* hinzugesellt, um den heiligen Dreistrom *(triveni)* zu bilden. Die Bildnisse von *Ganga* und *Yamuna* sind oft an den Seiten der Eingangstüren von Tempeln links und rechts angebracht. Sie werden als zwei Mädchen abgebildet, die aufrecht auf ihren *vahana* stehen: Auf dem *makara* (ein Krokodil) steht *Ganga,* auf der *kurma* (Schildkröte) steht *Yamuna.* Ihre Bildnisse sind nicht nur Symbol der Reinigung für jeden, der die Schwelle des Tempels überschreitet, sondern sie repräsentieren auch eine Reihe von Gegensätzen. Sie stehen für Sonne und Mond, denn *Yamuna* ist die Tochter der Sonne und ihr Gefährt, die Schildkröte, ist ein eindeutiges Sonnensymbol. Sie stehen für Wasser und Feuer, für Weib und Mann. Sie sind *Ida* und *Pingala* im Tantrismus, die beiden Kanäle der feinstofflichen Energie, in denen der Lebensodem fließt. Sie beleben den „Leib Gottes", den Tempel.

Sehr beliebt ist die Darstellung weiblicher Gottheiten in Form von Gruppen. Z. B. die Gruppe der „sieben Mütter" *(sapta-matrka)*: Das sind *Brahmani, Maheshvari, Kaumari, Vaishnavi, Varahi, Indrani, Camunda.* Sie werden verehrt und gleichzeitig gefürchtet. Oder es sind die zehn *Mahavidyas,* die auch Personifizierungen der weiblichen *Shakti,* der Kraft *Shivas,* sind. Diese und noch viele andere Formen der weiblichen Gottheit (z. B. *Yogin* und *Dakini* im hinduistischen und buddhistischen Tantrismus) sind für die einfachen Leute ein glaubhafter Beweis für die unendlich vielen Arten der großen Göttin, sich zu offenbaren. Die Göttin erscheint einmal als jungfräuliches Mädchen *(Kanya Kumari).* Ihr ist ein Tempel in der südlichsten Spitze Indiens geweiht und trägt ihren Namen. Dann erscheint die Göttin vor allem als Mutter des Universums *(Jagadamba)*, die die Hindus gerne mit der „Mutter Indien“ *(Bharat Mata)* gleichsetzen. Auch sie ist zugleich die Schöpferkraft *(Shakti)* des männlichen Gottes.

Jede männliche Gottgestalt im hinduistischen Pantheon hat ihre *Shakti*. So wird der Gott *Brahma* begleitet von *Sarasvati* oder *Bharati* (Göttin der Kultur, der Kunst und der Beredsamkeit). Der Gott *Vishnu* wird begleitet von *Sri* oder *Lakshmi*. *Rama* hat die Göttin *Sita* zur Seite, *Krishna* hat *Radha* (oder *Rukmini)*, *Shiva* hat *Uma* oder *Parvati*. Von all diesen weiblichen Gestalten ist es die Frau *Shivas*, die zur *Devi*, d. h. zur großen Göttin und zur erhabenen Herrin *(Parameshvari)* des Universums wird. In ihrer Gestalt als *Tripurasundari* verkörpert sie das vollkommene Glück des *Brahman*.

Sarasvati

Die Göttin *Sarasvati* (die Fließende) ist die Ehefrau oder weibliche *Shakti* des Gottes *Brahma*. Ursprünglich war sie die Personifizierung des gleichnamigen heiligen Flusses der Indo-Arier, der im Nordwesten Indiens fließt. Sie wird auch unter zahlreichen anderen Namen verehrt, z. B. als *Sarada*, als *Bharati* u. a. Sie wird mit *Vac* identifiziert und so zur Göttin der Beredsamkeit, der Kultur, der Dichtung und der Musik. Ihr Gefährt ist die Wildgans *(hamsa)* oder der Pfau *(mayura)*. Ihr Bildnis hat im allgemeinen vier Arme. Zwei von ihnen halten einen Rosenkranz und ein Buch, während die beiden anderen dabei sind, eine indische Laute *(vina)* zu spielen. Sie wird besonders von Personen verehrt, die in der Welt der Kultur und der Künste tätig sind. Ihr Bildnis steht häufig in den Bibliotheken, wo es Blumengaben und duftenden Weihrauch erhält.

Lakshmi

Die Göttin *Lakshmi* war ursprünglich eine Personifizierung der Erde. Sie ist die Frau oder die weibliche *Shakti* des Gottes *Vishnu*. Sie wird auch *Shri* genannt. Beide Namen sind Ausdruck der Vorstellung von Schönheit und Glück, von Reichtum und Wohlstand. Sie wurde auf wunderbare Art im Ozean aus Milch geboren, als die Götter und Dämonen das Milchmeer umrührten. So erzählt es ein Mythos im *Ramayana* und in den *Puranas*. Man beschreibt sie auf einer Lotosblüte *(padma)* sitzend. Oder sie schwimmt auf den kosmischen Wassern, und deswegen wird sie auch *Padma* benannt. Wenn der Gott *Vishnu* auf die Erde herabsteigt und eine sichtbare Gestalt annimmt, verkörpert sich *Lakshmi* im allgemeinen als die Ehefrau der jeweiligen *avatara*. In der Bildwelt hat sie zwei Arme und hält ein Füllhorn. Oder sie wird als *Gaja-Lakshmi* dargestellt, mit einer Lotosblüte in der Hand und mit zwei Elefanten, die Wasser für das Bad spenden. Ihr zu Ehren feiert man in ganz Indien im Herbst das Fest der *divali* (Sanskrit: *dipavali)* oder der „Lichterreihen". Bei diesem Fest berührt der Lakshmi-Kult den Ganesha-Kult.

Durga

Außer unter dem Namen *Parvati* („Tochter der Berge" des Himalaya) wird die weibliche *Shakti* von *Shiva* auch unter vielen anderen Namen verehrt. Vor allen Dingen ist sie *Sati,* das Vorbild der „tugendhaften" Ehefrau. Das ist die Bedeutung dieses Namens. Sie opfert sich freiwillig im Feuer, um die Ehre des Ehegatten zu verteidigen. Sie erscheint als *Uma,* als *Amba* oder *Ambika* (Mutter), als *Lalita* (die Bezaubernde), als *Gauri* (die Herrliche). In ihren furchterregenden Erscheinungen ist sie *Durga* (die die Dämonen Canda und Mundi enthauptet). Oder sie ist *Bhairavi* (die Fürchterliche) und *Kali* (die „schwarze" Göttin, „die Nacht"). Ihre Taten werden in dem schon erwähnten *Devi-mahatmya* des *Markandeya-purana* besungen. Der verbreitetste Name dieser großen Göttin ist *Durga.* Gerade unter diesem Namen wird sie bei einem der wichtigsten religiösen Feste Indiens, dem *durga-puja,* verehrt, das im Herbst gefeiert wird.

Im *Devi-mahatmya* und in anderen Texten der brahmanischen Tradition erscheint *Durga* vor allem als kriegerische Jungfrau, die die Aufgabe übernimmt, die blutigen Opfer zu bringen. Sie beseitigt die im Bösen gefangenen Kräfte und befreit die männliche Gottheit von böser Verderbtheit. Diese große Göttin ist im Grunde die einzige Gestalt, der noch heute Blutopfer dargebracht werden. Das geschieht besonders in den Tempeln, wo sie als *Durga* oder *Kali* verehrt wird. Z. B. im Tempel von *Kalighat* in Kalkutta, im Tempel der *Durga* in Varanasi, im Tempel der *Camundi* in Maisur und noch andere. Diese finstere Göttin entstand auf geheimnisvolle Weise aus dem Körper des Gottes *Shiva,* als er auf den kosmischen Wassern lag. Sie war der tiefe Schlaf des Yoga in ihm *(yoga-indra)*, sie war die große *maya (maha-maya).* An der Spitze ihrer Heldentaten steht der Sieg über den Büffel-Dämon *Mahishura,* durch dessen Tötung trägt sie den Beinamen *Ma-*

hishuramardini (die den Dämon *Mahisa* beseitigte). Unter diesem Beinamen, von dem sich der Name der Stadt Maisur herleitet, wird sie noch heute im nördlichen Indien verehrt.

Dort kann man einige der schönsten Darstellungen der Göttin aus dem klassischen und mittelalterlichen Indien bewundern. Sie stellen sie in dem Augenblick dar, wo sie gerade mit dem Dreizack den riesigen Dämon in Büffelgestalt durchbohren will. Er wird häufig als Mensch mit Büffelkopf abgebildet. *Kali* dagegen erscheint als nackte Frau mit fürchterlichem Antlitz, sie hat Zähne in der Form von Hauern und eine lange, bluttriefende Zunge. Ihr Körper ist schwarz, und um ihren Hals schwingt eine Kette aus Totenköpfen. So tanzt sie auf dem unbeweglichen Körper des Gottes *Shiva*. Ihre Arme halten eine Schlinge *(pasha)*, ein Schienbein mit Totenkopf *(khatvanga)*, ein Schwert *(khadga)* und einen abgehauenen Kopf.

Weit entfernt von diesen volkstümlichen Anschauungen bewegen sich die gelehrten Abhandlungen über die Präsenz des Weiblichen innerhalb des Geheimnisses von Leben und Kosmos. In der brahmanischen Spekulation wird die große Göttin mit verschiedenen Prinzipien der kosmologischen Lehre identifiziert. So wird sie z. B. als *Prakrti* (die Natur des *Samkhya-darsana)* oder als *maya* aufgefaßt. Das ist die geheimnisvolle Kraft, mit der sich der Gott *Shiva* beim Entstehen des Universums offenbart, sich aber gleichzeitig vor der menschlichen Erfahrung verbirgt.

3.5 Die göttliche Fünfheit

Der *Smarta*-Kult wird für fünf Gottesgestalten ausgeführt. Nämlich für *Vishnu, Shiva, Shakti* oder *Devi, Surya* und *Ganesha*. Von vieren ist schon die Rede gewesen. Bei *Surya* handelt es sich um eine indische Gottheit der Sonne, deren Kult in anthropomorpher Form wahrscheinlich aus dem Iran nach Indien eingeführt wurde. In der hinduistischen Mythologie ist *Surya* ein Aditya, genauer der Aditya schlechthin. Er ist der Sohn von *Kashyapa* und *Aditi* und wird manchmal mit *Vishnu* identifiziert (z. B. im Tempel von Konarak in Orissa). Er wird auf einem göttlichen Wagen *(ratha)* dargestellt, der über den Himmel fährt und von sieben Pferden gezogen wird. Ein wundervolles Relief dieser Art schmückt das Gewölbe des Tempels von *Virupaksha*. Das ist der Name von *Shiva* mit der Bedeutung „mit den verformten Augen“, da er auch ein drittes Auge zwischen den Augenbrauen besitzt.

Gelegentlich wird *Ganesha* durch den Gott *Brahma* ersetzt oder durch *Skanda*. Wenn er durch *Karttikeya* oder *Subrahmanya* ersetzt wird, deren Kult besonders im Süden des Landes verbreitet ist, dann erhöht sich die Zahl der *murti* auf sechs. Der klassische Typ bleibt jedoch der der fünf *murti*. Es gibt auch Tempel, die nur einer dieser Gottheiten gewidmet sind *(pancayatana)*. Sie haben aber vier andere Tempelchen, die mit dem zentralen Bau verbunden sind. Diese Tempel sind der göttlichen Fünfheit geweiht.

3.6 Die Gottheit als Paar

Im 2. Kapitel haben wir gesehen, wie uns im weitverbreiteten religiösen Phänomen des Tantrismus die verwirrendste Seite der Gottheit gezeigt wird. Das göttliche Wesen nimmt die Form eines Paares an, das ewig in einer unendlich dauernden Umarmung sexuell vereint ist. Das männliche und das weibliche Element stellen die Zweipoligkeit der Gottheit dar. Sie symbolisieren den statischen und den dynamischen Aspekt der letzten Wirklichkeit.

Zu dieser Anschauung gesellt sich die Suche nach der Beziehung zwischen der Planung der Gottheit und der Planung des Menschen. Das göttliche Paar findet seine Entsprechung im menschlichen Paar. Die Weisheit der weiblichen *Shakti* findet ihren Ausdruck in der vitalen und sexuellen Energie. Sie ist ein deutliches Zeichen des *Kama,* des erotischen Begehrens. In dieser Vorstellung werden Sinnlichkeit und Sexualität „zur Würde des eigentlichen Wesens des Menschen“ erhoben. Die sexuelle Energie liegt in jedem Menschen, sie findet sich am Ende des Rückgrates. Und sie wird dargestellt als eine in Windungen aufgerollte Schlange *(Kundalini)*. Der Mensch soll lernen alle Funktionen seines Körpers kennenzulernen und zu kontrollieren. Der Körper beider Geschlechter kann durch das Tantra-Ritual in einen gottähnlichen Leib verwandelt werden. Nach den Meditationstechniken, die von einer besonderen Yoga-Schule *(kundalini-yoga)* erarbeitet und gelehrt werden, soll jeder Schüler lernen jene außergewöhnliche Energie zu wecken und zu erhöhen, um ihr Feuer dann wieder zu löschen im unbeweglichen See des Einzig-Alleinigen.

4. KAPITEL

Die Welt

Die philosophisch-religiöse Gedankenwelt Indiens hat verschiedene Weltvorstellungen entwickelt, die sich auf zwei wesentliche Anschauungen zurückführen lassen. Mit kleineren Variationen und Abstufungen in der ontologischen Sicht nehmen die Systeme des sog. *dualistischen Denkens* an, daß die Welt eine eigene Wirklichkeit habe und daß sie nicht notwendigerweise identisch sei mit der absoluten Wirklichkeit, auch wenn sie von ihr abhängig sei. Gemäß den *nicht dualistischen Systemen* ist das *Brahman* die einzige Wirklichkeit. Die Anhänger dieser Lehre betrachten die Welt folglich als ein illusorisches Erscheinen dieser letzten Realität. Sie kann durch die Wirkung der geheimnisvollen und magischen Kraft der *maya* verschiedene Formen annehmen.

4.1 Vorstellungen der Welt

Das Konzept der *maya* ist in vielen verschiedenen Weltanschauungen Indiens vorhanden. Das Wort *maya* bezeichnet im *Veda* die Fähigkeit der Götter, ihre Erscheinungsform zu verändern. *Maya* ist aber auch das Wunder der fast magischen Aufeinanderfolge von Tagen und Nächten und die vielfältigen Aspekte des geheimnisvollen Lebens im Weltall. In der Folgezeit erhält *maya* immer mehr die Bedeutung von „illusorisches Spiel" oder „Hypnose". Sie wird so Synonym entweder für die Natur *(prakrti)* oder für die göttliche Macht *(shakti)*, durch die das absolute Prinzip das Universum in einem zyklischen Prozeß ohne Anfang und Ende erschafft, bewahrt und wieder aufsaugt. Zuletzt wird *maya* besonders in der Anschauung des *Advaita-vedanta*, der von der untrennbaren Einheit des Brahman überzeugt ist, mit der Ignoranz *(avidya)* oder dem Unwissen *(ajnana)* gleichgesetzt. Sie führt zu falschen Identifikationen, aufgrund derer der Mensch kein Bewußtsein von seiner Zugehörigkeit zum und von seiner Einheit mit dem Absoluten hat.

In diesem Sinne muß dann die Welt in ihrer Beziehung zur absoluten Wirklichkeit entschieden als schlecht verstanden werden, da sie unbeständig und vergänglich ist. Aus der Sicht des großen Meisters des *Vedanta, Shankara,* muß alles, was in der Erfahrung unbeständig ist, „in einem Prozeß erbarmungsloser Analyse beseitigt werden, so daß man jene Wesenheit erreicht, welche frei von aller Veränderung ist". Die Veränderung unterliegt dem verschiedenartigen und komplexen Spiel der Vielfalt. In anderen Worten gibt es gemäß dem großen Meister des strengen Nicht-Dualismus zwei Stufen der Wirklichkeit: a) die Stufe der transzendenten Realität *(paramarthika)*; und b) die Stufe der konkreten und alltäglichen Wirklichkeit *(vyavaharika).*

„Vor dem Erwachen *(prabodha)* müssen wir die Realität der Welt zulassen" (Kommentar zu den *Brahmasutras* 4,1,3). Aber im Licht des Absoluten ist die Vielfalt der Dinge nur eine illusorische Erscheinung. Denn was in der Vielfalt der Dinge an Realem ist, ist das Absolute selbst. Nach den großen vishnuitischen Schulen wird die Natur als „große *maya*" *(maha-maya)* oder „*maya* von Vishnu" *(vishnu-maya)* verstanden, als der „Schlaf Gottes", der *yoga-nidra* (der tiefe Schlaf des Yoga).

Als *Durga* entsteigt die Göttin dem Leibe *Vishnus.* Folglich ist es sein Schlaf, der das Wiedererwachen erlaubt, das einer Neuentstehung der Welt vorausgeht. Nach der *Bhagavad-gita* ist die gesamte physische und psychische Wirklichkeit nichts als die „geringere" Natur (7,5) der Gottheit. Sie ist Anfang und Ende des gesamten Universums, außerhalb von ihr existiert nichts (7,7). Der Gott ist aber bei der Entstehung der Vielfalt als ein unbeweglicher und gleichgültiger Beobachter zugegen, da im Grunde das Universum nur im Dienste des Individuums existiert.

Die göttliche Tätigkeit ist ohne äußere Beweggründe. Deswegen sollte man sie beschreiben als ein wunderbares „Spiel" *(lila, krida)*, als Zeichen der unendlichen Freiheit des Gottes, von der der Mensch weder die Regeln noch die Gründe zu verstehen imstande ist. Im Gegensatz dazu ist die menschliche Tätigkeit durch das Wunschdenken motiviert und gänzlich darauf gerichtet, ein Ziel bzw. ein genau zu bestimmendes Ende zu erreichen. Das bedeutet zwangsweise für den handelnden Menschen den automatischen Erwerb von Verdienst oder Vergehen *(panya/papa)*, dessen Frucht *(phala)* früher oder später heranreifen und ausgekostet werden muß. Die verschiedenen Welten (Paradiese, Höllen, Tierwelt) sind nur der Ort der Ernte für die Ergebnisse des menschlichen Handelns *(karma-bhumi, karma-kshetra).* Indien ist das Zentrum dieses Handelns.

4.2 Entstehung und Auflösung des Weltalls

Nicht anders als das menschliche Leben ist auch die Existenz des Universums einem zyklischen Verlauf unterworfen. In anderen Worten: Das Weltall ist nicht am Anfang aller Zeiten von Gott erschaffen worden, sondern es ist ewig bestehend, ohne Anfang und Ende *(anadi-ananta)*. Dabei ist gleichgültig, ob es als Frucht der unabhängigen Evolution in einer ursprünglichen Natur *(prakrti)* angesehen wird,oder ob man es als „geringere" Natur des Gottes, als den persönlichen „Leib des Gottes" betrachtet. Das Weltall wird getragen und ist durchdrungen von einem Sein, das keine Form besitzt und dem man den Namen *Brahman* gibt. Es ist Prozessen der Schöpfung bzw. der Entstehung *(srshti* oder *sarga,* eigentlich: „Aushauchung") und der Zerstörung/Auflösung *(pralaya)* unterworfen. In zyklischen Abschnitten wird das Universum durch die Wirkung der schöpferischen Energie Gottes, personifiziert in seiner *Shakti*, geschaffen. Dies geschieht in einem Prozeß, der vom Einfachen ins Komplexe, vom großen Einzigen zur Vielfalt der Dinge führt. Ebenso wird es in einem entgegengesetzten Prozeß wieder aufgesogen vom undifferenzierten großen Einen.

Breit ausgeführte und detaillierte Erzählungen über die Entstehung des Universums, über seine Bewahrung und seine Auflösung findet man vor allem in den *Puranas*. Diese Berichte bauen auf der Grundlage der kosmologischen Anschauungen des *Samkhya-darshana* auf, das in seiner klassischen Formulation eine dualistische Auffassung von der Wirklichkeit hat, die die *Puranas* jedoch gern auf theistische Weise formulieren: Auf der einen Seite finden wir die „Grundlage" *(pradhana)* der Realität, auch *prakrti* (Natur) oder *Brahman* (neutrum) oder *avyakta* (das Nicht-Entwickelte) genannt. Es ist das Chaos, in dem sich nichts zeigt und nichts unterschieden werden kann, das jedoch sozusagen „schwanger" geht mit der Entwicklung, die vor sich gehen wird. Hier berichtet der Mythos von *Vishnu-Narayana,* wie er auf den Windungen der Schlange der Unendlichkeit schwimmend auf den kosmischen Wassern schläft, die das Symbol für das ursprüngliche Chaos sind.

Auf der anderen Seite finden wir die geistige Wirklichkeit, *Purusha* also, die sich ständig gleichbleibt, sowohl in der Phase der Entstehung als auch in der Phase der Auflösung, auch wenn es in gewisser Weise in die kosmische Entwicklung miteinbezogen ist. Der *Purusha* wird auch „goldener Embryo" *(Hiranyagarbha)* und *Brahma* genannt und erwirbt die Eigenschaften eines persönlichen Gottes, „der aus sich selbst ist" *(Svayambhu)*. Er ist der Weltenherr *(Ishvara)*, dem man den Namen *Narayana* verleiht. Wenn man der vom *Samkhya-darshana* beschriebenen Entwicklung folgt, entsteht aus dem *pradhana* das gesamte Universum in seiner ganzen Entfaltung, und zwar mit seinem doppelten Gesicht, dem psychischen (oder „feinen") und dem physischen (oder „groben") Aspekt. Die abschließende Phase dieser „Aushauchung" der *prakrti (prakrta-sarga)* oder der „primären Aushauchung" *(adi-sarga)* zur Kosmosentstehung beim *Samkhya-darshana* überschneidet sich mit dem Mythos vom kosmischen Ei. Es ist der Mythos von der Welt in Form vom „Ei Brahmas" *(bramanda).* So liest man am Anfang des *Manava-dharma-shastra* (I,8–9): „Der, der aus sich selbst ist", schuf zuerst die Wasser. Und in sie legte er seinen Samen *(bija)*, der zu einem goldenen Ei wurde. Dieses leuchtete wie das Himmelsgestirn der tausend Strahlen (= die Sonne). Aus ihm wurde der erhabene Herr *Vishnu-Narayana,* der *Purusha,* als *Brahma* geboren. Er ist der große „Ahnherr" *(pitamaha)* aller Lebewesen.

Am Ende eines Weltenzeitalters, d. h. also am Ende eines Tages aus dem Leben des Gottes *Brahma*, kommt die Nacht für den Weltschöpfer. Während er ruht, geschieht eine vorübergehende Auflösung des Weltalls im undifferenzierten Chaos aller Ursprünge, der *pralaya.* Diese Nacht geht einer darauffolgenden Entstehung, dem *pratisarga* (Aushauchung), voraus, es beginnt mit dem Erwachen Brahmas am Ende einer Nacht seines langen Lebens. Auf genau diese Phase beziehen sich viele kosmologische Mythen von einer Erneuerung des Universums. So z. B. der Mythos von der Sintflut, die Erzählung vom Durchrühren des Milchozeans zur Erzeugung der Unsterblichkeit. Vor allem ist es der Mythos von dem *avatara* des Gottes *Vishnu* als Eber, worin die Opferhandlung ihr Sinnbild findet. Der Eber läßt nämlich die Erde wieder erstehen, indem er sie mit seinen Stoßzähnen aus den Tiefen der Wasser heraushebt, in denen sie verschwunden war. Erst am Ende eines ganzen Lebens von *Brahma* geschieht die „große Auflösung" *(mahapralaya)*, die auch „Auflösung der Natur" *(prakrta-pralaya)* genannt wird.

Nach dem *Agni-Purana* (368,1 ff) gibt es vier Arten von Auflösungen: a) eine ständige *(nitya)*, der alle Wesen unaufhaltsam unterworfen sind, mit dem Tod aller Geborenen; b) eine Auflösung, die *brahma* oder *naimittika* genannt wird und die am Ende eines Weltenzeitalters *(kalpa)* stattfindet und die einer Neuentstehung vorausgeht; c) dann die *prakrta,* von der wir eben gesprochen haben; und schließlich d) die *atyontika* oder „endgültige Auflösung des Selbst" *(atman)*, wenn es im höchsten Geist *(paramatman)* aufgenommen wird. Jede Auflösung legt die verschiedenen Abschnitte der Entstehung wieder rückwärtsgehend zurück: Die Erde löst sich im Wasser auf. Das Wasser löst sich im Feuer-Licht. Das Feuer-Licht löst sich im Wind. Der Wind geht im Raum auf. Der Raum löst sich im Ich *(ahamkara)*. Das Ich löst sich im „großartigen Prinzip" *(mahat)*, auch *buddhi* (Intellekt) genannt. Und dieses löst sich in der großen Natur *(prakrti)* auf. Die Natur erscheint als offenbarte und als nicht offenbarte Wesenheit. Der offenbarte Anteil löst sich im nicht offenbarten Teil auf. Die geistige Wirklichkeit (das „Männliche", *pums*, d. i. der *purusha)* ist rein, einzig und unveränderlich. Sie ist ein Teil des *paramatman* oder des Höchsten Geistes. Die *prakrti* und der *purusha* lösen sich im Höchsten Geist *(paramatman)* auf. In diesem universellen Weltherrn gibt es keine Begrenzungen, keine Namen und keine Kasten. Denn er besteht nur aus dem Wesentlichen, aus dem reinen Dasein *(satta)* *(Agni-purana* 368,24–26*)*.

In dieser Beschreibung von Schöpfungen und Auslöschungen erscheint die ewige Geschichte des Menschen als Versklavung an seine Wünsche und als Bindung an die Erscheinungswelt kosmologisch überhöht. Die gesamte Schöpfung erneuert sich nämlich, weil *Brahma* es „wünscht", vielfältig zu sein. Indem er sich auf diesen Wunsch konzentriert, erzeugt er die „fünffache Unwissenheit" *(avidya)*: Unwissenheit, Verwirrung, große Ohnmacht, Finsternis und Erblindung. Das ist die fünffache Unwissenheit, die der *Mahatman (brahma)* erscheinen ließ.

Brahma „wünscht" sich vielfältig zu sein. Er will die Vorläufigkeit erleben. Dies allein und nichts anderes bedeutet das Universum mit all seinen Milliarden von Sternen. Es ist das periodische Entstehen eines Augenblicks von Vorläufigkeit im Denken Gottes. Das Ergebnis dieses Wunsches ist die „fünffache Unwissenheit". Wie wir sehen werden, ist es eine Art von Verwirrung *(moha)* oder Verblendung *(andha)*, die im Menschen den Wunsch nach den Dingen weckt. Es ist Unwissen, das mit dem Mangel an Glauben zusammenfällt. Sie kann dazu führen, sich an das Vorübergehende zu binden und das Ewige und Unendliche zu vergessen.

4.3 Die Vorstellung vom Raum

Die Vorstellung von der Welt als kosmisches Ei ist die in den heiligen Texten am häufigsten vertretene, besonders in den *Puranas*. Die zwei Hälften des Eies sind Himmel und Erde. Das wird besonders deutlich im Mythos von den Ursprüngen der *Ganga*, des himmlischen Flusses, der mit der Milchstraße identifiziert wird. In dieser Erzählung ist den lichten Göttern die Herrschaft über das Weltall durch den Dämonen *Bali* entzogen worden. Um sie wieder zurückzugewinnen, zeigt sich der Gott *Vishnu* dem Dämonen in Gestalt eines Knaben aus der brahmanischen Kaste (oder als Zwerg). Er bittet ihn in einem Augenblick, wo dieser aus rituellen Gründen diese Bitte nicht abschlagen darf, um so viel Erdboden, als er ihn mit drei Schritten umlaufen kann, um sich darin zur Meditation niederzulassen. *Bali* muß wider Willen seine Zustimmung geben. Und der kleine Brahmane verwandelt sich plötzlich in einen kosmischen Riesen, der mit dem ersten Schritt die gesamte Erde durchmißt. Mit dem zweiten Schritt durchmißt er den Zwischenraum zwischen Erde und Himmel, und mit dem dritten Schritt den Himmel. Beim Schwung aber in den dritten Schritt durchschlägt die Spitze seiner großen Zehe die Schale des Welteies.

Das *Narada-Purana* berichtet weiter:
„Von der Zehenspitze zerschnitten teilte sich das Ei *Brahmas* in zwei Teile. Durch den Riß sprudelte das Wasser der kosmischen Räume herein, geteilt in viele Ströme. Dieses Wasser ist rein, da es den Fuß des Gottes *Vishnu* gewaschen hat. Es wird so zur Reinigungskraft für die Welt. Was früher in den Räumen außerhalb des Brahma-Eies war, erhielt nun das Aussehen eines Flusses. Dieses heilige Wasser ist köstlich und dazu fähig, den Gott *Brahma* und die anderen Götter zu reinigen. Es wird von den sieben Sehern hoch geehrt, strömt über den Gipfel des Berges *Meru* herab."

Der Gipfel des Berges *Meru* bedeutet die himmlische Welt, denn der Berg ist die Achse des Universums. Dieses aber besteht aus einer Reihe von konzentrischen Schichten der unendlich weiten absoluten Wirklichkeit. Das Ei ist nur der innerste und dichteste Teil dieser Wirklichkeit. Der oberste Teil dieses Kerns teilt sich in sieben Schichten, die von der niedrigsten zur höchsten folgende sind: die Welt der Erde, die Welt des dazwischen liegenden Raumes, die Welt des Himmels, die Welt des Lichtes, die Welt der Wesen, die aus dem Willen *Brahmas* entstanden sind, dann die Welt der asketischen Glut, zuletzt die Welt der Wahrheit. Gemäß der mystischen Lehre des *Hatha-yoga* entsprechen diese sieben Welten auf der Ebene des Mikrokosmos den sieben Kreisen *(cakra)* des feinstofflichen Körpers: vom untersten, am Ende des Rückgrates liegenden „Kreis der tragenden Basis" bis zum obersten Kreis auf der Spitze des Hauptes, dem „Kreis der 1000 Strahlen" oder auch dem „Kreis des Nirvana" oder dem „Sitz des *Brahman*".

Die Welt des Himmels *(svar-loka)* ist der *svarga,* das Paradies des Gottes *Indra.* Dort genießen die Verstorbenen himmlische Freuden als Lohn ihrer guten Taten, bevor sie wieder auf die irdische Welt hinuntersteigen, um dort weiterhin Früchte für ihr persönliches *Karman* zu sammeln. Über der höchsten Welt der Wahrheit gibt es dann noch andere Paradiese, beginnend mit dem *Vaikuntha-loka,* dem Paradies des Gottes *Vishnu.* Darüber liegt nach einigen puranischen Texten noch *Kumaru-loka,* die Welt von *Kumara* oder *Karttikeya* oder *Skanda,* dem Sohn des Gottes *Shiva.* Dann kommt die Welt *Umas,* der Ehefrau des Gottes *Shiva.* Zuletzt kommt noch die Welt *Shivas* persönlich. Und jenseits von diesen Welten existieren noch andere Welten.

Nach anderen Texten heißt dagegen die allerhöchste Welt *Go-loka* (Welt der Kühe). Das ist eine Welt voller Ströme aus Milch, voller Flüsse aus geschmolzener Butter, voll mit Teichen aus Honig. Nach anderen Quellen, die der *Samkhya*-Schule und der *Vedanta*-Schule angehören, sind die außerirdischen Welten acht an der Zahl: *Brahma-loka* (Welt Brahmas), *Pitr-loka* (Welt der Ahnherren), *Soma-loka* (Welt des Mondes), *Indra-loka* (Welt Indras), *Gandharva-loka* (Welt der himmlischen Musiker), *Rakshana-loka* (Welt der in der Nacht herumirrenden Geister), *Yaksha-loka* (Welt der göttlichen Priester) und *Pishaca-loka* (Welt der Gespenster).

Der untere Teil des kosmischen Eies umfaßt ebenfalls sieben Schichten unterirdischer Regionen, von denen die unterste *Patala* heißt. Unter diesen unterirdischen Gebieten liegt *naraka,* die eigentliche Welt der Unterirdischen. Auch sie ist in sieben Stufen oder in eine Vielfalt von sieben Stufen eingeteilt, in denen nach einigen Texten (z. B. dem *Devibhagavata-purana* IX,37) sogar 86 Höllen unterschieden werden. Sie heißen *kunda* (eigentlich Graben, Höhle), wo die Bösen in Erwartung ihrer Wiedergeburt hausen und verschiedene Strafen erleiden. Sie müssen unter der Rechtsprechung von *Yama,* dem Herrscher und Richter der Verstorbenen, ihre Schuld sühnen. Die wichtigsten Eigenschaften der unterirdischen Welten sind Kälte und Finsternis, bedingt durch das totale Fehlen von Feuer und Sonne. Die *Puranas* nennen mehr als hundert verschiedene „Höllen". Die wichtigsten Listen zählen allerdings nur eine zwischen 20 und 28 variable Zahl dieser Höllen auf.

Was dann die irdische Oberfläche *(Bhur-loka)* betrifft, so ist auch sie in sieben konzentrische Kontinente aufgeteilt, die *dvipa* („Inseln") genannt werden. Sie sind voneinander getrennt durch ringförmige Ozeane in gleich großer Anzahl. Diese Ozeane bestehen aus Salzwasser, aus Saft vom Zuckerrohr, aus Wein, aus geschmolzener Butter, aus Geronnenem, aus Milch und schließlich aus Süßwasser. Der zentrale Kontinent heißt *Jambudvipa* (Insel des Jambu-Baumes) und unterteilt sich seinerseits in sieben „Seiten" oder „Hänge" *(varsha).* Sie sind getrennt von gleich vielen Gebirgszügen. Die südlichste dieser Seiten ist Indien *(Bharata-varsha),* die „Seite der Nachkommen des Helden Bharata".

4.4 Zeitrechnung und Zeitvorstellung

Die *Puranas* zeigen uns eine kosmologische Zeitrechnung, in der die Zeit in Zyklen gemessen wird, die durch den Wechsel zwischen Tag und Nacht im Leben des Gottes *Brahma* bestimmt werden. Außerdem legen sie die Einzelheiten der Zeitmessung fest. Diese geht von einer sehr kleinen Einheit aus, dem *nimesha,* was einem Lidschlag entspricht. Durch eine Reihe folgender Vervielfachungen kommt man zur Einheit Tag (verstanden als der 24stündige Tag mit Wechsel zwischen Licht und Nacht), dann zum Mond-Monat, der aus zwei 14tägigen Phasen besteht, des zunehmenden und des abnehmenden Mondes. Das Jahr ist in zwei Halbjahre aufgeteilt, die als „nördlicher Weg“ *(uttarayana)* und als „südlicher Weg“ *(dakshinayana)* der Sonne definiert werden. Dieses Zeitmaß aber ist nicht absolut, sondern nur relativ. Ein Menschenjahr entspricht einem Tag der Götter. Auf der Basis der „Götterjahre“ (jedes gleich 360 Menschenjahren) wird die Zeitrechnung in kosmischen Zeitaltern und Weltzeitaltern festgelegt.

Die vier kosmischen Zeitalter *(yuga)*

Die *yuga* sind das Verbindungsglied zwischen diesen Perioden des kosmischen Atems und dem menschlichen Zeitmaßstab. Es handelt sich um vier Zeitabschnitte in abnehmender Länge, entsprechend den Zahlen 4, 3, 2 und 1 in Übereinstimmung mit der laufenden Abnahme des *dharma*. Die Namen dieser Epochen entsprechen den Würfen beim Würfelspiel, von der gewinnenden 4 zur verlierenden 1. Sie lauten: *krta-, Treta-, Dvapara-* und *Kali-yuga*. Ihre Dauer beträgt 4000, 3000, 2000 und 1000 „Götterjahre“. Hinzugefügt werden je zwei Dämmerungen pro Ära von je 400, 300, 200 und 100 Götterjahren. Die Gesamtlänge dieser Zeitalter beträgt 12.000 Götterjahre und wird *mahayuga* genannt. Im Laufe dieser langen Zeit (4.320.000 Menschenjahre) verschwinden langsam Ordnung, Gerechtigkeit und religiöse Frömmigkeit aus der Welt, bis das Gewicht des *adharma* (Unordnung, Ungerechtigkeit und Gottlosigkeit) unerträglich wird.

Die Texte illustrieren diese Dekadenz mit dem Bild vom „Stier des *dharma*“, der sich fest auf seinen vier Beinen (Wahrheit, Verständnis, Reue und Almosengabe) nur im *Krta-yuga* (auch *Satya-yuga* oder „Zeitalter der Wahrheit“) aufrecht hält. Drei dagegen und zwei bzw. eines hat er dann nur noch in den folgenden Zeitaltern. Die *Puranas* enthalten zahlreiche Beschreibungen von den Bedingungen des menschlichen Daseins in den verschiedenen Zeitaltern und malen die extreme Korruption des Zeitalters der *Kali* in düsteren Farben aus.

Das *Krta-yuga* ist gekennzeichnet durch die Respektierung des *dharma.* Die Menschen sind zufrieden, freundlich, friedlich, ausgeglichen, tolerant, bereit zum Nachdenken *(dhyana)*, was zusammen mit dem Wissen und der Askese das geeignetste Mittel zur Befreiung ist. Das menschliche Leben wird vom *sattva* (Güte, Helligkeit), der ersten der drei innersten Eigenschaften der Natur, bestimmt und dauert bis zu 4000 Jahren.

Im *Treta-yuga* verringert sich die Wirkung der vier Tugenden, die die vier Beine vom „Stier des *dharma*" sind. Und es beginnt sich der Einfluß der Laster bemerkbar zu machen, die die vier Beine des *adharma* sind: Falschheit, Gewalttätigkeit, Unzufriedenheit und Uneinigkeit. Die Krieger neigen dazu, über die Brahmanen zu dominieren. Die Leute stehen unter dem Einfluß des *rajas* (Tätigkeit, Leidenschaft), das die zweite der drei innersten Eigenschaften der Natur ist. Sie praktizieren die Sühne und widmen sich den Opferhandlungen *(yajna)*, die so zum wichtigsten Mittel für die Erreichung von *moksha* werden. Die Gewalttätigkeit ist in diesem Zeitalter nur unter der Form der *pancasuns,* also der fünf Tötungsmöglichkeiten, bekannt und an das häusliche Leben gebunden (durch das Herdfeuer, den Mühlstein, den Besen, den Mörser und den Wasserkrug). Das Studium der Veden wird in großen Ehren gehalten und die Brahmanen werden respektiert. Der Gott *Vishnu* hat eine rote Farbe, und die Menschen leben 1000 Jahre lang.

Im *Dvapara-yuga* bekommt *Vishnu* eine gelbe Farbe, und die Tugenden werden noch geringer. Neben *rajas* entsteht auch noch ein gewisser Anteil an *tamas* (Dunkelheit, Trägheit), der letzten der drei innersten Eigenschaften der Natur. Gott *Vishnu* verkörpert sich in *Vyasa,* er teilt den Veda in vier Bücher und lehrt ihn dann so seinen Jüngern. Die Menschen werden 400 Jahre alt und suchen Ruhm und Glanz. Sie widmen sich der Ausführung von Opfern und dem Studium des Veda, sie sind fröhlich und reich, haben große Familien und stellen sich in den Dienst von Kult und Göttern *(paricarya)*, was als wichtigstes Mittel für die Errettung gilt. Am Ende dieser Ära nimmt Gott *Vishnu* die Gestalt von *Krishna* an, wenn der Stier des *dharma* sich nur noch auf einem Bein zu halten beginnt. So wird die heutige Ära erreicht, die *Kali-yuga.* Es zeigt sich der nicht mehr aufzuhaltende Abstieg des *dharma* bis zum Sieg des *adharma.* Bei den *guna* herrscht eindeutig das *tamas* vor, und die Menschen werden jeglicher Art von bösen Taten schuldig, indem sie die soziale Hierarchie und die Lebensstadien auf vielerlei Art umwälzen. Gewalt, Unreinheit, Unrecht, Diebstahl, Erwerb von hohen Positionen durch die unreinen Kasten (wie die *shudras* oder sogar die Kastenlosen), üble Verwaltung, Armut, Geiz, Gier, Verschwendungssucht, Betrug, Angst, Hunger, Kinderüberschuß, Mißachtung der Religion und Entstehung von Irrlehren: Das alles sind nur einige von den Eigenschaften dieses korrupten und unglückseligen Zeitalters.

Das *Bhagavata-purana* sagt abschließend (XII,3,51), daß die *Kali*-Ära wahrhaftig die Quintessenz aller Übel wäre. Es fügt aber hinzu, daß sie auch etwas wirklich Schönes und Gutes enthalte. Es wäre aber ausreichend, das Lob von *Vishnu-Krishna* (dem hohen Herrn) zu singen, um in seinen Himmel (den *Vaikuntha*, den höchsten aller Himmel) erhoben zu werden.

In anderen Texten gibt es noch andere Versionen über die Mittel zur Rettung in den verschiedenen Zeitaltern, indem z. B. die Almosengabe *(dana)* oder auch die Reinigung im Ganges durch das Singen von Lobliedern auf den höchsten Herrn ersetzt wird. Eine Grundidee aber ist allen gemeinsam: Es ist leichter, die Rettung in diesem finsteren Zeitalter zu erhalten, da der höchste Herr in seiner unendlichen Barmherzigkeit auch den unreinsten Sünder in einem Akt der Gnade und ohne jegliches Zutun vonseiten des Menschen zu sich nehmen kann. Die *Puranas* sind voller Legenden von unverbesserlichen Sündern, die unvorhergesehenermaßen aus ihrer unreinen Lage befreit werden, weil sie etwas gesagt oder getan haben, was – ohne daß sie es wissen – den höchsten Herrn erfreut hat. Mehr noch, das Ideal einer universellen und von der göttlichen Gnade veranlaßten Rettung betrifft nicht nur den Menschen, sondern umfaßt in gleicher Weise auch alle anderen Lebewesen. Das bezeugt die großartige kollektive Apotheose, die im *Ramayana* die Himmelfahrt *Ramas* und seine Wiederauflösung im göttlichen Glanz des Leibes von Gott *Vishnu* begleitet.

Zum Beweis für den rettenden Eingriff der Götter in die Angelegenheiten der Welt, besonders wenn der *dharma* abnimmt, knüpft der Mythos an das Ende eines jeden einzelnen *yuga* die „Herabkünfte" des Gottes *Vishnu* auf die Erde *(avatara)*. Sie haben immer das Ziel die kosmische Ordnung und die moralische Norm wiederherzustellen. Um ein Beispiel zu nennen: Der *avatara* als *Krishna* hat am Ende des letzten *Dvapara-yuga* stattgefunden, welches dem jetzigen *Kali-yuga* vorausgegangen ist und genau mit dem Tode von *Krishna* begonnen hatte. Dieses Ereignis verlegt man der Überlieferung nach in das Jahr 3102 v. C. So leben wir also in der Morgendämmerung eines *Kali-yuga,* dessen Gesamtdauer 1200 Götterjahre ist (432.000 Menschenjahre, von denen gerade wenig mehr als 5000 vergangen sind). Am Ende des gegenwärtigen Zeitalters wird der Gott *Vishnu* noch einmal in das Weltgeschehen eingreifen, um den *dharma* von Grund auf wiederherzustellen. Das wird das Zeichen für den Beginn einer neuen „großen Ära" sein, die mit einem neuen „Zeitalter der Wahrheit" beginnen wird. Der Stier des *dharma* wird wieder fest auf seinen vier Beinen stehen, und die Menschen werden die gegenwärtige Gottlosigkeit vergessen haben und voller Achtung des *dharma* leben.

Die Weltzeitalter *(kalpa)* und die Epochen der Patriarchen *(manvantara)*

Das *mahayuga* („große Zeitalter") ist die Einheit für das Maß sehr viel größerer Zeitabschnitte. In gewisser Weise ist es ein Vermittler zwischen der himmlischen Welt der *deva* und den höheren Götterwelten. Die Texte sagen, daß 1000 „große Zeitalter" einen *kalpa* ausmachen, d. h. ein Weltzeitalter, das gleich einem Tag im Leben *Brahmas* ist. Das Leben *Brahmas* dauert 100 Brahma-Jahre. Am Ende jeden Brahma-Tages gibt es eine periodische Wiederauflösung des Universums im undifferenzierten Einen. Dann beginnt eine Brahma-Nacht, die mit dem Anbruch eines neuen Tages endet, also mit einer Erneuerung der Schöpfung und der Offenbarung.

Jedes Zeitalter wird auch in vierzehn *manvantara* oder „Epochen des Patriarchen" aufgeteilt. Jedes von ihnen wird von einem *Manu* geleitet. Dies ist der Name, den die Texte dem Ahnherrn der Menschheit geben, der die Sintflut überlebt hat und die Erde wieder bevölkerte. Die gleichen Texte erzählen, daß in den verschiedenen Epochen verschiedene *Manu* die Menschheit regierten. Der erste von ihnen war *Svayambhuva* (der Aus-sich-selbst-Seiende).

Ein gesamtes Brahma-Leben dauert 100 Jahre von je 360 Tagen. Es heißt *mahakalpa* (großer *kalpa)*. Am Ende dieser unendlich langen Zeit stirbt Brahma, es geschieht ein „großer Zerfall" *(maha-pralaya)* der Welt. Das ursprüngliche und undifferenzierte Chaos wird mit dem Bild des Ur-Ozeans umschrieben, auf dem die kosmische Schlange *Shesha* („das, was bleibt") oder *Ananta* („das Unendliche") aufgerollt in ihre Windungen schwimmt. Sie dient für *Vishnu-Narayana* als Ruhebett, der dort in seinem tiefen Yoga-Schlaf schläft, bis die göttliche Energie in ihm wiedererwacht. Diese Schlange nimmt die Gestalt der großen Göttin an, und der ganze Prozeß der Weltwerdung beginnt von neuem. Aus dem Nabel des schlafenden Gottes *Vishnu* entsteht der Stiel einer Lotosblume, die sich zu einer großen Blüte entfaltet. In deren Inneren wird erneut Brahma geboren, der dann eine neue „ursprüngliche Aushauchung" des Universums veranlaßt.

Gemäß der traditionellen Chronologie befindet sich der heutige Mensch im Zentrum von diesem immensen Zeitraum eines Brahma-Lebens. Genauer sind wir im ersten *kalpa* seines 51. Lebensjahres, im *Varaha-kalpa* (Zeit des Ebers). Wir befinden uns gegenwärtig im 7. *manvantara* (dem des *Manu Vaivashvata*, Sohn von *Vivashvat,* der Sonne) oder dem 8. *manvantara* (dem des Manu *Savarin*) dieses *kalpas.* Dementsprechend sind wir fast in der Mitte des gegenwärtigen Weltzeitalters.

Abschließend kann man sagen, daß die Zeit also für den Menschen sehr schnell vergeht. Sie vergeht aber immer langsamer, je weiter wir uns aus dieser Sphäre in die immer höheren Sphären des Göttlichen hineinbewegen. Und während Gott *Brahma* noch an die Zeit gebunden ist und also ebenso wie der Mensch dem ewigen Fluß des *samsara* unterliegt, weil sein Leben zwar unendlich lang ist, aber doch einen Anfang und ein Ende hat, so ist das für den erhabenen Gott des gesamten Universums ganz anders.

Die Texte sagen uns, daß das gesamte Leben von *Brahma* nur einen Lidschlag lang *(nimesha)* des höchsten *Purusha* (gleich ob *Vishnu, Krishna* oder *Shiva)* dauert. Die gleichen Texte sprechen jedoch nie von einem „Leben" des allerhöchsten Gottes, denn er ist seit immer und für immer. Wenn er nur für einen winzigen Moment lang seinen Blick abwenden würde, so würde die gesamte Welt Hunderte von Millionen Jahren in Finsternis verbringen müssen.

5. Kapitel

Der Mensch

Das Bild vom Menschen in der Kultur Indiens variiert ähnlich wie die kosmologischen Vorstellungen. Die wesentlichsten Standpunkte sind jedoch im Grunde folgende: a) der *dualistische* Standpunkt, der die Realität eines individuellen Bewußtseins zuläßt und sie vom höchsten Bewußtsein *(Paramatman)* abgrenzt; b) der *nicht dualistische* Standpunkt, nach dem nur eine einzige Realität existiert, das *Brahman* oder das *Paramatman.* Dieses lebt als *atman* im Innersten jeden Wesens, der Mensch setzt es irrtümlich durch die Wirkung der Macht der *maya* mit der persönlichen Gedankenkraft gleich. Es ist jedoch Teil der überirdischen Welt und wird durch die Natur ständig verändert.

5.1 Was ist der Mensch?

Was also ist der Mensch? Ein bleibendes oder ein irreales Wesen? Die Antwort auf diese Frage hängt vom Niveau der erreichten Bewußtheit ab.

„Körper" und Geist

Die spekulativen Texte des Veda, besonders die *Taittiriya-Upanishad,* entwickeln eine Lehre, nach der der Mensch aus fünf Hüllen oder Schichten besteht *(kosha),* die die letzte Realität des *Brahman-atman* der individuellen Seele *(jiva)* verhüllen. Diese Schichten werden immer feiner, je mehr man sich von außen nach innen begibt. Sie bezeichnen auch einen Weg, beginnend bei dem, was noch weit entfernt ist von der eigentlichen Realität, bis zu ihrem Erreichen. Die erste Schicht ist der physische Körper, der umfassendste und materielle Anteil von jedem Individuum. Ihn nennen die Texte die „aus Nahrung gemachte Schicht" *(anna-*

maya-kosha). Diese ist ausgefüllt von einer anderen, inneren und feineren Schicht *(prana-maya-kosha)*, die aus „Hauch und Atem" besteht, aus der Lebenskraft also. Dann folgen der Reihe nach die Hülle der Gedankenwelt *(mano-maya-kosha)*, die Hülle des Bewußtseins *(vijnana-maya-kosha)* und die Hülle der reinen Glückseligkeit *(ananda-maya-kosha)*.

Nach hinduistischer Auffassung umhüllen also viele verschiedene „Körper" den Geist. Die individuelle Seele identifiziert sich mit dem „Körper", der dann aus Glück besteht, wenn sie (wie es die *Taittiriya-Upanishad* II,8 sagt) fähig wird „eine einzige und gleiche Realität im Menschen und in der Sonne zu finden", wenn sie von einer Schicht in die andere übergeht bis zur Erreichung des Wesentlichen. Dessen wird sie sich dann in einer unbeschreiblichen Erfahrung bewußt.

Diese Lehre aus den Upanishaden wird in der Folgezeit von verschiedenen Schulen aufgegriffen und gibt Anlaß zu der Entstehung der Auffassung von den zwei Körpern (z. B. im Samkhya-Yoga, mehr noch im Katha-Yoga): Es gibt den „feinen" Körper *(sukshma-sharira,* auch *linga-sharira)*, denn er ist Zeichen der Gegenwart des Selbst. Und es gibt den „groben" Körper *(sthula-sharira)*. Der erste umfaßt die Wahrnehmungs- und Sinnesorgane, den Verstand, den Ichsinn und den Intellekt, außerdem eine Reihe von „mystischen Kreisen" *(cakra)* und „feinen Kanälen" *(nadi)*, in denen der geheimnisvolle „Lebenshauch" strömt. Der zweite Körper umfaßt die stoffliche Seite eines jeden Menschen.

Im Augenblick des Todes vergeht nur der „grobe" (physische) Körper, indem er sich in die fünf Bestandteile der Natur auflöst, aus denen er gemacht ist. Der „feine" Körper dagegen überlebt durch die Wirkung des *karman* und wandert in einen anderen Embryo, indem er die in den vorherigen Existenzen herangereiften Anlagen und Neigungen mit sich nimmt und so die physischen und psychischen Eigenschaften des neuen Individuums bestimmt.

Zu diesen zwei „Körpern" kommt in der jüngsten Version des Vedanta noch der „ursächliche" Körper (*karana-sharira)*, der gleichgesetzt wird mit der „Schicht der Glückseligkeit". Das ist eine Art „Samen-Körper", weil in ihm die Kräfte wohnen, die der Unwissenheit zugeschrieben werden und die „Ursache" der Wiedergeburt sind. Diese drei Körper bilden das empirische Ich, das in die Welt der Erfahrungen eingebunden und für das menschliche Handeln verantwortlich ist. Aus ihm erwächst ein Bündel aus Verdiensten und Versäumnissen, aufgrund dessen der Übergang von einer Existenz in die andere nach dem Gesetz des *karman* erfolgt. Diese Übergänge vollziehen sich nach den drei „Bewußtseinszuständen"

(Wachen, Traum und Tiefschlaf), während der vierte Zustand des transzendenten Bewußtseins dem Bewußtsein von sich selbst als atman-Brahman entspricht. Das ist die eigentliche und wahre Natur des Menschen, eine geistige, nicht erkennbare Realität, die jenseits von jeglichem Wort und jeglicher verfeinerten Erfahrung steht. Sie ist der „Zeuge" und unbewegliche „Beobachter" *(caksin, drashtar)* des ewigen Wandels der Dinge und allen menschlichen Handelns. Sie ist der „Kenner" des Bereiches des stofflichen Körpers *(kshetrajna)*.

Der Mensch als Mikrokosmos

Schon seit alten Zeiten hat die religiöse Spekulation Indiens die Tendenz, die Menschen als Bildnis und Wiedergabe des Universums zu betrachten. Die stillen Asketen der ältesten Upanishaden hatten schon eine Reihe von Übereinstimmungen zwischen den Lebewesen und den kosmischen Wesen festgestellt. In jüngerer Zeit nimmt man bei der Beschreibung des menschlichen Körpers gemäß der Auffassung des Tantrismus (besonders tantrischen Yoga) das Bild vom *pinda* zur Hilfe. *Pinda* ist ein Bällchen aus Mehl oder gekochtem Reis, das man als wichtigste Gabe in der *shraddha*-Zeremonie den Vorfahren darbieten muß. Man stellt also eine Parallele her zwischen *pinda* oder *pindanda* („das Ei, das auch pinda-Körper ist") und dem *brahmanda* („Ei des Brahma", d. h. die Welt). Der menschliche Körper wird als Mikrokosmos in Beziehung gesetzt zum Makrokosmos. Zwischen beiden entstehen einige Übereinstimmungen. So entspricht das menschliche Rückgrat der Weltachse dem mystischen Berg Meru, die Reihe der *cakra* entspricht den verschiedenen, übereinandergelegten Welten, die *nadi* (Kanäle im „feinen" Körper) entsprechen den Flüssen usf. Auch das individuelle Bewußtsein findet seine Entsprechung im *Hiranyagarbha*, dem goldenen Embryo, das das bewußte Prinzip des gesamten Universums darstellt.

5.2 Die Ungleichheit der Menschen

Eine der wenigen Kenntnisse über Indien, über die auch das einfache Volk weltweit verfügt, ist das Wissen darüber, daß die indische Gesellschaft auf einem Kastenwesen aufgebaut ist und daß dies eine der „Plagen" der sozio-kulturellen Wirklichkeit Indiens bedeutet. Das ist natürlich aus der Sicht unserer westlichen

Kultur gesprochen, die auf dem unverzichtbaren Prinzip von der Gleichheit aller Menschen beruht. Nach hinduistischer Ansicht sind die Menschen dagegen nicht alle gleich.

Die Logik des Kastenwesens

Wie es Louis Dumont in einem wertvollen Essay aufgezeigt hat, ist die Basis für die hierarchische Aufteilung der indischen Gesellschaft die größere oder geringere rituelle „Reinheit" der verschiedenen menschlichen Gruppen. Das bedeutet eine Reihe von Tabus, die vor allem die Ehe und die Tischgenossenschaft betreffen. Eine sehr strenge Hierarchie auf funktionaler Basis gibt es schon im Schema der vier Sozialkategorien oder „Farben" *(varna)*, das von den Indo-Ariern eingeführt wurde. Diese Struktur ist im Laufe der Jahrhunderte immer komplexer geworden. Durch das Konzept, das man im allgemeinen mit dem portugiesischen Wort „Kaste" umschreibt, wird die Sache dann aber noch komplizierter. Kaste heißt im Sanskrit und in den neu-indischen Sprachen *jati* („Geburt") und bezeichnet eine geschlossene Sozialgruppe, der man eben durch Geburt angehört. Sie hatte ihre Ursprünge in der Arbeitsteilung, später auch in der Ethik und Religion. Sie ist durch Endogamie und durch die Beachtung bestimmter Vorschriften für die Ernährung und die Tischgenossenschaft gekennzeichnet. Die ersten drei *varna* (Brahmanen, kshatriya und vaishya, die auch unter dem Namen *dvija,* die „zweimal geborenen", zusammengefaßt werden) bilden die ersten drei *jati.* Diese teilen sich weiter in Unterkasten *(apajati)* auf. Sie stellen die traditionellen Eliten der hinduistischen Bevölkerung dar, umfassen jedoch nach glaubhaften Berechnungen nur etwa 5 % der Gesamtbevölkerung Indiens. Ca. 57 % bilden die *shudra.* Die verbleibenden 38 % sind verschiedene ethnische und religiöse Minderheiten (14,5 % Kastenlose, 11 % Mohammedaner, 7 % Stammeskasten, 2,5 % Christen und andere zahlenmäßig wenig bedeutende Gruppen, z. B. Sikhs, Buddhisten, Jainas, Anglo-Inder, Parsen und Chinesen). Die Gruppe mit der absoluten Mehrheit in der Bevölkerung sind die *shudra,* die letzte der vier *varna.* Innerhalb dieser große Gruppe gibt es noch unzählige Unterkasten, deren Einteilung meistens nur regionale Verbreitung hat, die aber das organische Netzwerk der breiten hinduistischen Massen bildet. Die Hindu lernen schon von Kindheit an in der Familie oder bei Pilgerfahrten, wenn sie die *pande* über die Ursprünge der eigenen Familie befragen, daß die Menschen nicht gleich sind. Die *pande* sind eine

Unterkaste der Brahmanen, die auf die Erstellung von Stammbäumen spezialisiert ist. Ihre Tätigkeit entspricht der unserer modernen Einwohnerämter. Auch wer später eine Ausbildung erhält, hat Mühe zu begreifen, daß alle Menschen von Geburt aus gleich sein sollen. Man ist gewohnt, gleiches Benehmen immer nach der sozialen Stellung der Betroffenen zu bewerten. Ein einleuchtendes Beispiel für dieses Phänomen sind die Kasten-Tabus, die immer noch beachtet werden. Dies gilt auch von Personen eines gehobenen Sozialstatus nach ihrer Konvertierung zum Christentum. Das Gebot christlicher Liebe wird sie niemals dazu bringen, mit Personen einer geringeren Kaste in Berührung zu kommen und sich damit der Gefahr der Verunreinigung auszusetzen. Sie sind davon überzeugt, daß nur in seltenen Ausnahmen der Sohn eines Wäschers etwas anderes werden kann als ein Wäscher. So können die Gesetze der „schützenden Diskrimination“, die von den Regierungen Indiens zugunsten der Ärmsten erlassen wurden, nie ihre Ziele erreichen.

Auch alle Leistungen und Dienste, die von den einzelnen Kasten in der dörflichen Wirtschaft angeboten werden und als *yajmani*-System bekannt sind, sind auf ritueller Basis aufgebaut. Das kann man im übrigen schon aus der Bezeichnung entnehmen, die dem Sanskrit-Wort *yajamana* entspricht, einem Terminus, mit dem man das Familienoberhaupt benennt, das eine Opferhandlung von einem Brahmanen ausführen läßt. So ist das ganze wirtschaftliche und soziale Leben von dieser besonderen Seinsart bestimmt, die eine tiefere Bedeutung hat. In der traditionellen Hindu-Kultur existiert der Gegensatz zwischen „heilig“ und „profan“ oder „religiös“ und „weltlich“ überhaupt nicht. Er hat sich erst in jüngerer Zeit unter der englischen Fremdherrschaft entwickelt.

Im indischen Alltag, der von einer schnellen industriellen Entwicklung gekennzeichnet ist, ist auch die Regelung der vier „Lebensstadien“ *(ashrama)* keine Verpflichtung mehr; nicht einmal mehr für die männlichen Mitglieder der brahmanischen Kaste. Im Grunde besteht schon lange für jeden (nicht nur für die *dvija)* die Möglichkeit das Mönchsleben und damit den kompletten Verzicht *(samnyasa)* zu wählen, ohne vorher die vorausgehenden Lebensstadien durchlaufen zu haben. Dafür gibt es genügend angesehene Beispiele wie Shankara selbst. Nachdem der *varnashramadharma* jahrhundertelang die Grundlage der hinduistischen Gesellschaft darstellte, hat er heute den Großteil seines normativen Wertes verloren.

Die Kastenstruktur aber behauptet sich, weil sie für viele die einzige soziale Garantie und Form von Versorgung bedeutet. Dieses jahrtausendalte Kastensystem zeigt heute seine Kehrseiten in schwerwiegenden Ungerechtigkeiten, die für einen modernen Staat nicht mehr akzeptabel sind. Die verschiedenen indischen Regierungen haben sich seit dem Erlangen der Unabhängigkeit bemüht die elenden Lebensbedingungen der Ausgestoßenen zu erleichtern. Es handelt sich hierbei um diejenigen, die keiner Kaste angehören, besonders alte Stammesvölker (scheduled tribes für die Engländer) und die sog. „Unberührbaren". Sie sind im allgemeinen auch *avarna* („ohne Farbe") und damit von der hinduistischen Gesellschaft ausgeschlossen. Sie wurden von den Portugiesen *Paria*, von den Engländern „scheduled castes" genannt. Diese pflegte Gandhi *harijan* zu nennen, d. h. „Kinder Gottes". Es sind sog. „unreine" Menschen, die häufig unter Bedingungen grausamer Ausstoßung leben müssen. Heute ist jedoch einiges in Bewegung geraten in der hinduistischen Gesellschaft. Das Ansehen, das man durch einen modernen Beruf (wie Arzt, Ingenieur, Rechtsanwalt u. ä.) oder auch durch Geld erwirbt, beginnt besonders in den städtischen Räumen das Ansehen der Kastenzugehörigkeit zu relativieren. So mögen die Studenten der modernen Universitäten das anachronistische Verhalten der strenggläubigen Brahmanen zwar bespötteln, in den Dörfern der bäuerlichen Räume aber werden die Brahmanen immer noch wie auf die Erde herabgestiegene Götter verehrt.

Um die gegenwärtige Situation zu beleuchten, ist ein Textabschnitt von *Agehananda Bharati* lesenswert: „Je höher der Kastenstatus einer Person ist, desto komplexer sind die verlangten rituellen Erfüllungsriten. Um so ausgefallener und elitärer sind die Ernährungsvorschriften und die Heiratsregeln, an die er sich halten muß. Um so exklusiver aber sind auch seine Zugänge zu den Riten, zu den Tempeln, Meistern und Texten."

Am untersten Ende der Skala steht die große Mehrheit der Hindus, die zu den Kasten mit dem tiefsten rituellen Wert gehören. Ihre religiösen Pflichten sind weniger festgelegt. Sie sind weiter von den Sanskritquellen entfernt. So sind Nahrung und Heirat, die beiden wichtigsten Kriterien für die Bestimmung des rituellen Status, für die Mehrheit der Menschen in den niedrigen Kasten weniger ausschließlich bestimmend als für die Hindus der höheren Kaste. Im Westen ist man der Überzeugung, daß die hinduistischen Witwen nicht wieder heiraten. Das gilt jedoch nur für die Kasten der höheren Gesellschaftsschichten, die weniger als 15 % der Gesamtbevölkerung ausmachen. Alle anderen Witwen heiraten sofort oder doch sehr bald nach dem Hinscheiden ihrer Gatten.

Der Vegetarismus genießt ein hohes Ansehen bei allen Hindus; das schon seit zweieinhalb Tausend Jahren, auch wenn es Beweise dafür gibt, daß die alten

Indo-Arier Fleisch und sogar Rindfleisch gegessen haben. Theoretisch müßten die Hindus aus den niedrigen Kasten keine Vegetarier sein, und die Angehörigen der höheren Kasten müßten es sein. Doch in der Praxis sind die Dinge nicht so. Die *rajput* (Prinzen), die zu den *kshatriya* gehören, essen Fleisch, zumindest die männlichen Angehörigen. Die *baniya* und die *marvari*, die in der Kastenhierarchie einen geringeren Platz als die Brahmanen und die Rajput innehaben, sind die strengsten Vegetarier. Und die Mehrheit der Leute aus den niedrigsten Kasten lebt vegetarisch aus purer Notwendigkeit, da das Fleisch teuer ist. Sie essen es jedoch, sobald sie es sich leisten können.

Ganz ähnlich wie für die Nahrung gibt es auch Vorschriften für den Genuß berauschender Substanzen, wie z. B. alkoholischer Getränke, Tabak oder einiger Arten von Rauschmittel, wie z. B. cannabis sativa (in Hindi: *ganja* oder *bhang*), ob geraucht oder als Tee mit Fruchtsaft oder Milch vermischt genossen, denen gegenüber die Haltung der Hindus viel weniger streng ist als gegenüber dem Alkohol. Selbstverständlich betreffen alle diese Verhaltensweisen fast ausschließlich die männliche Bevölkerung, weil die Frauen im allgemeinen den verbindlichen Geboten *(vrata)*, wie z. B. dem 11. Tag *(ekadashi)* des Mondzyklus, getreuer bleiben und die Enthaltungsvorschriften der religiösen Überlieferung eher beachten.

Die Gleichheit im samnyasa
Askese und Mönchstum

Der Inder ist es gewohnt, in einer streng hierarchischen und vom Kastenwesen beherrschten sozialen Umwelt zu leben. Eine grundlegende Gleichheit aller Menschen scheint er aber in einer anderen Dimension entdeckt zu haben, die zugleich Gegenstand einer individuellen Wahl der Rettung im Sinne von „Befreiung“ von der Welt ist. In einer Religion, die hauptsächlich aus Pflichten und sozialer Konditionierung besteht, ist die freie Wahl des Asketentums oder des Mönchslebens als Verzicht *(samnyasa)* und „Weg der Rettung“ eine Laufbahn, die der Mensch nur in freier Entscheidung beginnt. Diese Wahl beraubt ihn aller Rechte, die ihm innerhalb der Gesellschaftsordnung zustehen, aber sie befreit ihn auch von allen Pflichten.

Auch heute noch gibt es Personen, die es vorziehen, den vorgeschriebenen Weg des *dharma* zu überspringen und den Weg des *samnyasa* zu gehen. Sie reihen sich ein in die Zahl derer, die im allgemeinen mit dem Namen *sadhu* („Gute“) bezeichnet werden. Man rechnet, daß es ungefähr 6 Millionen von diesen Asketen gibt, die ein Leben als Eremit und Wanderer führen, ohne eine feste Heimstatt zu haben, die in Grotten oder Schluchten wohnen und sich nur von dem ernähren, was ihnen die Leute aus eigenem Antrieb schenken. Oder sie leben von dem, was ihnen die Natur in unzugänglichen Gegenden zu bieten hat (Beeren, Früchte, Wurzeln usw.). Die Leute verehren sie als geistige Führer *(guru)* und widmen ihnen häufig denselben Kult, der göttlichen Wesen reserviert ist. Andere wählen das Mönchsleben und schließen sich einer der zahlreichen „Sekten" oder religiösen Gemeinschaften an, die einer ganz bestimmten Meisterlehre *(sampradaya)* folgen und ziemlich beständig in Klöstern *(matha)* oder Eremitagen *(ashrama)* leben.

Dann gibt es auch noch sehr viele ganz gewöhnliche Menschen, die sich bei Erreichen eines gewissen fortgeschrittenen Alters häufig in die Peripherie des Dorfes zurückziehen, in dem sie ihr ganzes Leben verbracht haben, um dort in freiwilliger Isolierung den Augenblick ihres Endes zu erwarten.

Auf jeden Fall sind alle Personen, die eine asketische Lebensart gewählt haben, immer Träger großen Respekts und allgemeiner Verehrung. Schon seit den ältesten Zeiten wurde die Askese *(tapas)* als ein besonders wirkungsvolles Mittel zur Erlangung geistiger Errungenschaften angesehen. Die Texte benutzen eine sehr vielfältige Terminologie für die Benennung des Asketen: Er wird *muni* genannt („der das Gelübde des Schweigens [*mauna*] abgelegt hat"); oder *yati* („der die Leidenschaften unter Kontrolle hat"), oder *yogin* („der der Yoga-Disziplin folgt"); oder *patrin* („der die Bettelschale trägt"); oder *dandin* („der einen Stock trägt"); oder *tapasvin* („der *tapas* praktiziert"). Dieses letzte Wort bedeutet eigentlich „Wärme" und bezeichnet nicht nur die außergewöhnliche Wärme, die die großen Büßer in ihrem Körper durch asketische Übungen zu erzeugen imstande sind, sondern auch ganz allgemein die große Energie und Kraft, die die Askese freisetzen kann. Eine der schwierigsten Askeseübungen ist die *pancatapas* oder *pancagni* („Übung der fünf Feuer"), die darin besteht, unbeweglich von vier Feuern in den vier Himmelsrichtungen umgeben unter der brütenden Sonne (dem fünften Feuer) auszuharren. Zahlreich und sehr verschiedenartig sind die Übungen, denen sich nicht nur Asketen verschiedener religiöser Richtungen unterwerfen, sondern auch gewöhnliche Gläubiger oder Pilger, die sich von ihren Sünden befreien und besondere religiöse Verdienste erwerben wollen *(punya)*.

Die mythologischen Texte der *Puranas* bringen viele Beispiele von der außergewöhnlichen Macht verschiedener *asura* (Dämonen), die sie durch die Leidenschaft ihrer Askese erwarben und die das gesamte Universum verbrennen kann.

Durch diese Plage können sie den Willen der *deva* und sogar den von Brahma selbst brechen. Sie können sich außergewöhnliche Kräfte aneignen und so den *deva* die ihnen zustehende Herrschaft über die Welt entziehen. So entsteht in vielen Fällen der Anlaß zu einer Herabkunft des Gottes *Vishnu* auf die Erde zur Wiederherstellung der universellen Ordnung durch die Vernichtung der *asura* und ihrer ungerechtfertigten Herrschaft. Häufig wird die Askese jedoch auch nur ausgeübt, um eine Gnade zu erhalten, wie es die Geschichte des frommen und weisen Bhagiratha zeigt, der fähig war Tausende von Jahren auf einem Bein stehenzubleiben, um vom Himmel den himmlischen Fluß, die göttliche *Ganga* (Ganges), zum Geschenk zu erhalten, mit deren Wassern er seine eigenen Vorfahren von der Last einer schweren Sünde befreien wollte.

Bis wenigstens in die Zeit des berühmten Lehrers Panini (4. Jh. v. C.) war der am häufigsten benutzte Ausdruck für Bettelasketen *bhikshu.* Das *Mahabharata* nennt sie die *paramahamsa* („erhabene Wildgans"), die es noch heute gibt und die diesen Titel erst nach 12 Jahren asketischer Erfahrung tragen dürfen. Die *paramahamsa* sind im allgemeinen Lehrmeister oder Prediger mit sehr gründlichen Kenntnissen der Sanskritquellen und so vollkommen, daß sie keinerlei Verunreinigung ertragen können. In der Folgezeit wurde das Wort *bhikshu* (in pali: *bhikkhu)* immer ausschließlicher für die buddhistischen Mönche benutzt, während die Hindu andere Ausdrücke bevorzugten, z. B. *parivrajaka* („herumirrender religiöser Bettler") oder noch allgemeiner *sadhu.*

Die ältesten hinduistischen Asketen-Schulen waren an die Gestalt Shivas geknüpft, dem großen Asketen schlechthin, dem *Mahayogin,* während es Asketen-Schulen vishnuitischer Richtung erst ab der Zeit Ramanujas gibt. Das Wort *samnyasin* (von *samnyasa:* „Verzicht") meinte im eigentlichen Sinne nur die Asketen der zehn von Shankara gegründeten Orden *(dashanamin)*, später dann im allgemeinen alle „Verzichtenden". Es wurde gewöhnlich nur als Bezeichnung für die shivaitischen Asketen benutzt (auch *dandin* oder *ekadandin:* „mit einem Stock"), da man sie als *samnyasin* schlechthin betrachtete, auch wenn nicht alle *samnyasin* sind. Die vishnuitischen Asketen des Ordens von Ramananda heißen noch heute *vairagni* (von *vairagya:* „asketische Loslösung"). *Tridandin* („mit drei Stöcken") dagegen werden die sri-vishnuitischen Asketen genannt, die ausschließlich aus der brahmanischen Kaste stammen. Die Wortzusammensetzung *naishthika-brahmacarin* (vollkommen oder endgültig keusch) bezeichnet Mönche, die wie der verehrte Shankara ein asketisches Leben führen, ohne vorher die Erfahrung eines Familienlebens gemacht zu haben.

Die Ikonographie zeigt *Shiva* als großen Asketen auf einem Tigerfell sitzend. Deswegen tragen die bedeutendsten shivaitischen Asketen auf ihren Schultern ein Tiger- oder Pantherfell, das sie auch als Teppich zum Sitzen benutzen. Der Autor hat das Weiterleben dieses Brauches bei einem Treffen im Februar 1994 mit dem gegenwärtigen *shankaracarya* des Klosters von Kanci, Jayendra Sarasvati, selbst feststellen können, der damals gerade eben zum Nachfolger von Candrasekharendra Sarasvati ernannt worden war.

Die shivaitischen Asketen tragen eine ockerfarbene Kutte, weswegen sie als „rote Bettler" bekannt sind, während die vishnuitischen Asketen wegen der Farbe ihrer Kleidung die „weißen Bettler" genannt werden. Jede der wichtigsten Asketen-Gemeinden hat aber eine Gruppe von Mönchen, die wie die Jaina-Mönche *digambara* („luftgekleidet") die Nacktheit pflegen und deswegen *nagna* (in Hindi: *naga-sadhu)* genannt werden. Sie sind nur durch den *tilaka,* das Zeichen religiöser Herkunft auf der Stirn, voneinander unterscheidbar. Das Stirnzeichen der shivaitischen Mönche ist das *tripundra,* aus drei horizontalen Linien bestehend, das die dreifache Disziplin in Körper, Wort und Gedanken versinnbildlicht. Es wird mit Asche aus dem Kot der Kuh *(vibhuti)* oder aus Krematorien gezogen. Das Stirnzeichen der vishnuitischen Mönche kann mit verschiedenen Substanzen gezogen werden (vor allem mit Sandelholzsalbe) und besteht aus zwei vertikalen Linien, die eine dritte rote oder weiße Linie einschließen können oder auch einen roten oder schwarzen Punkt. Die *samnyasin* haben immer einen glattrasierten Kopf, die anderen shivaitischen Asketen unterziehen sich der Rasur der Kopfhaare nur beim Augenblick der Initiation. Danach tragen jedoch viele ihre Haare sehr lang, entweder offen oder gebunden in einem großen Knoten oben auf dem Kopf. Die shivaitischen Asketen haben außerdem um den Hals einen Rosenkranz aus Samen des *rudraksha* (Elaeoarpus ganitrus) mit 32, 64 oder 108 Körnern und in der Hand einen *kamandalu,* eine Art Wasserkrüglein aus Terracotta oder Holz. Der Rosenkranz der vishnuitischen Asketen besteht dagegen aus Körnern der *tulasi* (Ocymum sanctum, Basilienkraut). Im allgemeinen entstammen die *samnyasin* den ersten drei *varna*. Die *naga-sadhu* nehmen jedoch auch *shudra* in ihre Reihen auf.

Bei den shivaitischen Asketen nehmen die *Natha-panthin* einen besonderen Platz ein. Das sind Yogin, die dem Weg des legendären Gorakh folgen.

Die vishnuitischen Asketen haben Namen, die auf *dasa* (Sklave) oder *sharana* (Zuflucht) enden. Sie unterteilen sich in mindestens vier Hauptrichtungen *(catuh-sampradaya)*, die sich gemäß gleich vielen Lehrmeinungen trennen. Die heute wichtigste Asketen-„Sekte“ vishnuitischer Richtung ist die der *Ramanandin,* die sich nach der Lehre Ramanandas richtet. Sie nimmt Personen aller Kasten auf und teilt sich in drei wichtige Gruppen auf, eingeschlossen die militanten *naga.* Ihre großen Zentren sind Benares, Ayodhya und Citrakuta (in Uttar Pradesh). Für die *Ramanandin* und ganz allgemein für alle Asketen vishnuitischer Prägung ist die *bhakti* von außerordentlicher Wichtigkeit, d. i. die Andachtsseite des Glaubens. Ihre Klöster werden von Äbten (in Hindi: *mahant)* geleitet, und sie verwalten sowohl Schulen *(patha-sala)* als auch Zentren der Pflege von Rindern und anderen Tieren *(goshaka).*

Das Panorama der Mönchs- und Asketen-Tradition im hinduistischen Indien ist damit noch nicht erschöpft, denn es gibt auch noch reformierte „Sekten“, die nur in einigen Gebieten verbreitet sind; z. B. die *Virashaiva* oder *Lingayat* und die *Mahanubhava* aus Karnataka oder die asketische Tradition der Prediger der Sant.

Wenn ein Asket nach einem Leben im Verzicht stirbt, wird er entgegen den gebräuchlichen Riten nicht verbrannt wie die gewöhnlichen Sterblichen, sondern er wird begraben oder ganz einfach der Strömung eines Flusses überlassen. Denn der Asket oder Mönch lebt bereits in den Dimensionen der absoluten Wirklichkeit, obwohl er noch von dieser Welt ist. Er ist ein befreiter Lebender *(jivan mukta)*, ein Geschöpf also, das jede Bindung zur Welt bereits vollkommen von sich gestoßen hat.

5.3 Das Gute und das Böse

All diejenigen jedoch, die in der Welt leben und dabei an sie gebunden sind durch ein dichtes Netz der vom „besonderen“ *dharma* geregelten Handlungen, müssen mit dem eisernen Gesetz des Verdienstes *(punya)* und des Versäumnisses *(papa)* abrechnen, das entweder gutes karman, d. h. Vergnügen *(sukha)*, oder schlechtes karman, d. h. Schmerz *(dukha)*, verursacht. In anderen Worten, sie müssen mit dem Gesetz der Moral ihre Rechnung machen. Wie in allen anderen Religionen nimmt auch in der hinduistischen die Frage nach der Moral einen zentralen Platz im Leben und in der religiösen Überlieferung ein. Wenn man sich auf die Quellen der brahmanischen Überlieferung bezieht, so sieht man, daß nach hinduistischer Ansicht kein absolutes Prinzip des Bösen existiert. Es wird eher als das Fehlen von Gutem verstanden. Das wird z. B. in dem Gebet der *Brhadaranyaka-Upanishad* deutlich, in der man das Gute als Dasein, Licht, Unsterblichkeit und das Böse als Nicht-Sein, Finsternis, Tod beschreibt. Tod und Furcht *(bhaya)* sind vielleicht die einzigen Aspekte des Bösen, die nicht durch die Negation eines ihm entsprechenden Guten ausgedrückt werden. Ich würde sogar sagen, daß sie die einzige „Benennung“ des Bösen sind, die nicht den Ausdruck des Fehlens benutzen.

Der schon erwähnte *shankaracarya* Swami Bharati Krishna Tirtha fragt sich in seinem wertvollen Bändchen über den *sanatana-dharma* („die ewige Norm“), welches die grundlegenden Bedürfnisse des Menschen seien, und nennt dann fünf an der Zahl, die jedem einzelnen Menschen angeboren sind und also keiner weiteren Erklärung bedürfen: der Wunsch nach Leben, nach Wissen, nach Freude–Vergnügen (dem Fehlen von Schmerz), nach Freiheit und nach Stärke. Er unterscheidet dann die vier „inneren“ oder „natürlichen“ Eigenschaften des Menschen *(lakshana)* von den sekundären *(upalakshana)* oder „erworbenen“ und kommt zu dem Schluß, daß das natürliche Wesen des Menschen die Freude ist, das Leiden dagegen eine „erworbene“ Eigenschaft ist. Es wäre als Beweis dafür ausreichend das urtümliche Verhalten der Menschen zu beobachten, um sich dieser Tatsache bewußt zu werden. Sie tendieren von Natur aus dazu, negative Ereignisse zu betonen und nach deren Gründen zu forschen, während sie nie nach den Ursachen freudiger Ereignisse fragen. Man stellt sich die Frage: „Warum geht es dem oder jenem schlecht?“ „Warum ist der oder jener gestorben? Was mag ihm geschehen sein?“ Aber nie fragt man, warum es einem gut geht oder warum er glücklich am Leben ist. Der Mensch kann zwar sagen: „Ich bin lebendig“, wie er „Ich bin wach“ sagen kann. Er kann aber nicht „Ich bin tot“ oder „Ich schlafe“ sagen, sondern nur „Ich werde sterben“, „Ich schlafe ein“ oder „Ich habe geschlafen“. Ebenso wie der Zustand des Wachens charakterisiert also das Dasein *(sat)* das Leben und nicht der Tod. Die Freude *(ananda)* und nicht das Leiden ist der „natürliche“ Zustand. Dasselbe kann von der Intelligenz *(cit)*, der Fähigkeit zur Erkenntnis, gesagt werden. Diese drei Eigenschaften sind also nicht nur Gott eigen, sondern gehören auch zum Selbst *(atman)*, das außerdem eine totale und grenzenlose Freiheit *(mukta-svarupa)* genießt und an der Hoheit *(aishvarya)* in seiner Übereinstimmung mit Gott teilhat. Der Mensch will ja Gott werden: *naro narayano bubhusati*. Auch die eindeutigen Vereinfachungen, die der *svamin* aus didaktischen Gründen macht, bestätigen nur, daß das indische Denken dem Bösen keine eigene Existenz zubilligt und außerdem leugnet, daß es „von Natur aus“ zum Menschen gehöre.

Tugenden und ethisches Verhalten

Jede Abhandlung über Ethik im Kontext der hinduistischen Religion muß von der Definition des Konzeptes *dharma* und von seinen Wertvorstellungen ausgehen. Ich habe bereits im 1. Kapitel in den Teilen „Allgemeine Norm“ und „Besondere Norm“ dieses Thema behandelt. Ich habe von den beiden Aspekten jenes „ewigen“ *dharma (sanatana)* gesprochen, die die tragende Struktur des gesamten religiösen und sozialen Lebens der Hindu bilden. Betrachtet man die soziale Seite der Moral, die also vor allem die „besondere“ Norm betrifft, kann man sagen, daß das ethische Verhalten für einen Hindu sich hauptsächlich auf Übereinstimmung mit der Gesellschaft gründet. Das Handeln jedes einzelnen muß übereinstimmen mit seiner „besonderen Kompetenz“ *(adhikara)*. Die „Unterscheidung der Kompetenzen“ *(adhikara-bheda)*, die von der in der Gesellschaft übernommenen Funktion abhängt, bedeutet auch eine Unterscheidung der vom Menschen „begehbaren Wege“ zur Erreichung seines letzten Zieles, der Befreiung *(moksha, mukti)* von aller Konditionierung.

Die Gelehrte Saral Jhingran hat in einer Studie über die Ethik der Hindu die Oberflächlichkeit bei der Beschäftigung mit diesem Thema herausgearbeitet, die für die ersten indologischen Studien bezeichnend war. Sie hat auch die Tendenz der ethisch-religiösen Kultur Indiens zur verschönernden Anschauung ethischer Probleme unterstrichen. Sodann arbeitet sie verschiedene „Typen von Moralität“ heraus und formuliert eine umfassende Klassifikation, die man leicht auf die hinduistische Lehre von den drei „Wegen“ *(marga)* zur Rettung zurückführen kann: den Weg der Tätigkeiten, den des Wissens und jenen der Liebe, von dem noch später die Rede sein soll. Auf jeden Fall scheint die Dimension, die wir die „vertikale“ nennen können, die also die Beziehungen der Menschen zur absoluten Wirklichkeit betrifft, derjenigen überlegen zu sein, die wir die „horizontale“ nennen können, die also die zwischenmenschlichen Kontakte und das Sozialverhalten betrifft. Wie bereits Giuseppe Tucci bemerkt hat, ist die Moral im Hinduismus eine „asketische“, fast eine „Propädeutik der Gnosis“. Sie beschäftigt sich nicht mit den Bedürfnissen des Gesellschaftslebens und den Beziehungen zwischen Mensch und Mensch, sondern eher mit denen des „Menschen zum Absoluten“.

Wenn die Moral sich auf das letzte Ziel des Menschen bezieht und so „Norm“ für alle wird, kommen die tragenden Tugenden des „universalen“ Aspektes oder des allgemeinen *dharma* zum Tragen: Es sind das die Wahrhaftigkeit *(satya)* und die Gewaltlosigkeit *(ahimsa)*, zu denen sich die geistigen Qualitäten der „Reinheit“

oder „inneren und äußeren Reinigung" *(sanca)*, der „Enthaltsamkeit" *(brahmacarya)*, der „inneren Disziplin" *(dama)* und auch der Almosengabe *(dana)* als Tugenden gesellen, die für das gegenwärtige kosmische Zeitalter gelten. Texte über die Prinzipien dieser Ethik, die sich an einem letzten Ziel orientiert, sind äußerst zahlreich und in der gesamten Religionskultur Indiens vertreten.

Eine interessante Parabel aus der *Brhadaranyaka-Upanishad* (V,II,1–3) erzählt von der religiösen Lernzeit, die die drei Arten von Wesen *(deva, asura* und Menschen) bei *Prajapati,* dem Herrn aller Ahnen, verbrachten. Am Ende dieser Zeit baten ihn die *deva* zu sprechen, und er sagte *„da"*. Dann fragte er sie, was sie verstanden hätten. Und sie antworteten, sie sollten „sich selbst kontrollieren" (Wurzel *dam).* Dieselbe Silbe sprach *Prajapati* auch gegenüber den Menschen, die daraus verstanden, daß sie „schenken" sollten (Wurzel *da)*, und schließlich auch gegenüber den *asura,* die verstanden, daß sie „Mitgefühl üben" sollten (Wurzel *day).* Und seit dieser Zeit hört die göttliche Stimme nicht auf *da da da* zu tönen und damit zu lehren, daß man innere Disziplin *(dama)*, Almosengabe *(dana)* und Mitgefühl *(daya)* praktizieren soll.

In voller Übereinstimmung mit dieser Parabel aus den Upanishaden rühmt das *Mahabharata* häufig die innere Disziplin (XII,160,6 ff und 13–16) und die sie praktizierende Person (*danta,* XII,160,36). Der gleiche Text widmet fast sein gesamtes XIII. Buch der Erklärung des Gebotes vom „Schenken", zählt das Mitgefühl zu den höchsten Tugenden (XII,162,9b), hebt das Mitleid und die Mitmenschlichkeit als höchste moralische Norm hervor (III,313,76ab) und präsentiert die „ewige Norm der Guten" *(satam dharmah sanatanah)* als „Güte, Großzügigkeit und Fehlen von Feindseligkeit gegenüber allen Wesen in Worten, Gedanken und Handlungen". Durch den Mund des Weisen Nidura spricht er außerdem von einem „achtfachen Weg des *dharma*", der Opferhandlungen, Rezitierung des Veda, Almosengabe, Askese, Wahrhaftigkeit, Geduld, Mitgefühl und Begierdelosigkeit bedeutet. Er fügt hinzu, daß die ersten vier auch aus Heuchelei praktiziert werden können, die anderen vier jedoch nur aus tiefstem Herzen *(mahatman)* möglich sind. Ähnliche Auflistungen von Praktiken religiöser Frömmigkeit finden sich in vielen anderen Texten der hinduistischen Religionsüberlieferung. Die am häufigsten zitierten Tugenden sind: Wahrhaftigkeit, Reinheit, Unschuld, Neidlosigkeit, innere Disziplin, Mitgefühl, Geduld, Großzügigkeit, Kontrolle über die Sinne, Toleranz.

Diese Tugenden sind die Basis des moralischen Verhaltens *(shila)* und spiegeln das Schema der fünf „Enthaltungen" *(yama)* und der fünf „Pflichten" *(niyama)* wider, das das ethische Fundament für die geistige Disziplin des Yoga ist. Dieses Schema wird von Patanjali in zwei Aphorismen (II,30 und 32) in seinem berühmten Yoga-sutra beschrieben. Die *yama* sind: *ahimsa* („Unschuld", Sanftheit, Gewaltlosigkeit als Verzicht auf das Schlagen und Respekt vor jeder Form des Lebens), *satya* (Wahrhaftigkeit als Kohärenz im Wort, Denken und Handeln), *asteya* (Ehrenhaftigkeit als Enthaltung vom Stehlen), *brahmacarya* (Keuschheit oder sexuelle Enthaltsamkeit) und *aparigraha* (Armut als Verzicht auf Besitz und die Mittel des Vergnügens). Die fünf *niyama* sind: *sanca* (innere und äußere Reinheit, verstanden als körperliche Sauberkeit und Reinigung von Geist und Denken durch die Unterdrückung von Leidenschaften, die als geistige Unreinheiten verstanden werden), *samtosha* (Zufriedenheit, die darin besteht, mit dem zufrieden zu sein, was man hat, indem man seine Bedürfnisse auf das Notwendigste beschränkt), *tapas* (Askese, die die Fähigkeit bedeutet Gegensätze wie Kälte und Hitze o. ä. ruhig zu ertragen und verschiedene Bußübungen wie z. B. das Fasten beinhaltet), *sadhyaya* (Gebet, verstanden als das Wiederholen kurzer Formeln, oder das Selbstaufsagen von heiligen Texten) und *ishvarapranidhana* (die totale Hingabe an Gott, die darin besteht, Gott alle Handlungen zu widmen und auf ihre Früchte zu verzichten).

Im Unterschied zu den Quellen des Yoga nennt ein wichtiger puranischer Text, die *Uddhava-gita* (Gesang des Uddhava), 12 *yama* (Unschuld, Wahrhaftigkeit, Nicht-Stehlen, keine Bindungen haben, Scham, keine Anschaffungen machen, Religiosität, Keuschheit, Schweigen, Festigkeit, Geduld, Furchtlosigkeit) und 12 *niyama* (innere und äußere Reinheit, murmelnde Wiederholung des göttlichen Namens, Buße, Oblationen ins Feuer, Vertrauen, Gastfreundlichkeit, Anbetung, Besuch heiliger Orte, Bemühen um das Wohl anderer, Zufriedenheit, Dienst am Meister).

Wohlwollen *(maitri)* und Mitgefühl *(karuna)* sind zusammen mit Akzeptanz und Gleichgültigkeit gegenüber Vergnügen oder Leiden und Verdienst oder Versäumnis gemäß Patanjali die Vorbedingung für das Erreichen von Zufriedenheit oder geistiger Ruhe, die die wichtigsten Ziele eines Yogin sind. Bhoja erläutert in seinem Kommentar dazu, daß man „Wohlwollen und nicht Neid gegenüber den Glücklichen fühlen und sich über ihr Glück freuen soll. Den Unglücklichen gegenüber soll man Mitgefühl und nicht Abwendung zeigen und versuchen ihren Leiden ein Ende zu setzen. Den Guten gegenüber soll man Genugtuung empfinden und Sympathie wegen ihrer Güte. Den Bösen gegenüber soll man nichts anderes empfinden als Gleichgültigkeit, aber weder Genugtuung noch Feindseligkeit."

In der *Bhagavad-gita* ist die ethische Lehre als untrennbar von der Spiritualität und der tiefen Meditation dargestellt. Man spricht hier in bezug auf unser Thema vom Menschen, der unbeirrbar in seinem vollkommenen Rückzug ist, dessen Weisheit tief verwurzelt ist und der bereit ist zur Einsicht in die erhabene Realität (2,55 ff); vom wahrhaftigen Yogin, der sich selbst überwindet und frei, ruhig, fest und in Frieden lebt (6,7 ff); von tugendhaften Personen, unter denen der Weise, der im Geiste mit Gott verbunden ist, an der Spitze steht (7,16 ff); von den Edelmütigen, die teilhaben an der göttlichen Natur (9,13 ff); von den guten Anlagen der Seele, die von Gott kommen (10,4 ff); von den Eigenschaften derjenigen, die „Gott lieb sind" (12,13–19); vom „Wissen", verstanden als ein Höhepunkt der Tugend (13,7–11); von den „Begabungen derer, die für ein göttliches Schicksal bestimmt sind" (16,1–3); von den Qualitäten eines Brahmanen, der ein Ideal der moralischen Vollkommenheit darstellt (18,42); und von der Freiheit von allen Bindungen ans Handeln, die es dem Menschen erlaubt, seine Identität mit der erhabenen Realität zu erlangen (18,50 ff).

In vielen Abschnitten zahlreicher *Purana*-Texte erhalten die Charakteristiken des Verhaltens der „Guten" mythische Formen: So ist das Bild vom *dharma* als Stier bekannt, dessen Glieder, besonders seine Beine, jeweils wichtige Tugenden versinnbildlichen. Das *Shiva-Purana* erklärt in diesem Zusammenhang, daß die Wahrheit (also Wahrheit, Askese, Mitgefühl und Großzügigkeit) seine Beine sind, Geduld seine Hörner, Ruhe seine Ohren …, Vertrauen in Gott seine Augen und Anhänglichkeit an die Meister sein Atem.

Der wichtigste Vertreter des Advaita-Vedanta, *Shankara* oder Shankaracarya, sagt in seinem Kommentar zum ersten *sutra* des *Brahma-sutra* von Badarayana: Wenn der Mensch die Befreiung oder *brahmajijnasa* (Wunsch das Brahma kennenzulernen) anstrebt, dann soll er sich mit Hilfe der sadhana-catushtaya-Praxis (die vier Mittel zur geistigen Verwirklichung) reinigen. Das sind: Unterscheidung zwischen dem Bleibenden und dem Vergänglichen *(nityanitya-viveka)*, Gleichgültigkeit *(viraga)* dem Genuß von Gütern dieser und anderer Welten gegenüber, Erfolg in der Ausübung der sechs Tugenden, die mit der Ruhe *(sama)* und der inneren Kontrolle *(dama)* beginnen; und endlich der brennende Wunsch die Befreiung zu erlangen *(mumuk-shutva)*. Der große Meister des Vedanta behandelt dieses Thema ausführlicher im *Vivekacudamani* („die Krönung der Unterscheidung"), wo die Liste der sechs Tugenden, die mit *sama* und *dama* beginnen, genau beschrieben ist und weitergeführt wird mit der Loslösung von den Sinnesdingen *(uparati)*, der Geduld *(titiksha)*, dem Glauben *(shraddha)* und der konzentrierten Aufmerksamkeit *(samadhana)*.

Auch die Zusammenstellung dieser Liste von Tugenden bestätigt die Tendenz der indischen Seele, was das moralische Verhalten betrifft, den Wert der Qualitäten zu unterstreichen, die den Menschen zur vollkommenen Sammlung, zur inneren Ruhe und zur Suche nach einer geistigen Identität führen. Es handelt sich hier nicht um die Entdeckung von Lehrmeistern aus dem mittelalterlichen oder dem modernen Indien, sondern um eine Tendenz, die schon seit der vedischen Epoche deutlich ist. Als Beweis dafür reicht es, die Liste der Tugenden von *Shankara* mit der zu vergleichen, die in einem Abschnitt der *Brhadaranyaka-Upanishad* (IV,iv,23) steht, wo man die „Größe des Brahmanen" rühmt, der die Gnosis erfahren hat, die wahre Kenntnis vom Selbst: „Der so weise ist, so ruhig *(shanta)*, so kontrolliert *(danta)*, von allen Sinnesdingen abgerückt *(uparata)*, geduldig *(titiksha)*, sich in aufmerksamer Sammlung *(samahita)* befindet, sieht sich im Selbst, sieht alles als Selbst. Es beherrscht ihn kein Übel, sondern er beherrscht alles Übel, es verbrennt ihn kein Böses, er verbrennt alles Böse. Frei vom Übel, von der Leidenschaft, vom Zweifel, ist er ein Brahmane." Es scheint mir eindeutig, daß man in der „Freiheit vom Zweifel" der alten Upanishad den Glauben sehen kann, der die einzige der sechs Tugenden ist, von denen der Meister des Vedanta spricht und die in dieser eben erwähnten Liste fehlt. Sie ist im Grunde nach ethischer Ansicht in Indien die erste Tugend, die allen anderen vorangeht, da sie das Gegenteil zur Unwissenheit bedeutet, dem ersten und größten aller Übel.

Das moralisch Böse

Wenn man die vorangestellten Überlegungen berücksichtigt und besonders den Gedanken, daß nach hinduistischer Überzeugung kein Prinzip des Bösen existiert, sondern daß es eher als Abwesenheit oder Entzug oder auch Verneinung dessen, was gut ist, verstanden werden muß, so muß man daraus den Schluß ziehen, daß das böswillige Verhalten nur im Gegensatz zu dem definiert werden kann, was als tugendhaftes Verhalten angesehen wird. Unter dem hinduistischen Gesichtspunkt gibt es vor allem ein „unmoralisches" Verhalten in bezug auf den Ritus, das in mangelnder Beachtung der Pflichten besteht, die von den Texten über den *dharma* diktiert werden und in denen auch die gesamte Liste sozialen Fehlverhaltens bestehend aus der Nicht-Beachtung der Kastenpflichten miteinbegriffen ist. Wenn man nur Bezug nehmen will auf die *bhakti*-Lehre, dann gibt es eine Amoralität, die darin besteht, der Liebe Gottes zu widerstehen, was so weit gehen kann, daß man dann in einem Opferritus von ihm getötet werden kann, woraus Rettung und Wiedergeburt entsteht. Das geschieht z. B. mit jenen dämonischen Wesen, die Opfer der *avatara* von Vishnu werden. Dann gibt es aber auch noch eine Amoralität, die sich den höchsten Werten des Geistes widersetzt und sich in eine Beziehung zur Welt umsetzt, wo das letzte und leuchtende Ziel absoluter Freiheit im Brahman aus den Augen verloren ist.

In dieser Perspektive kann man sozusagen im Kontrast zu den „Tugenden der Guten" moralische „Laster" unterscheiden, die die folgenden sind: Begierde und Leidenschaft *(kama)*, Heißblütigkeit *(krodha)*, Begierde *(lobha)* – die die *Bhagavadgita* als „Tor zur Hölle" *(*16,21) betrachtet – und außerdem Haltlosigkeit *(moha)*, Stolz *(mada)* und Neid *(matsarya)*. Und wenn die größten Tugenden für die Hindu Gewaltlosigkeit als „Gabe der Furchtlosigkeit" *(abhayadana)* und Wahrhaftigkeit sind, dann kann man daraus schließen, daß das moralische Übel vor allem in der Furcht besteht, die der Gewalt *(himsa)* entspringt, und in der Lüge, die die Wahrheit beleidigt, leugnet oder verschweigt.

Sehr stark ist in der hinduistischen Überlieferung der Sinn für „Schuld" *(papa)* oder „Sünde" besonders in bezug auf die Versäumnisse ritueller Art. Die diesbezügliche Terminologie ist sehr reich und vielfältig. Sünde ist vor allem etwas, das ein „Vergehen" beinhaltet, was das zukünftige Leben eines Menschen negativ beeinflussen kann. Das eiserne Gesetz von der Entlohnung aller Taten *(karman)*, das fast automatisch alles Gute und Böse bestimmt, das dem einzelnen auf der Basis guter oder schlechter Taten zugeteilt wird, entzieht jeder Idee von „Vergebung" Grund und Boden. Das kann man schon aus der Geringfügigkeit der diesbezüglichen Terminologie in den heiligen Texten der Hindus entnehmen. Worte wie *kshama, titiksha* und *marshana* (Geduld), *kshanti* und *sahishnuta* (Toleranz) haben eine Bedeutung, die nur teilweise der von „Vergebung" entspricht. Wenn von etwas die Rede ist, das dem christlichen Konzept von „Vergebung der Sünden" entspricht, benutzt man Ausdrücke wie *papa-dosha-mukti* oder *marjana,* was „Befreiung" oder „Reinigung" von jener Schuld, die Sünde ist, bedeutet. Diese Ausdrücke bezeichnen weniger die Vorstellung von Vergebung als eher eine Art „ritueller" Auslöschung von Sünden oder Schuld dank erworbener Verdienste oder sofort ausgeführter reinigender Sühneriten.

Pio Filippani Ronconi spricht von einer „Auffassung von Sünde als eine Art schädlicher Substanz, als eine Art Schirm, der vom heiligen Zustand trennt". Und er fügt hinzu, daß „dieser Zustand beseitigt werden kann durch eine Buße, die häufig die Form von Askese *(tapas)* annimmt und die in verschiedenartigen Kasteiungen, Fastenübungen, Enthaltsamkeiten, verlängertem Anhalten des Atems, besonderen Körperhaltungen usw. besteht, die den Yogaübungen gleichzusetzen sind". Sie werden als eine Form der vorbeugenden Sühnung angesehen, weil sie den Menschen nicht nur über die Sünde, sondern auch über den *dharma* hinaus erhebt.

Das moralische Übel charakterisiert besonders das gegenwärtige Zeitalter *(Kali-yuga)*, welches das letzte und korrupteste der vier kosmischen Zeitalter ist, in dem der „Stier" des *dharma* in seinem Gleichgewicht gestört ist durch das Stehen auf nur einem einzigen Bein und in dem das Hauptmittel zur Rettung die Almosengabe *(dana)* oder nach einigen Texten auch das Lobsingen auf den Herrn (*Narada-Purana* I,41,91) ist. Die Bedingungen für das menschliche Dasein im Kali-Zeitalter haben jedoch im ganzen einen positiven Aspekt, da gerade in dieser kosmischen Zeit, wo Korruption und Verfall ihren Höhepunkt erreichen, eventuelle Verdienste besonders leicht zu erwerben sind. Genau in dieser Zeit herrscht die Vision der *bhakti* vor, die sich auf einer Beziehung von Hingabe, Liebe und Teilnahme zwischen den Gläubigen und Gott gründet. Bei dieser Anschauung scheint die Logik von Verdienst und Vergehen überwunden zu sein zugunsten eines Eingreifens von Gott, der in einem einzigen Augenblick jede Sünde durch das „Geschenk" seiner Gnade reinigen kann. Die Texte der alten Überlieferung des Hinduismus *(Purana)* und hier besonders die Texte des *Mahatmya-Purana,* in denen nicht nur heilige Orte, sondern auch jede Art von Mitleidsübungen besungen werden, zeigen uns zahllose Beispiele für Rettung, die auf diese Art und Weise errungen wurde. Das entscheidende diesbezügliche Wort scheint jedoch *Krishna* im letzten Abschnitt des „göttlichen Gesanges" zu sprechen, wenn er dem Helden Arjuna folgendes rät: „Laß alle Regeln des Handelns beiseite und suche allein Zuflucht bei mir: Betrübe dich nicht, denn ich werde dich befreien von allem Übel" (*Bhagavad-gita* 18,66). In der hinduistischen Tradition, besonderes in den von der *bhakti*-Lehre beeinflußten Schulen, übernimmt also Gott die gesamte Verantwortung für die Besiegung des Bösen und der Ängste des Menschen, indem er sich ihm als Garant für die Wiedergeburt als göttliches Wesen in mysteriöser und mystischer Vereinigung mit ihm selbst anbietet, dessen Form „Gesamtheit" ist (11,16), sofern der Mensch ihn liebt und sich ihm mit seinem ganzen Selbst schenkt (18,62).

Das Übel des Daseins

Wenn wahr ist, was die *Chandogya-Upanishad* in ihrem berühmten Abschnitt VII,2 ff sagt, daß die Glückseligkeit nur im Unendlichen wohnen kann, dann folgt daraus, daß es ein noch viel tiefer wurzelndes Übel als das moralische gibt, das auf engste Weise mit der einfachen Tatsache des Daseins in der Zeit verbunden ist. Dieses strukturelle Übel der menschlichen Existenz ist die Begrenztheit. Und hierin besteht die eigentliche Ursache für jenes existentielle „Unwohlsein", dem das philosophisch-religiöse Denken Indiens die Bezeichnung *duhkha* gegeben hat.

Es gibt jedoch noch einen anderen Aspekt des existentiellen Unbehagens, welcher engstens mit dem Problem der Moral verbunden ist. Es handelt sich um das Unbehagen, das dem Begehren *(kama)* entspringt, der Triebfeder, die den Menschen zur Handlung treibt. Es war ja auch das Begehren, was als erstes aus der Unbeweglichkeit des großen Einen als Quelle seiner Kraft und seiner kreativen Tätigkeit entstand, wie es im bekanntesten Hymnus des *Rig-veda* (X,129,4*)* zu lesen ist. Und das Begehren treibt jeden Menschen zum Handeln, wobei so das Rad des *karman/samsara* in Bewegung gesetzt wird, dessen dauerndes Drehen *(vrtti)* aus jeder Freude und jedem Leid eine Entlohnung macht. Es herrscht die Überzeugung, daß es „eine subtile Beziehung zwischen der Handlung und ihren Früchten" gibt, nicht nur in dem Sinne, daß korrekt ausgeführte Opferhandlungen die erwünschten Resultate erbringen, sondern auch in dem Sinne, daß jede Frucht menschlicher Handlung früher oder später in diesem Leben oder in einer anderen Existenz zur Reifung kommen muß. Das führt schließlich zu der Ansicht, daß „jeder Mensch das Kreuz seiner eigenen Frevel trägt".

Das Wissen vom Karman, wo in der kultivierten Tradition alles Gute und Böse, das jeder genießen kann oder erleiden muß, seine Erklärung findet, ist jedoch in der Anschauung des volkstümlichen Hinduismus von heute nur einer der vielen Einflüsse, die die schmerzlichen Erfahrungen des Lebens bestimmen. Ein großer Bereich wird oft dem Schicksal *(daiva)* oder dem Glück *(tagdir)* – eine Vorstellung islamischen Ursprungs – eingeräumt, und außerdem einer langen Reihe von mysteriösen Einflüssen wie Hexen, Verfluchungen und erzürnbaren, überempfindlichen Dämonen.

Die letzte Ursache für das Böse

An diesem Punkt stellt man sich eine Reihe von Fragen: Warum ist das Dasein in seiner Begrenzung ein Übel an sich, und warum muß der Mensch dem unterworfen sein? Warum ist das Begehren als ursprüngliche Wurzel aller Handlungen und allen Verhaltens schlecht? Warum muß der Mensch gegen sich selbst einen so schwierigen Kampf führen, um es auszurotten? Welches also ist die grundsätzliche Ursache allen Übels? Die hinduistische Antwort ist sehr hart, aber auch äußerst klar: Im gesamten Universum gibt es nicht eine einzige Kreatur, die nicht unter Bedingungen der Unfreiheit lebt. Das Übel besteht also aus der Tatsache selbst, „Kreatur" zu sein. So sagt Agehananda Bharati: „Unfreiheit bedeutet Unwissenheit." Und das, was frei macht, ist „Wissen". Es ist Unwissenheit *(avidya)*, die die Ursache aller wichtigen Laster ist und die den Menschen an die schmerzhafte Erfahrung der Vergänglichkeit bindet. In der brahmanischen Überlieferung verlagert sich die Suche also wieder einmal von außen nach innen. Genau wegen der Unwissenheit entsteht im Menschen eine Art „Orientierungslosigkeit" *(moha)*, aufgrund derer er dummerweise Worte wie „ich" *(aham)* und „mein" *(mama)* ausspricht und also glaubt, als Individuum zu existieren und zu besitzen: Das wird dann *ahamkara* genannt, was „Ichsinn" oder „Egoismus" ist. Aufgrund dieser inneren Haltung entsteht Begierde *(lobha)*. Gemeinsam mit ihr zeigen sich die beiden grundlegenden „Sünden", aus denen alle anderen entstehen: das Fühlen von Anziehungskraft (oder Leidenschaft, das Sich-Hängen an Dinge: *vaga)* und Abneigung *(dvesha)*, die man auch *kama* und *krodha* („Begehren und Zorn"*)* nennen kann.

Die kurze Schlußfolgerung ist: Unwissenheit ist das, was wir „Unglauben" nennen. Und Wissen ist, was wir „Glauben" nennen.

Es handelt sich hier um eine Schlußfolgerung, die in Übereinstimmung mit der *Bhagavad-gita* steht, die in ihrem 17. Abschnitt sagt: „Der Mensch ist der Glaube: so wie sein Glauben ist, so ist er selbst."

5.4 Die drei Pflichten des Menschen

Der hinduistische Mensch wird nicht mit einer „Ursünde" geboren, von der er sich sofort reinigen muß, um den Weg seines Lebens zu beginnen. Er wird aber mit einer „dreifachen Pflicht" geboren, deren Erfüllung seine Aufgabe ist.

Die erste Pflicht besteht gegenüber den alten Weisen und Sehern, den *rshi,* die den Menschen die Wahrheit, die sie in ihrer Erleuchtung empfangen haben, gebracht und in den Büchern des Veda gesammelt haben. Diese Pflicht löst man durch das Opfer eines täglichen Studiums an den heiligen Texten und einer vor sich hinmurmelnden Wiederholung *(svadhyaya)* ein. Eine zweite Pflicht gibt es gegenüber den Vorfahren. Diese erfüllt man dadurch, daß man ihnen nicht nur eine Reihe ritueller Gaben anbietet, die ihnen ein Wohlergehen bei ihrem vorübergehenden Aufenthalt in den unterirdischen Welten sichern soll, sondern vor allem damit, daß man einen Sohn zeugt, der den Fortbestand der Sippe und auch die Erfüllung dieser rituellen Pflichten sichert. Die dritte Pflicht besteht gegenüber den Göttern, der man durch tägliche Anbetung nachkommt *(puja).* Es gibt aber auch komplexere Beschreibungen der Lehre von den „Pflichten" des Menschen. Das *Shatapatha-Brahmana* (I,7,2,5) fügt der eben beschriebenen Dreiheit die Pflicht gegenüber den Menschen hinzu, die man mit Gastfreundschaft erfüllt. Wenn man dann dieser Pflicht die gegenüber allen Lebewesen hinzufügt, kommt man zu einem Schema der 5 Pflichten, das sein Gegenstück in der Obliegenheit findet, täglich „5 Opferhandlungen" *(panca-yajna)* zu vollziehen, von denen ich im folgenden Kapitel sprechen werde.

5.5 Die Ziele des Lebens

Ohne Zweifel strebt der Mensch in diesem Leben vor allem nach dem Glück, wie auch immer dieses definiert wird. Oben wurde eine Analyse erwähnt, die von einem wichtigen *svamin* über die das Glück bestimmenden Elemente geschrieben wurde. Sie entsprechen genau denen, die man als Eigenschaften Gottes nennt. So könnte man also sagen, daß in hinduistischer Sicht Gott das höchste Gut ist und also das höchste Lebensziel jedes Menschen darstellt.

Auf seinem irdischen Weg zu diesem Ziel, das über diese Welt hinausgeht, soll der Mensch sich aber auch voll und harmonisch als Mensch verwirklichen. Dementsprechend soll er eine Dreiheit von Zielen für das menschliche Leben" *(purushartha)* verfolgen, die sich nach M. Piantelli „hierarchisch vom Subjektiven zum Objektiven, vom Nahen zum Fernen einordnen lassen". Die Reihenfolge wird vom *kama* eröffnet, das Begehren, Leidenschaft in der Liebe, erotische Erfahrungen, Vergnügen bedeutet und in dem auch der ästhetische Genuß miteinbegriffen ist, der der hinduistischen Kultur so wichtigen Vorstellung vom göttlichen Liebesspiel so nahe ist. Die grundlegenden Prinzipien des Liebesbegehrens und seines Genusses sind in einem Traktat gesammelt, den die Überlieferung dem Brahmanen *Vatsayana* zuschreibt, der ihn nach seinem Eingang in den *samnyasa* geschrieben habe. Es handelt sich hier um den berühmten Text *Kamasutra* (Aphorismen über die Liebe), dessen Hauptfigur, der „Mann aus der Stadt" *(nagarika)*, fast zum Symbol jeglicher Liebeskunst geworden ist. Zum „Problem" des *kama* und der erotischen Regungen, allgemeiner zum Problem des menschlichen Bedürfnisses nach einer Belohnung durch das Vergnügen in all seinen verschiedenen Erscheinungsformen hat das brahmanische Denken in seinem Versuch, diesem fundamentalen Streben einen religiösen Wert zu geben, drei mögliche Antworten. Die erste ist die des totalen Verzichts auf den *kama* im asketischen Mönchsleben. Die zweite schlägt vor, die gesamte Liebesfähigkeit auf die Person Gottes zu übertragen in einer Suche nach einer Beziehung aus reinster Liebe *(preman)*, in voller Freude und Zärtlichkeit, in Frömmigkeit *(bhakti)* und totaler, vertrauender Hingabe *(prapatti)*. Die dritte schließlich gibt die Möglichkeit an, eine innige Vereinigung mit der absoluten Wirklichkeit durch den *kama* zu erlangen, und zwar in einer rituellen Erhöhung nicht nur der sexuellen Liebe, sondern auch anderer Arten von Genüssen, wie es im Tantrismus der Fall ist.

Das Wort *artha*, das die zweite der drei „menschlichen Pflichten" bezeichnet, bedeutet sowohl „Ziel" als auch Objekt und Reichtum, Wohlstand, Erfolg und also „Macht", die an den *kama* gebunden ist, da sie die Erfüllung des Begehrens erlaubt. *Artha* umfaßt sowohl die Sphäre öffentlichen Interesses (Wohlstand im Land ist Garantie für die Möglichkeit der Untertanen, ihre menschlichen Ziele in Frieden zu verfolgen) als auch die des reinen privaten Interesses jedes einzelnen *(svartha)*. Die Abhandlungen, die die technische Seite dieses Themas behandeln *(artha-shastra*, besonders *Kautiliyartha-shastra*, das dem berühmten Minister von Candragupta Maurya namens Kantilya oder Canakya aus dem 4. Jh. v. C. zugeschrieben wird), berechtigen im Namen des staatlichen Wohlergehens zu jeder Art von Gewaltanwendung *(himsa)* auf der Grundlage des erbarmungslosen Gesetzes von *matsya-dharma* oder *matsya-nyaya* (Gesetz der Fische): Der größere Fisch frißt den kleineren.

Von der dritten Pflicht und ihren Ursprüngen habe ich ausführlich gesprochen. Es ist der *dharma*, sowohl als allgemeine „Norm" als auch als besondere Pflicht. Hier handelt es sich um die bedeutendste Pflicht, da außer Zweifel eine geordnete Welt für das Genießen der Freuden des Lebens (beginnend mit dem sexuellen Vergnügen) und für den Reichtum und die Macht besteht. Genauer gesagt muß eigentlich der *dharma* den Brahmanen als besondere Aufgabe *(adhikara)* zugeordnet werden, während *artha* besonders den Herrschern zugeordnet ist und *kama* den Frauen zusteht. Man kann es auch so betrachten: *kama* und *artha* betreffen direkt den Genuß der Güter dieser Welt, während der *dharma* mit seinem engmaschigen Netz von „geregelter Kondition" eher auf der Idee von der Pflicht als auch der von Genuß und Erfolg beruht. Er stellt die Verbindung zwischen der diesseitigen und der jenseitigen Welt her, zwischen dem Bereich des Relativen und des Absoluten, zwischen der Welt *(samsara)* und dem „vierten *purushartha*", dem erhabenen jenseitigen Ziel, der individuellen Errettung also.

Diese wird wechselnd als „Loslösung" von allen Bindungen zur Welt *(moksha, mukti)*, als „vollkommene Isolierung" *(kaivalya)*, als „Aufgeben von allen Konditionierungen" *(apavarga)*, als „Enthaltung" von aller Tätigkeit, als „Abwendung" *(nivrtti)* oder auch als höchste Wirklichkeit, der gegenüber nichts Höheres existiert, benannt *(Nihshreyasa-Vaisheshika-sutra* I,1,2). Es wird außerdem nicht nur von den Buddhisten mit dem Terminus *nirvana* bezeichnet, was „ohne Luft, ohne Atem bleiben" bedeutet. Es bedeutet „Auslöschung" nicht nur als physischen Tod, sondern als Aufhören des Strömens von Daseinsformen, das Aufhören von Leben, was Vorbedingung von Sterben ist. Nach einer anderen, aber nicht weniger glaubhaften Etymologie bedeutet es „unaussprechbare" Wirklichkeit. Für den *bhakta* hat diese Erfahrung des Unaussprechbaren fünf Aspekte: das Leben in derselben „Welt" wie die erwählte Gottheit *(salokya)*, Gleichheit mit ihr in Rang, Macht und Ruhm *(sarshti)*, Nähe zur Gottheit *(samipya)*, Annahme der gleichen Erscheinungsform *(sarupya)* und Vereinigung mit ihr *(sayatva)*. Es handelt sich auf jeden Fall um einen absoluten Wert, der das Ende jeder Kreatur ist. Er wird in einer Kultur wie der hinduistischen besonders hervorgehoben, wo die menschliche Erfahrung in der Welt allen Werdens als „schmerzhaft" gedeutet wird und so dementsprechend die Glückseligkeit nur gegen den Preis einer totalen Aufgabe des Lebens als möglich erscheint.

Genau diese *mukti* bedeutet den Sieg des Menschen über die Vergänglichkeit alles Menschlichen und ist sein großes Privileg gegenüber allen anderen Geschöpfen. *Naro narayano bubhushati:* Der Mensch *(nara)* möchte Gott werden *(narayana)*. Nur er allein ist unter allen Wesen dazu imstande. Seinen Sieg muß er sich jedoch durch ein Leben *in der Welt,* d. h. im *samsara,* erkämpfen. Die Befreiung geschieht in einem Bereich, wo der *dharma* nicht mehr regiert. Sie geschieht sozusagen in den Bereichen des Brahman, also in einer Realität außerhalb der Welt und außerhalb allen Bekannten. Sie kann jedoch nur erworben werden durch das Leben im *samsara,* und der Bereich des *samsara* ist der *dharma,* die Ordnung im Kosmos und in der Gesellschaft, in der Natur und in jedem einzelnen Lebewesen. Auch in diesem Sinne ist *dharma* die hauptsächlichste Aufgabe für ein Menschenleben in der Welt.

Wenn der Mensch sein Leben ordnungsgemäß lebt und seine Aufgaben in der Gesellschaft erfüllt, erwirbt er eine Reihe von Verdiensten, die seine folgenden Existenzen günstig beeinflussen und ihm schließlich die Türen öffnen für eine neue Art Genuß, der dann umfassend und ohne jegliche Einschränkung ist. Und das bedeutet dann Glückseligkeit für den Hindu: wahrhaftiges Wissen *(jnana),* also direktes Erfahren seines Glaubensinhaltes in der absoluten Freiheit eines göttlichen Liebesspiels.

Das große Dilemma: Tätigsein oder Verzicht?

Der Widerspruch „absolut – relativ", von dem schon oft die Rede war, führt zu einer doppelten Auffassung von der Ethik. Die eine würde ich als die „vertikale" oder „spirituelle" bezeichnen, die aus „Wissen" oder „Bewußtheit" von sich selbst besteht und die folglich das Böse in der Unwissenheit *(avidya)* sieht. Dann gibt es die „horizontale" Auffassung, die die Beziehungen mit den anderen Menschen betrifft. Die erste Anschauung ist besonders den *samnyasa* eigen, sie gehört also zu den Erfahrungen der Mönche in der Loslösung von der Welt, durch die die Bedeutung der einzelnen Person gegenüber der „Kaste", die sonst das Gesellschaftsleben der Hindu bestimmt, aufgewertet wird. Bei der zweiten Anschauung erhält die Ethik eine „relative" Bedeutung, weil sie nicht so sehr der Person oder dem individuellen Gewissen zugeordnet wird, sondern der Funktion, die der einzelne im sozialen Kontext der Kaste erfüllen soll. Wenn die Menschen untereinander nicht gleich sind, hängt die Bewertung einer Handlung von der Beachtung der Funktion derer ab, die sie vollbringen und die sie ertragen müssen. Jedes Verhalten richtet sich danach, ob es für Personen gleichen, höheren oder niederen Ranges bestimmt ist. Nicht nur hier, sondern auch auf dem Weg der geistigen Entwicklung verändern sich die moralischen Pflichten gemäß dem geistigen Niveau, das man erreicht hat. Hierzu ein Beispiel von H. Bhattacharyya. Er schreibt, daß es normal sei, wenn derjenige, der sich des täuschenden Charakters der weltlichen Existenz bewußt geworden ist, sich nicht mehr dazu verpflichtet fühlt, gewisse moralische Vorschriften zu erfüllen, ebenso wie er sich für frei betrachtet, bestimmte Gebräuche sozialer Sitten oder des religiösen Kultes nicht mehr zu beachten.

Das grundsätzliche Dilemma im ethischen Verhalten bleibt jedoch jenes zwischen „Aktivität" *(pravrtti)* und „Untätigkeit" *(nivrtti)*, zwischen dem weltlichen Handeln in Übereinstimmung mit den für jeden einzelnen verbindlichen Kastenpflichten *(dharma)* und dem vollständigen Verzicht auf alle Tätigkeit in der Dimension des *moksha*. Das ist ein Dilemma, das sich als ewige Spannung zwischen dem Begehren (das zur Handlung führt) und dem Verzicht des Begehrens offenbart, zwischen dem Ideal eines „geordneten" Lebens in der Welt des Werdens und dem Ideal eines totalen Verzichts, der aber zugleich totale Fülle bedeutet.

In diesem Zusammenhang wird im *Mahabharata* gesagt, daß der *dharma* der *pravrtti* für die Familienoberhäupter bestimmt ist und daß die *nivrtti moksha* zum Ziel hat (XIII,141,76 und 80).

Die vielleicht vollständigste und genaueste Antwort auf dieses Dilemma gibt die *Bhagavad-gita*. Obwohl hier die Wichtigkeit des Wissens und der frommen Liebe unterstrichen wird, scheint dieser Text doch die Tätigkeit höher zu bewerten. Aber es handelt sich um eine ganz besondere Tätigkeit, in der sich die Spannung, von der eben die Rede war, auflöst. Gemäß dieser Gita soll sich der Mensch an seine ihm eigenen Kastenaufgaben halten, da es ja unmöglich ist, komplett auf jede Handlung zu verzichten, wenn man einen Körper hat (18,11 a, b). Denn es „wäre besser, seine eigenen Pflichten vielleicht auch nur auf unvollkommene Art zu erfüllen, als die anderer auf gute Art" (3,35 a, b und 18,47 a, b). Zugleich soll der Mensch immer mit „distanzierter Seele" (3,19) handeln, um enge Beziehungen zu vermeiden, und „auf die Früchte seiner Handlungen verzichten" (18,11 c, d). Er soll also nur „ans Wohl der Welt denken" (3,20) und seine Taten wie Opferhandlungen dem Herrn darbieten (3,30; 18,57).

Die drei „Wege" oder der dreifache Yoga

Die hinduistischen Lehrmeister haben der Lehre von der „Unterscheidung aller Kompetenzen" *(adhikara-bheda)* immer eine große Bedeutung zugesprochen, wenn es sich um das Problem der Ethik handelt. Es geht also um den „Weg", den der Mensch gehen muß, um ans letzte Ziel seines Lebens zu gelangen. Diese Lehre basiert auf der Feststellung, daß die Menschen verschiedene Bedürfnisse haben, verschiedene Empfindungsvermögen, verschiedene Qualitäten und daß es dementsprechend normal sei, wenn sie auf ihrem Gang in die letzte Wirklichkeit verschiedene Wege gehen. Die *Bhagavad-gita* sagt in diesem Zusammenhang, daß „sich der Mensch mit keinerlei Schuld beschmutzt, sobald er so handelt, wie es ihm von Natur aus zusteht" (18,47 c, d). Ganz extrem ausgedrückt kann man sagen, daß es einen eigenen „Weg" für jeden einzelnen gibt, da jeder sich von den anderen unterscheidet. Die brahmanische Tradition hat jedoch drei Wege herausgearbeitet, denen auch drei verschiedene Arten moralischen Verhaltens entsprechen. Die Vorstellung einer Beziehung zwischen Mensch und Gott in Liebe und Anteilnahme, wie sie in der *Bhagavad-gita* feierlich und ausführlich verkündet wird, gesellt sich zu der Gnosis der Upanishaden und der rituellen Praxis und führt so zu der Formulierung von drei „Wegen" *(marga)* für die Errettung.

Der erste Weg *(karma-marga)* ist der des Ritus, der als „vollkommene Handlung" betrachtet wird und dank dessen man alles, was man sich wünscht, erhalten kann. Der Mensch soll seine rituellen Pflichten erfüllen, um eine Wiedergeburt in einen besseren Zustand zu erhalten.

Der zweite Weg *(jnana-marga)* ist eine Art Gnosis, die in der Suche und in der Erzielung eines erleuchteten Bewußtseins von der eigentlichen Natur des eigenen Selbst durch eine innere Opferhandlung besteht, die im Feuer *(tapas)* von Askese und Meditation erlangt wird. Dieses „reale" oder „eigentliche" Selbst *(atman)* ist das bewußte Prinzip, welches sich jedoch nur seiner selbst bewußt ist, da unter dem Gesichtspunkt der höchsten Realität nichts anderes „existiert". Es ist also reinste Selbst-Bewußtheit.

Das Selbst ist etwas vollständig anderes als der Körper, der Geist oder die Gedankenwelt. Es ist das Fundament des „lebendigen" Selbst *(jiva)*, das letztendlich den *dharma* bedeutet. Es wird scheinbar von den „Hüllen" *(kosha)* des groben und des feinen Körpers begrenzt, ebenso wie der Raum scheinbar in einem Tonbehälter enthalten ist. Unendlich klein sitzt es in einer kleinen Höhlung wie eine Lotosblume im Innersten des Herzens. Unendlich groß enthält es auch alles in sich und ist sogar die Seele der ganzen Welt (Brahman). Diese extrem feine Wirklichkeit ist unerkennbar. Die einzige Art, dieses letzte Objekt allen Wissens zu „erkennen", besteht also darin, jenes Brahman zu „sein" oder zu „werden". Am Ende dieses Weges wird der Mensch also zu Gott.

Der dritte Weg *(bhakti-marga)* ist der der Liebe *(bhakti, preman)*; ein Weg, der sowohl die Befreiung vom rituellen Akt *(karma)* als auch in direkter Konsequenz von der Wiedergeburt bezeichnet und außerdem die Überschreitung der Gnosis in einer totalen mystischen Vereinigung mit der geliebten Gottheit bedeutet. Das Wort *bhakti* stammt aus einer Wurzel, die „genießen, teilhaben" heißt und eine ausgeprägt fromme Beziehung in Liebe und Anteilnahme zwischen dem Gläubigen und seiner erwählten Gottheit *(ishtadevata)* als persönlichen Gott und höchsten Herrn des Universums nennt. Nach Ansicht der *bhakti* wird der Glaube zu einer persönlichen Tat. Gott selbst wählt sich seinen Anhänger in einem Gnadenakt, um ihn zu sich selbst zu erheben.

Ein Abschnitt des schon erwähnten *Bhagavata-Purana* (VII,5,23 ff), der möglicherweise im *Narada-bhakti-sutra* (82. sutra, wo 11 Arten frommer Liebe aufgezählt werden) wieder aufgegriffen wird, beschreibt neun Eigenschaften der *bhakti,* die die vishnuitischen Lehrmeister (besonders hier Rupa Gosvamin) als „Glieder" des *bhakti-yoga* vorgestellt haben. Es sind die folgenden: *shravana* = Anhören von Namen Vishnus oder seiner Geschichten; *kirtana* = Lobsingen und Feiern des Namens von Vishnu; *vishnu-smarana* = Erinnerung an Vishnu und Wiederholung seines Namens im Gedächtnis; *pada-sevana* = Dienst zu Füßen des Herrn; *arcana* = Kult; *vandana* = ehrfürchtiger Gruß, Anbetung durch Niederwerfung und andere Arten der Darbietung; *dasya* = Darbietung aller eigenen Taten in frommer, anbetender Knechtschaft; *sakhya* = Vertrauen wie in einen Freund; *atma-nivedana* = Darbietung von sich selbst, seines eigenen Körpers und allen Besitzes.

In den verschiedenen Werken über den *bhakti-yoga* werden auch fünf verschiedene „Seelenzustände" oder „Gefühle" *(bhava)* beschrieben, die den Gläubigen auf die Erfahrung von *rasa* (Genuß) der vollkommenen Vereinigung mit dem Herrn vorbereiten. Das sind folgende: *shanta* (Ruhe, geistige Gelassenheit, innere Freude), *dasya* (Unterwerfung und Hingabe), *vatsalya* (Liebe und Zärtlichkeit), *sakhya* (innige Freundschaft) und *madhurya* (Sanftheit in der Liebe).

Innere Disziplin und vollkommene Sammlung

Das brahmanische Schema von den „3 Wegen" bedeutet im Grunde eine Vereinfachung der extremen Vielfalt möglicher Zugänge zur religiösen Erfahrung. In dieser schematischen Klassifikation werden jedoch irgendwie letztlich alle Vorschläge der verschiedenen religiösen Lehrmeister der Vergangenheit und der Gegenwart sowie auch die unterschiedlichster Denk- und Geistesschulen, von denen einige sich auf uralte Ursprünge berufen, zusammengefaßt. Unter ihnen fällt besonders der *Yoga* auf, nicht nur wegen seines Alters, das sogar bis in die Induskultur des 3. Jahrtausends v. C. zurückzugehen scheint, sondern auch wegen seines auffallend universalen Charakters. Es ist ein eigentümlicher Weg, der fast eine Nebenreligion in der vielfältigen Religionswelt Indiens darstellt. Der Begriff ist auch der westlichen Welt geläufig geworden und ist einer der meistbekannten Begriffe aus dem gesamten Kulturgut Indiens. Er entstammt der Sanskritwurzel *yuj* = „beherrschen, vereinen" und bedeutet demgemäß „Beherrschung", äußere und innere Disziplin und Vereinigung, „geistiger Bund". In dieser Bedeutung von „Kontrolle des Geistes und der Sinne" erscheint dieses Wort zum ersten Mal in den ältesten Upanishaden. Die *Katha-Upanishad* bezeichnet den *Yoga* als „strenge Kontrolle der Sinne" *(sthiram indriya-dharanam)*. Die *Shvetashvatara-Upanishad* erwähnt auch die Bedeutung einer korrekten Haltung und die Eigenschaften des Ortes, wo man ihn praktizieren soll. Die *Maitri-Upanishad* spricht von einem Yoga, der aus „6 Gliedern" besteht *(sad-anga-yoga)*: Atemkontrolle *(panayama)*, Rückzug der Sinne von den Objekten *(pratyahara)*, Kontemplation *(dhyana)*, Konzentration *(dharana)*, spekulative Suche *(tarka)* und vollkommene Sammlung *(samadhi)*.

Die *Bhagavad-gita* bezeichnet *yoga-shastra* (Wissenschaft vom Yoga) als ihre eigene Lehre und nennt *karma-yoga, jnana-yoga* und *bhakti-yoga* als die drei traditionellen Wege zur Errettung. Obwohl sie den *karma-yoga* bevorzugt, denn ihre Lehre ist für einen Herrscher bestimmt, betont sie jedoch, daß Gelassenheit und unstörbare Ruhe die fundamentalen Eigenschaften eines Yogin sein müssen. Sie definiert den *Yoga* als „Lösung der Bindung an das Leiden" *(duhkha-samyoga-viyogam)*. Das ist ein Ausdruck, der selbst zum Zeichen einer bewundernswerten Vereinigung von Mittel (Yoga als innere Disziplin) und Ziel (Yoga als Vereinigung mit dem Herrn und endgültige Befreiung von der existentiellen Not) wurde.

Abgesehen von dem Gebrauch, den die *Bhagavad-gita* vom Wort Yoga macht, haben wir bereits gesehen, daß es viele Typen von Yoga gibt, vom *hatha-yoga* zum *mantra-yoga* (auch *japa-yoga)*, vom *kundalini-yoga* (auch *laya-yoga)* zum *purna-yoga*, eine moderne Synthese dieser Art traditioneller Spekulation von Sri Aurobindo. Im Mittelalter überschnitten sich außerdem die dualistischen Vorstellungen des *Samkhya-darshana* mit nicht-dualistischen des Vedanta, der bei weitem einflußreichsten spekulativen Tendenz der indischen Welt. Es entstand so eine Form des Yoga, die an die Einheit des Wirklichen glaubt. Sie wird sowohl in einer Reihe von Werken beschrieben, die die *Bhagavad-gita* imitieren, als auch in dem großen poetischen Werk Yogavashishtha (Yoga-Lehre des Vashishtha), das wahrscheinlich zwischen dem 9. und dem 13. Jh. in Kaschmir geschrieben wurde und Millionen von Hindus vom Mittelalter bis in unsere Zeit hinein bei ihrer spirituellen Suche inspiriert hat.

Ich bleibe hier nur kurz bei der Schilderung dessen, was im allgemeinen „klassischer Yoga“ oder „königlicher Yoga“ *(raja-yoga)* oder auch „Yoga der 8 Glieder“ *(astanga-yoga)* genannt wird und im Yoga-sutra (Aphorismen über den Yoga) von Patanjali beschrieben wird. Nachdem gesagt wird, daß „alles nur Schmerz ist für den, der Einsicht hat“ (Yoga-sutra 2,15), schlägt Patanjali vor den „zukünftigen Schmerz“ auszulöschen, indem man der Kette des *samsara* entflieht durch eine perfekte Isolierung *(kaivalya)*, die gleich einer innersten Sammlung ist *(samadhi)*, in der das bewußte Subjekt die Erfahrung allerhöchster Ruhe macht und „in seinem Wesen ruht“ (Yoga-sutra 1,3 und 4,33). Um zu diesem Ziel zu gelangen, muß man einen Weg durchschreiten, der in 8 Abschnitte eingeteilt ist, die die „8 Glieder“ des Yoga sind: von den ersten beiden *yama* (die 5 „Enthaltungen“) und *niyama* (die 5 „Pflichten“) oder der moralischen Disziplin habe ich bereits gesprochen. Die verbleibenden Glieder sind *asama* (Haltung), *pranayama* (Atemkontrolle), *pratyahara* (Rückzug der Sinne von ihren Objekten), *dharana* (Konzentration), *dhyana* (Meditation) und *samadhi* (Zentrierung der Aufmerksamkeit, vollkommene Sammlung).

Die Haltungen des Yoga sind in unserer ganzen Welt bekannt geworden, wo sie häufig als eine Art Gymnastik zur Kontrolle des Körpers und zur Entspannung seiner Glieder verstanden werden. Im „königlichen“ Yoga von Patanjali bedeuten sie zusammen mit der bewußten Atemkontrolle nur ein Mittel zur Erreichung eines weitaus höheren Zieles: Befreiung als perfekte „Isolierung“ *(kaivalya)* vom dauernden Werden in der Natur. Der erste Schritt zur kompletten Verinnerlichung bei dieser Disziplin besteht im Rückzug aller Sinne von den Objekten. Es handelt sich um eine erste Phase der Sammlung, in der die Sinne wie z. B. der Gehörsinn oder der Gesichtssinn ihre Funktion als Kommunikationsmittel zwischen Verstand und Außenwelt aufgeben, so daß der Geist selbst nicht mehr von den Botschaften der verschiedenen Sinne abgelenkt wird und sich in sich selbst zurückziehen kann. So wird er frei von aller Art geistiger Bewegung, unberührt von den Sinnesbotschaften kann er so unbeweglich in einem Zustand der Konzentration oder fixer Aufmerksamkeit *(dharana)* verharren. In diesem Zustand ist der Geist dazu imstande, seine Aufmerksamkeit auf einen einzigen Punkt zu konzentrieren, ohne sich von etwas anderem zerstreuen zu lassen.

Das nächsthöhere Niveau ist dann die tiefe Meditation, die dem endgültigen Zustand vorausgeht, dem Gipfelpunkt des Yoga, der perfekten, ruhigen, andauernden Sammlung des festen und unbeweglichen Geistes. Das ist *samadhi,* was Befreiung bedeutet. Der Verstand ist ein Erzeugnis der Natur und ist sich seines Andersseins gegenüber dem bewußten Geist der Person *(purusha)* vollkommen bewußt. So erlangt er einen „Zustand totaler Übereinstimmung", in dem Denkender, Gedanke und Gedachtes eine einzige Sache werden.

In moderner Zeit, besonders aber im gegenwärtigen Jahrhundert, hat der Yoga die Grenzen seines Heimatlandes überschritten, um sich in der ganzen Welt (besonders unter der Form des *hatha-yoga)* auszubreiten. Gelegentlich ist er durchdrungen von einer raffinierten Spiritualität. Populär wurde er gemacht durch Werke wie z. B. „Autobiographie eines Yogin" von Paramahamsa Yogananda oder auch durch die zahlreichen Veranstaltungen in den großen indischen Yoga-Zentren, wie das in Lonavla im Maharastra oder die sehr bekannten in Rishikesh.

Der Guru und die Diksha

Das Wort *Guru* entspricht dem lateinischen gravis und wird ab der *Chandogya-Upanishad* im Sinne von „Lehrmeister" benutzt. Es bedeutet „schwer" (an Würde, Ansehen, Einfluß). In den Texten, die vom *dharma* handeln, ist von vielen „Meistern" die Rede: Diejenigen, die ein besonderes Ansehen genießen, sind der Vater, die Mutter, der Lehrer *(acarya)*, der ältere Bruder und bei den Frauen der Ehemann. Die allerwichtigsten sind jedoch die ersten drei: Vater, Mutter und *acarya* (Vishnusmrti 32,1 ff). Das ist eine Bezeichnung, die schon im Atharva-Veda erscheint. Guru wurde im allgemeinen einer genannt, der die Riten zelebrieren durfte *(samskara)* und der mit dem Munde direkt am Ohr des Schülers Unterricht im Veda und in den Regeln *(dharma)* des rechten Benehmens gab. Der religiöse Lehrer, der ursprünglich nur ein Brahmane sein durfte, wurde gleich wie ein Gott *(deva)* oder gleich wie eine göttliche Inkarnation verehrt.

Wenn man von diesem Glauben weiß, versteht man auch die Verwirrung des Helden Arjuna am Vorabend der Schlacht des *Mahabharata* bei dem Gedanken, sich eben genau seinen verehrten Kampflehrern Kopa und Drona gegenüberstellen zu müssen. In früheren Zeiten wurde der Jünger in einer richtigen Initiationsfeier *(upanayama)* eingeweiht, wo ihm die brahmanische Schnur überreicht wurde, die aus ihm einen „Wiedergeborenen" *(dvija)* machte. Er zog sodann in das Haus seines Meisters *(gurukula)* und trat in eine Art mystische Vereinigung und Identifikation mit ihm ein. Heutzutage verschwinden diese alten Institutionen durch die Einführung des modernen Unterrichtswesens in den Dörfern, auch wenn noch einiges in den Klöstern *(matha)* und in den Eremitagen *(ashrama)* und auch in den Schulen traditionellen Typs *(patha-shala)* überlebt, wo das Lernen noch im Sanskrit geschieht.

Auf jeden Fall ist die Präsenz eines Gurus noch immer sehr wichtig für alle Menschen, besonders für das einfache Volk. Jedes Dorf und jedes Stadtquartier hat seinen Guru, d. h. eine Person, die von allen als besonders weise angesehen wird und an die man sich wegen jeder Art Ratschlag wendet. Falls die Heiligkeit des Guru von allen einstimmig anerkannt wird, erhält sein Wort denselben Wert wie die heiligen Texte, wie der Veda also. Daraus folgt, daß die frömmste und verdienstvollste religiöse Handlung die der kompletten Unterwerfung unter den Guru ist, dessen Gestalt auch für die zeitgenössische Religiosität unersetzlich ist. Man hält die Möglichkeit, geistige Fortschritte ohne einen Meister zu machen, für nahezu unmöglich. Dieser Meister genießt das Ansehen der Fähigkeit, den Gläubigen zu Gott zu führen. Er ist auch derjenige, durch den Gott sich offenbart. Das geht so weit, daß gelegentlich die Verehrung des Gurus den Kult an religiösen Bildnissen ersetzt.

Der Guru ist es, der dem Gläubigen die *diksha* gibt, d. h. „Weihe“ oder „Initiation“, die als eine Art Wiedergeburt zu einem neuen Leben verstanden wird, in der der Mensch in engsten Kontakt zu Gott tritt und die Weisheit erreicht, die ihm die Tore zum göttlichen Leben eröffnet. Der *diksha* gehen eine Reihe von Reinigungsriten voraus wie Fasten, Abstinenz gegenüber Fleisch und anderen Lebensmitteln, sexuelle Enthaltung und das Scheren einer Tonsur. Sie besteht dann hauptsächlich in der Übertragung der vitalen Energie des Meisters auf den Jünger und in der Übergabe eines *mantra* durch den Meister, d. i. einer besonderen Gebetsformel. Von der Seite des Jüngers bedeutet es dann ein Gehorsamsversprechen gegenüber dem Guru, der ihn ja nicht nur z. B. in der Praxis des Yoga unterstützt, indem er ihm bei der Überwindung eventueller Schwierigkeiten hilft: er ist zugleich auch Garant seines spirituellen Fortschritts.

Die Initiation ist in ihren verschiedenen Formen schon seit der vedischen Epoche bis hinein in unsere Zeiten bezeugt. In den tantrischen Schulen gelangt sie zu einer ganz besonderen Bedeutung, wo sie ebenfalls eine Art Identifikation zwischen Meister und Jünger bedeutet.

5.6 Die Rolle der Frauen

Wenn man vom Frauenproblem in bezug auf die hinduistische Überlieferung spricht, trifft man auf einige Verschiedenheiten, die letztlich sogar Gegensätze sind, nicht so sehr zwischen indischer und europäischer Kultur, als eher zwischen religiöser Tradition und Moderne. Denn wenn wir die Frau aus der Bibel oder bei den Kirchenvätern mit der Anschauung von der Frau im hinduistischen *dharmasastra* vergleichen, haben wir einen Ansatz für den Vergleich auf gleicher Ebene. Dagegen gibt es jedoch die Tendenz die westliche Welt von heute mit dem Indien von gestern zu vergleichen, und so entstehen Ursachen für Erstaunen und Ärgernis. Wir könnten vielleicht feststellen, daß das heutige Indien in einiger Hinsicht dem Italien von vor 40 oder 50 Jahren gleicht. Die Unterschiede aber verwischen sich noch mehr, wenn man die soziale Realität eines indischen Dorfes nicht mit unseren Städten vergleicht, sondern mit bestimmten bäuerlichen Räumen Süd- oder Inselitaliens.

Abgesehen von den eben erwähnten Tatsachen ist die indische Kultur ohne Zweifel aus der Sicht des Mannes konzipiert. Die Frau bleibt in ihr eine ewig „Unterworfene". Am Ende des 5. Buches widmet sich die Manusmrti den Aufgaben der Frau. Sie tut das, indem sie sofort am Anfang in kurzen Worten erklärt, daß die Frau in ihrem Leben nicht die mindeste Autonomie genießt, da sie in ihrer Kindheit und Jugend vom Vater, in der Ehe vom Ehemann und schließlich nach dem Tode des Gatten von den Söhnen abhängig ist (V.148). Unmittelbar darauf wird im Text hinzugefügt, daß eine tugendhafte Frau ihren Ehemann wie einen Gott verehren (V.154) und diese Haltung auch nach seinem Tode beibehalten soll. Nichts aber in diesem Text von Manu rechtfertigt oder erzwingt sogar den Opfertod einer „tugendhaften" Witwe *(sati)* im Kremationsfeuer des Gatten. Trotz allem wurde diese Sitte in vielen Kreisen besonders bei den höheren Kasten seit dem 4. Jh. bis hinein in unsere Zeit manchen Frauen fast auferzwungen. Die Engländer bezeichneten diesen Brauch als „suttee", und es gab ein berühmtes mythisches Vorbild in der Tochter von Daksha namens *Sati,* die sich als Ehefrau *Shivas* in die Flammen warf, um die Ehre ihres Gatten zu verteidigen. Obwohl diese Art rituellen Selbstmordes durch ein Gesetz der britischen Regierung in Indien im Jahre 1829 verboten wurde, hat man mindestens bis ins Jahr 1988 hinein noch solche Fälle registriert. Es braucht hier nicht groß erwähnt zu werden, daß diese jüngsten „Opfertode" in der weitaus größten Anzahl der Fälle weit von jeder Freiwilligkeit entfernt sind, sondern von einzelnen Familien oder ganzen Gemeinschaften mit Gewalt erzwungen wurden mit dem Zweck, sich wirtschaftliche Vorteile zu verschaffen durch die Tatsache, eine „Heilige“ in der Familie oder im Dorf zu haben.

Auch die indische Frau hat vor allem Mutter zu sein. Insbesondere soll sie ihrem Gatten wenigstens einen Sohn gebären, der die vorgeschriebenen Riten nach dem Tode des Vaters weiter ausführen kann. Die besondere Aufgabe aber, die die Frau in der traditionellen Kultur Indiens im Bereich des *kama* hat, bewirkt, daß ihre Funktion als Gebärerin einer Befriedigung des Begehrens untergeordnet ist. Liebe ist der *svadharma* der Frauen oder sollte es sein. Die reale Situation ist jedoch gänzlich anders. Und so wird die Frau nur auf der Basis der Dienste bewertet, die sie ihrem Gatten in totaler Unterwerfung leistet, auch wenn sie, sobald sie Mutter geworden ist, einen beachtlichen Einfluß erwerben kann.

Dasselbe gilt für die Eheschließung. Die Texte sagen, daß die beste Form der Eheschließung die wäre, wo der Vater seine Tochter dem Bräutigam als „Geschenk“ übergibt. Aber der Brauch, dieses Geschenk mit einer erheblichen Mitgift zu begleiten, ist noch heute in Indien tief verwurzelt, besonders (aber nicht ausschließlich) in den höheren Kasten. Viele Familien müssen, um ihren Töchtern einen Ehemann zu besorgen, der sie wenigstens respektiert, Summen zahlen, die weit über ihren finanziellen Möglichkeiten liegen. Sie müssen sich so für eine ganze Generation verschulden. Viele junge Mädchen verbringen ihre Jugend im Warten darauf, daß der Vater die notwendige Summe für eine gute Heirat zusammenbringt. Es gibt Leute, die immer noch dabei sind, die Schulden für die Heirat ihrer Großmütter zu begleichen. Das ist jedoch noch nicht alles: Es gibt Ehemänner, die unzufrieden über die Mitgift sind und sich ihrer Ehefrauen entledigen, indem sie häusliche Unfälle inszenieren, um erneut heiraten und eine weitere Mitgift kassieren zu können. Unter diesen Gesichtspunkten kann man wohl verstehen, wenn die Geburt eines Mädchens oft als ein Unglück aufgefaßt wird. Nicht ohne Grund wird in Indien der Kindesmord gegenüber Mädchengeburten praktiziert, mit der Konsequenz, daß die weibliche Bevölkerung geringer ist als die männliche.

Unter einem streng religiösen Gesichtspunkt wird die Frau auf dem Niveau der *shudra* gesehen und hat dementsprechend keinen Zugang zu den heiligen Texten und zur Offenbarung. Sie kann sich jedoch eine Bildung auf der Basis der *Puranas* und ähnlicher Texte erwerben. Es gibt genügend berühmte Heilige und mystische Dichterinnen besonders in den *bhakta*-Schulen.

Es genügt hier, z. B. an *Antal* zu erinnern, der einzigen Frau unter den *alvar,* die der Überlieferung gemäß von der Vishnu-Statue in Srirangar absorbiert wurde und als *avatara* von *Shri* (Lakshmi) verehrt wird. Dann gibt es aber auch *Mirabai,* eine Anhängerin von *Krishna; Lalla* aus dem 14. Jh., die *Shiva* in der Sprache des Kaschmir besang. In der heutigen Zeit die Bengalin Anandamayi Ma, die sogar als *jivan-mukti* (Befreite, aber noch am Leben) verehrt wurde. All diese Frauen gaben jede Bindung zur Welt auf, um sich gänzlich der Anbetung eines geliebten Gottes zu widmen. Ihre Beispiele sind jedoch absolut einzigartig, denn auch der totale Verzicht auf alles Weltliche ist ein männliches Privileg. Eine Frau hat im allgemeinen, von den wenigen Ausnahmen abgesehen, nicht die Möglichkeit *moksha* zu erlangen. Sie muß sich durch ihre Verdienste eine Wiedergeburt als Mann sichern, um endlich den geistigen Weg zur Errettung gehen zu können.

6. Kapitel

Die religiöse Praxis

All die vielen bis ins kleinste ausgearbeiteten Pflichten, die Leben und Verhalten eines jeden Hindu auf strengste Weise bestimmen, erhalten einen relativen Wert in der Spannung zwischen dem Verzicht auf die Welt und dem Genuß. Es geht um den höchsten religiösen Wert, der einer absoluten Freiheit zugesprochen wird, die man nur erhält, indem man sich aller Dinge „entlädt", um die perfekte Wesentlichkeit des Brahman zu erlangen. Jede Regel des *dharma* also ist allein für das Werden geschaffen und dementsprechend soll sie nur praktiziert und gelebt werden, um sodann wieder vergessen und übergangen zu werden. Es soll jedoch daran erinnert werden, daß die Befreiung nicht darin besteht, etwas anderes zu werden als das, was man war. Sie besteht darin, zu entdecken, was man schon immer gewesen war.

Z. B. in der religiösen Architektur: Die gesamte Struktur eines Felsentempels (wie bei dem berühmten Tempel Kailasa-natha bei Ellora) ist als etwas geschaffen worden, was bereits im Stein vorhanden war, so daß man es nur enthüllen mußte, um die Form von allem zu befreien, was nicht Tempel war. Und was die geistliche Zeitrechnung betrifft, genügt es, sich einen Augenblick der Werte zu erinnern, die den Lauf der Zeit in kosmischen Räumen charakterisierten und die sich nach Millionen von Jahren zählen, um die Kleinheit der Dauer eines menschlichen Lebens zu verstehen.

Trotz allem muß der Mensch sein Leben, besser seine irdische Existenz, leben. Er muß eintauchen in die Unwirklichkeit dessen, was wird und vergeht. Er muß sodann versuchen den Schleier der Illusion zu zerreißen, der seinen Geist trübt und ihn daran hindert, jene letzte Wirklichkeit zu erfahren, die nicht dem Werden unterliegt und die er selbst in sich trägt. Um dieses höchste Ziel zu erreichen, wählt noch heute eine kleine Anzahl von Menschen den Weg des kompletten Verzichts und lebt ein Leben als bettelnder Asket in einem der vielen Mönchsorden. Die weitaus größte Mehrheit der hinduistischen Bevölkerung lebt jedoch ihr Leben im begrenzten Raum des Dorfes oder der Stadt unter mehr oder minder strenger und bewußter Beachtung der für ihre Kaste gebräuchlichen Regeln und der religiösen Bestimmungen des *dharma*. Aus diesem Grunde bleibt eine „rechte Erfüllung" viel eher als Rechtgläubigkeit das wahre Kriterium, aufgrund dessen man die Zugehörigkeit zum Hinduismus erkennt.

Nicht anders als die Erfahrung vom Absoluten, die das letzte Ziel des menschlichen Lebens bedeutet, ist auch die religiöse Praxis eine individuelle Sache. Im inbrünstigen Gewimmel der großen Tempel zelebriert jeder in einsamer Sammlung seinen Ritus der Anbetung *(puja)* vor dem Bildnis seiner erwählten Gottheit *(ishta-devata)*. Er ist dabei gänzlich unempfindlich für alles, was um ihn herum geschieht, in der totalen Gleichgültigkeit gegenüber allen, die vorübergehen. Besser noch feiert jeder seine *puja* in der Intimität der eigenen Behausung, wo das Herdfeuer die Widerspiegelung des heiligen vedischen Feuers bedeutet, wo er Bewahrer der Wiederholung jener heiligen Gesten in unserer Zeit ist, die die geordnete Kontinuierlichkeit des Lebens selbst in der Welt garantieren.

6.1 Toleranz und Gastfreundschaft

Die Haltung von Toleranz *(kshanti)*, die so charakteristisch ist für das Verhalten der Hindu gegenüber Personen anderen Glaubens, anderer Überzeugung oder Sitten, aber auch anderer Rasse oder sozialer Stellung, hat ihre Ursachen nicht nur in der erweiterten Anwendung des Prinzips der Gewaltlosigkeit, sondern auch in einer der Tugenden der Askese, die vielleicht sogar allen anderen Tugenden voransteht und eine besondere Bedeutung in der *Bhagavad-gita* hat. Es ist der Gleichmut *(samatva)*. Der „Wissende" oder „beste aller Yogin" ist in erster Linie einer, der ruhig bleibt, unbeirrbar und gleichmütig im wahrsten Sinne des Wortes gegenüber allen Lebenserfahrungen, die sich in den Gegensätzen von Wohlsein und Unwohlsein, von Freude und Schmerz, von Erfolg und Mißerfolg usw. versinnbildlichen. Die *Bhagavad-gita* unterstreicht besonders da, wo sie in der 18. und 19. Strophe des 12. Abschnitts von dem spricht, der dem Herrn *Vishnu-Krishna* „lieb ist", eine Eigenschaft, die darin besteht, „gleich gegenüber Freund und Feind …, gleichmütig gegenüber Lob und Tadel zu sein".

Gemeinsam mit der Toleranz ist die Gastfreundschaft *(atithya, atitheya)* eine andere eigentümliche Eigenschaft. Für einen Familienvater bedeutet der Gast in jeglicher Hinsicht eine Art Gottheit, der dementsprechend empfangen und geehrt werden muß. Ihm wird bei den Mahlzeiten zuerst gereicht, was sodann die ganze Familie zur Nahrungsaufnahme berechtigt, da sich die Speisen so in „Überrest" *(shesha)* einer göttlichen Mahlzeit verwandeln, ähnlich wie beim Opfer nach vedischem Ritus. Die Aufnahme eines Gastes *(atithi)* wird so zu einem wahren Ritus *(atithi-kriya)* und ist eine der fünf „großen Opferhandlungen" *(maha-yajna)*, auf die ich zu sprechen komme.

6.2 Der häusliche Herd

Der Herd ist in einigen bäuerlichen Gegenden noch heute das Zentrum der traditionellen Behausung. In diesem muß ständig ein Feuer brennen, das mit Scheiben aus getrocknetem Kuhdung und Stroh genährt wird. Es ist Symbol der Kontinuität eines Bemühens, das das junge Paar bei seiner Heirat auf sich nimmt. Es ist gleichzeitig auch Zeichen seiner Verbindung zur Welt Gottes, die ununterbrochen erneuert werden muß. In dieses Feuer muß das Familienoberhaupt die Gabe aus geschmolzener Butter *(homa)* gießen, was eine seiner wichtigsten Pflichten ist. Bevor wir uns jedoch weiter den häuslichen Riten widmen, ist es angebracht, einen Blick auf die großen Bauwerke zu werfen, in denen heute der Kult praktiziert wird; und ebenso einen auf die feierlichen Zeremonien, die darin abgehalten werden.

6.3 Der Tempel

In der vedischen Epoche existieren noch keine für den Kult bestimmten Gebäude. Dieser wurde unter offenem Himmel auf einem einfachen Grasfeld praktiziert. Mindestens ab der Gupta-Zeit (5.–4. Jh. v. C.) jedoch, aus der die ältesten Zeugen geistlicher Bautätigkeit stammen, begann man immer größere und komplexere Tempelbauten aus den Felsen herauszubrechen oder auch in Stein und Mauerwerk zu errichten, aus denen dann besonders im Süden ganze heilige Städte wurden.

Der hinduistische Tempel ist sowohl Abbild des Universums *(brahmanda)* als auch des menschlichen Körpers *(pindanda)* in seiner dreifachen Form: der materiellen *(sthula)*, der feinstofflichen *(sukshma)* und der transzendenten *(para)*. Das Gebäude *(prasada)* des innersten Teiles des Tempels ist der materielle Aspekt, der

der physischen Erscheinung *(deha)* des Menschen und dem Universum als Körper Gottes *(prapanca)* entspricht. Die Gottheit *(deva)* ist der feinstoffliche Aspekt, der der lebenden Seele entspricht *(jiva)*. Der abstrakte und transzendente Aspekt des Tempels hat seine Entsprechung in der absoluten Wirklichkeit *(Paramatman)*, die alles stützt, und in der geistigen Wirklichkeit *(atman)*, die in jedem einzelnen Menschen wohnt. Die religiöse Tradition des Hinduismus hat uns in diesem Zusammenhang eine Reihe von Übereinstimmungen zwischen den verschiedenen Teilen beim Grundriß eines Tempels und dem liegenden menschlichen Körper übermittelt, ebenso auch zwischen den verschiedenen Elementen der vertikalen Struktur im Zentrum *(vimana)*, die das heilige Bildnis beherbergt, und dem aufrecht stehenden menschlichen Körper. So entspricht z. B. im ersten Fall den Füßen der Eingang und dem Kopf das *garbhagrha* („Haus des Embryos"), das das Allerheiligste des Tempels im engsten Sinne ist, die Zelle, in der das heilige Bildnis aufbewahrt ist, gleich ob es eine anthropomorphe oder eine symbolische Darstellung ist. Im zweiten Fall entspricht das Fundament *(upapitha)* selbstverständlich den Füßen und die Kuppel *(shikhara)* dem Antlitz. Nach der Auffassung des Tantrismus ist der Tempel auch Sinnbild für den feinstofflichen Körper, sein Grundriß zeigt häufig die Figur eines *mandala* (geometrisches Diagramm).

Obwohl sie sich nach einem einzigen Grundmodell orientieren, haben sich die Tempelbauwerke mit der Zeit und mit der räumlichen Verbreitung verändert. Man kann sie jedoch noch immer auf zwei grundsätzliche Formen zurückführen: Es gibt den Tempel im nördlichen Stil, *nagara* genannt, und den im südlichen Stil, bekannt als *dravida*. Der nördliche Tempel hat eine längliche Form. Das *garbhagrha* ist von einem Korridor *(pradakshinapatha)* umgeben, der für eine feierliche Prozession vorgesehen ist. Er hat keine andere Öffnung als die des Eingangs und ähnelt einer kleinen Höhle, die ihre Entsprechung in der Höhlung des Herzens finden soll, wo das Selbst wohnt. Diese Zelle ist von einer Reihe von Säulen begrenzter Räume *(mandapa)* umgeben, deren letzter und größter eine Verbindung zum *garbhagrha* hat, mittels eines Durchgangs, der *antarala* genannt wird. Jeder dieser Räume dient für religiöse Versammlungen verschiedener Art, für Lesungen oder Erläuterungen heiliger Texte oder für Konzerte sakraler Musik. Sie sind alle von einer Kuppel bedeckt, die sich über das *garbhagrha* wölbt. Sie ähnelt mit ihren geschwungenen Wänden häufig einer hohen spindelförmigen Fiale. Im inneren Hof des Tempels sind eine oder mehrere Glocken aufgehängt, deren Läuten die Aufmerksamkeit der Gottheit auf die Gebete und die Gaben der Gläubigen lenken soll. Draußen befindet sich ein Becken für die rituelle Reinigung.

Im Tempel des *dravida*-Typs haben die Kuppeln im allgemeinen die Form einer abgebrochenen Pyramide. Außerdem ist hier die Tendenz bemerkbar, die Säulenhallen (besonders die des *maha-mandapa)* vom Zentrum des heiligen Komplexes zu trennen, indem man verschiedene bedeckte Räume schafft, die auch oft profanen Zwecken dienen. Der *pradakshina-patha* entfaltet sich dann in einer Reihe großartiger Flure, und der gesamte Baukomplex (heiliges Bad und Diensträume miteinbegriffen) ist von mehreren konzentrisch angeordneten Mauern *(prakara)* viereckigen Grundrisses umgeben und hat auf jeder Seite hohe und mächtige Eingangstürme *(gopura).*

Dem Eingang des zentralen Gebäudes gegenüber gibt es einen kleinen *mandapa,* in dem das „Gefährt" *(vahana)* der Gottheit steht (z. B. der Geier Garuda bei *Vishnu,* der Stier Nandin bei *Shiva).* Nach außen gehend trifft man dann auf den *dipastambha* (Lampensäule) mit einer oder zwei Öllampen, den *balipitha* (Sockel für die Gaben an die zweitrangigen Götter) und den *dhvajastambha,* eine andere Säule, die vielleicht eine Weiterentwicklung des antiken Opferpfahles *(yupa)* ist und die das Wappenbild *(lanchana)* mit dem *vahana* der Gottheit in Kupfer oder Messing trägt.

Die Planung und der Bau des Tempels bedeuten eine Reihe von Ritualhandlungen. Große Sorgfalt wird bei der Schaffung des Zentralraumes *garbhagrha* aufgewendet, in dem das heilige Bildnis aufgestellt wird. In den Boden muß als Basis ein viereckiger Stein *(adharashila)* eingelassen werden, auf dem eine Schale, eine Lotosblume und eine Schildkröte aus Stein ihren Platz finden. Ein rundes Element aus Kupfer, die „Yoga-Stange" *(yoganala),* verbindet sodann die Basis mit einer Steinplatte, die alles bedeckt und auf der die Fundamente des Bildnisses zu stehen kommen.

Der Tempel hat auch mehrere kleinere Begleittempelchen, in der Bildnisse der wichtigsten Gottfiguren stehen, die in irgendeiner Beziehung zur Hauptgottheit stehen. Eine besondere Art ist in dieser Hinsicht der sog. *pancayarana,* der aus vier kleinen Tempeln besteht, die mit einem fünften Haupttempel verbunden sind, und der den Anforderungen des „fünffachen Kultes" der *smarta* Rechnung trägt.

Schließlich findet sich in jedem Tempel ein Wagen *(ratha),* dessen Form dem des *vimana* gleicht und der dazu benutzt wird, das heilige Bildnis bei feierlichen Prozessionen *(ratha-yatra)* aus dem Tempel zu tragen. Im allgemeinen ist er aus Holz gemacht, hat große Holz- oder Steinräder und häufig enorme Ausmaße. Er wird entweder in einem eigenen Pavillon aufbewahrt oder steht auch einfach auf einem freien Platz beim Tempel, nur von einer leichten Holzkonstruktion geschützt.

6.4 Heilige Bilder und Symbole

Das Gottesbild, ob antropomorph oder symbolisch, ist immer Zeichen einer ganz besonderen Präsenz. Um der Gottheit gegenüber seine Ehrerbietung zu erweisen, bedient sich der Gläubige gelegentlich noch immer der Praxis der *pranama,* einer kompletten Niederwerfung auf den Boden, in der die Stirn die Erde berühren und der Körper zur Gänze ausgestreckt werden muß: *dandavat,* „wie ein Stab".

Um die kultischen Handlungen auszuführen, wie sie von den Handbüchern der traditionellen Religionskultur vorgeschrieben werden, braucht man eine Unterstützung, die im allgemeinen in einem Gottesbild *(murti)* besteht, in dem man stellvertretend die Gottespräsenz anruft. Diese sakralen Darstellungen sind zahlreich und unterschiedlich. Man kann sie jedoch in drei Gruppen einteilen, die auf die drei wichtigsten Hindu-Religionen zurückzuführen sind: auf den Vishnuismus, auf den Shivaismus und auf die Shakti-Religion. Jedes Bildnis kann unbeweglich *(acala)* oder beweglich *(cala)* sein, je nachdem, ob es entweder für immer fixiert ist oder aber von seinem Standort zu verschiedenen rituellen Zwecken (Prozessionen, rituelle Reinigung, Kult) verstellt werden kann. Die „unbeweglichen" Darstellungen sind im allgemeinen aus Stein, die „beweglichen" dagegen aus Bronze oder aus einer Legierung aus fünf Metallen (Kupfer, Messing, Zinn, Blei und Eisen). In manchen Fällen wird von einem Bildnis *calacala* „beweglich und gleichzeitig unbeweglich" gesprochen, wenn das Bildnis zwar fest im *garbhagrha* gehütet, aber auch bei Prozessionen herumgetragen wird. Das geschieht z. B. im Tempel von Puri, der dem *Vishnu-Krishna* als „Herrn des Universums" *(Jagannatha)* geweiht ist. Die „unbeweglichen" Standbilder werden in einem Einweihungsritus *(pratishtha)* auf einem Sockel *(pindika)* befestigt, der nach dem Agni-Purana (56,1) die Natur *(prakrti)* versinnbildlicht, während die darauf befindliche Ikone für den Purusha steht.

Die Statuen müssen nach ganz genauen Maßen und Proportionen angefertigt werden. Das Gesicht beispielsweise darf nur so groß sein wie die geöffnete Handfläche *(tala),* und eine ganze Statue in aufrechter Stellung soll neun *tala* messen. Es können stehende *(sthanaka),* sitzende *(asana)* oder liegende *(shayana)* Gottfiguren sein. Die letzte Haltung ist jedoch allein für *Vishnu* als Liegenden auf der Schlange Shesha zu finden.

Unter den symbolischen Bildnissen Gottes ist das weitaus wichtigste das *linga,* das in den Shiva-Tempeln im allgemeinen das Gottesbildnis im *garbhagrha* ersetzt. Das Wort *linga* bedeutet „Zeichen" und bezeichnet je nach dem Bereich, in dem es benutzt wird, das grammatische Geschlecht, einen Beweis oder das Motiv für die Schlußfolgerung im Syllogismus. Im physiologischen Sinne bezeichnet *linga* das Geschlecht, genauer das männliche Glied als „Zeichen" männlichen Geschlechtes. Es wurde bereits als Symbol der Fruchtbarkeit in der Induskultur (3. tsd. v. C.) benutzt und ist in der Folgezeit zum „Zeichen" der Gegenwart *Shivas* schlechthin geworden. Die ellipsenähnliche, an das „kosmische Ei" erinnernde Form des *linga,* das „sich von selbst gebildet hat" und im Bett des Flusses Narmada gefunden wird, braucht keine Weihe. Es ist Symbol für das Fehlen von Anfang und Ende. Ein ideales *linga* besteht aus Bergkristall, seine Durchsichtigkeit ist Zeichen für die Reinheit einer inhaltsleeren Bewußtheit, die Raum und Zeit entzogen ist.

Die puranischen Texte bieten uns viele verschiedene Klassifikationen des *linga*, die sich grundsätzlich ebenfalls in die zwei Arten beweglich *(cala)* und unbeweglich *(acala)* einteilen lassen. Die ersteren kann man bei kultischen Anlässen von einem Ort zum anderen bringen. Oder sie werden von den Gläubigen auf dem Körper getragen, wie es z. B. die Lingayat tun. Wenn man sie nach dem Material, aus dem sie gemacht sind, unterscheiden will, kann man sie in sechs Typen einteilen mit 48 Unterteilungen. Es gibt *linga* aus Stein *(shailaja)*, aus Edelstein *(ratnaja)* – wie z. B. aus Perlen, Korallen, Tigeraugen, Kristall, Topas, Smaragd und Lapislazuli. Es gibt sie aus Metall *(dhatuja* oder *lohaja)* – z. B. Gold, Silber, Bronze, Eisen, Blei, Messing und Zinn. Es gibt sie aus Holz *(daruja)*, aus Lehm *(mrnmaya)*. Es gibt sog. linga „für den Augenblick" *(kshanika)* aus nicht beständigem Material (Sand, Reis, Butter, Kuhdung, Blumen, Sandelpaste und Mehl) geformt, zum Zwecke eines einzigen kultischen Aktes. Für die *acala-linga* existieren dagegen nach einigen Quellen neun Arten, auch *sthira* oder *sthavira* (beständig, fest) genannt. Im allgemeinen aber teilt man sie nur in vier Arten auf, je nachdem, ob sie sich von allein gebildet haben *(svayambhuva)* oder ob sie von gottähnlichen Personen erstellt wurden *(daivika)*, ob sie einem Halbgott ähnlich im Gefolge *Shivas* *(ganapa)* und gleich wie die *Seher (arsha)* sind oder ob sie nur von Menschen gemacht wurden *(manusha)*. Die letzteren sind natürlich in der weitaus größten Überzahl.

Sie sind aus drei Teilen zusammengesetzt *(bhaga)*: unten eine viereckige Basis, die als Steinfundament dient *(adhara-shila)* und Brahma-Teil genannt wird; in der Mitte eine achteckige Struktur (Vishnus Teil genannt); und oben das eigentliche *linga* als auf der Spitze abgerundete Säule, die den *rudra-bhaga* (Rudra-Shivas Teil) bildet und auch *puja-bhaga* (Teil für den Anbetungsritus) heißt. Die verschiedenen

Unterteilungen dieser vertikalen Struktur stellen die 36 *tattva* dar, die Prinzipien der Shiva-Kosmologie, so daß das *linga* in den Augen der Gläubigen zu einem Kosmogramm wird, das die Synthese der gesamten Wirklichkeit bedeutet, während der freie Raum darüber die Wirklichkeit ohne Form abbildet und dem Wesen *Shivas* selbst entspricht. Der Sockel, auf dem das *linga* steht, wird *pitha* (Thron) oder *linga-vedi* (Altar des linga) genannt. Er hat die Form einer *yoni* oder *bhaga* (weibliches Geschlechtsorgan) und versinnbildlicht Uma, die *Shakti*, die göttliche Kraft, die auch Gattin *Shivas* ist (Linga-Purana II,47,9–10 ab). Ein besonderer Typ des *manusha-linga* ist das *mukha-linga,* das so genannt wird, weil in ihm eines oder mehrere Gesichter *Shivas* hineingearbeitet sind. Es gibt solche mit nur einem Gesicht *(ekamukha)* und solche mit vier Gesichtern *(caturmukha)*, die die Ikonographie von Sadashiva aufgreifen, dessen fünftes Gesicht im Raum oberhalb des *linga* unsichtbar bleibt. Es gibt dann auch noch einen ganz besonderen Typ von *caturmukha-linga,* das *pancayatana-linga,* das auf seinen vier Seiten Bildnisse von *Ganesha, Vishnu, Parvati* und *Surya* hat, während das linga selbst Shiva bedeutet.

Als Symbol für *Shiva* wird auch der Dreizack benutzt, seine bevorzugte Waffe. Bei diesem Dreizack bedeutet der mittlere Zacken Rudra, d. i. also *Shiva* selbst. Der rechte Zacken (d. h. der linke für den Betrachter) bedeutet *Brahma* und der linke *Vishnu.* Ebenso können im vishnuitischen Kult die wichtigsten Attribute *Vishnus* das sakrale Bild ersetzen. Die fünf Figuren des *smarta*-Kults können symbolisch auch durch fünf Gegenstände ersetzt werden: einen schwarzen Stein (diese Farbe haben die basilen Ammoniten aus Salagrama, die für die bevorzugte Waffe und Symbol von *Vishnu-Krishna*, den Diskus, stehen), einen weißen und ovalen Stein *(bana-linga)* für *Shiva*, ein Stück eines metallischen Minerals *(svarnarekha* „goldene Streifung“) für *Shakti* oder *Devi*; ein Kristallstück *(suryakanta)* für *Surya* und einen roten Stein *(svarnabhadra)* für *Ganesha.* Die Vishnuiten praktizieren gelegentlich einen Kult mit einem *patta,* einer Metallplatte oder auch Steinplatte, auf der Bilder der Gottheit oder ihrer *avatara* eingeritzt sind.

Im Tantrakult sind dagegen die *yantra* (Kontrollinstrument der für die Meditation benutzten physischen Energie; oder mystisches Diagramm) gebräuchlich. Von diesen stark stilisierten Symbolen ist das *shri-yantra* oder *shri-cakra* (Kreis der Shri, Shakti) das häufigste. Es besteht aus neun gleichschenkeligen, sich durchkreuzenden Dreiecken. Fünf davon gehen mit der Spitze nach oben, die *Shiva* versinnbildlichen; und vier gehen mit der Spitze nach unten, als Symbol der *Shakti.* Sie sind in eine Reihe von konzentrischen Kreisen eingezeichnet, die ihrerseits in einem Quadrat mit vier Toren eingeschlossen sind. In ihrer Mitte befindet sich ein kleiner Kreis oder Punkt, der *bindu* („Tropfen"), als Symbol des Absoluten. Es handelt sich hierbei um eine Weiterentwicklung einer einfacheren Verbindung aus zwei Dreiecken, wobei eines mit der Spitze nach oben (als Symbol des *linga* und also des erhabenen Purusha mit den drei Seiten des Dreiecks als Symbol für die Substanz allen Seins, für Bewußtheit und Glückseligkeit) und das andere mit der Spitze nach unten zeigt (als Symbol der *yoni,* der *Shakti* und also des Prinzips der Natur mit seinen drei Bestandteilen, symbolisiert in den drei Seiten). Diese Diagramme können auf Stoff gemalt oder auch einfach mit farbigem Pulver in verschiedener Zusammenstellung auf den Boden oder in den Sand gezeichnet werden, je nach der Gottheit, die man verehren möchte.

Ein besonderer Typ von *yantra* ist das *mandala* (Kreis), das vor allem von den Buddhisten benutzt wird. Es ist eine ziemlich komplizierte Zeichnung, die aus einem oder mehreren konzentrischen Kreisen besteht und von einem äußeren Rahmen begrenzt wird, der seinerseits ein Quadrat mit vier Toren *(vimana:* Palast, sakrale Stadt) in sich einschließt, das durch Diagonale in vier Dreiecke aufgeteilt ist. Im Inneren von jedem Dreieck und im Zentrum des gesamten *mandala* befindet sich ein Kreis mit der Figur einer Gottheit. Eine komplexe Symbolik erweckt Analogien zwischen Mikrokosmos und Makrokosmos vor allem aufgrund einer Reihe von fünffachen Klassifikationen: 5 Elemente, 5 Farben, 5 Sinnesorgane, 5 Buddhas, 5 *tattva* der shivaitischen Kosmologie usw. Das *mandala* ist dementsprechend sowohl Bildnis des Universums als auch Gegenstand der Yoga-Konzentration und Vereinigung mit dem Absoluten.

6.5 Die Riten

Die Kultur der religiösen Überlieferung in Indien ist von einem tiefen Sinn für das Sakrale durchdrungen und hat schon immer dem Ritus eine sehr große Bedeutung zugemessen bis hin zu dem Punkt, daß man dem allgemeinen Verhalten des Menschen sogar den Wert einer rituellen Feier beimißt. Einige Lebensvollzüge, wie z. B. die Zeugung, erhalten sogar den Wert eines „Sakramentes", wie wir in Kürze sehen werden.

Die literarischen Quellen zeigen uns zweierlei Arten, um spirituelle Verdienste durch rituelle Handlungen zu erwerben. Sie werden *ishta* und *purta* genannt und betreffen das Vollziehen von Opferhandlungen bzw. karitative Taten verschiedener Art. *Ishta* wird als *pravarttaka-dharma* dargestellt, da es die Bemühung in irdischer Aktivität *(pravrtti)* gemäß den Vorschriften des *dharma* bedeutet. Es darf von den *shudra* nicht praktiziert werden, bietet als Lohn himmlische Freuden und beinhaltet auch das Studieren des Veda, die Unter- und Erhaltung des heiligen Feuers *(agnihotra)*, Askese, Wahrhaftigkeit, Gastfreundschaft und die Darbietung von Gaben an alle Gottheiten ins Feuer vor den Mahlzeiten *(vaishvadeva* oder *sattra)*, was ihrer Natur nach alles sog. vedische Akte sind. Zu dieser Kategorie gehören auch die „fünf Opferhandlungen", von denen wir noch sprechen werden.

Purta ist dagegen in seinem Bezug auf *nivrtti* ein *nivarttaka-dharma.* Dieses darf auch von den *shudra* praktiziert werden und hat die Kraft, zur endgültigen Rettung zu führen. Es besteht aus Werken allgemeiner Wohltätigkeit wie z. B. das Graben von Wasserspeichern verschiedener Art, Gründung von Klöstern und Bau von Tempeln, Speisehäusern oder Asylen für Pilger. Hierbei handelt es sich um Taten, die von der Tradition *(agama)* geheiligt sind und eine sekundäre Stellung in der vedischen Praxis einnehmen. Zu dieser Kategorie gehört dann auch *dana* (Geschenk, Schenkung), sobald es nicht Teil der Feier einer Opferhandlung ist. Die Quellen der Smrti, besonders die Puranas, betrachten dieses als die verdienstvollste Praxis religiöser Frömmigkeit im gegenwärtigen kosmischen Zeitalter der Kali. Man kann nicht nur den Göttern, sondern auch den Menschen Geschenke machen, was besonders für die Brahmanen gilt. Man glaubte und glaubt immer noch, daß Schenken die Sühnung von Sünden und den Erwerb von Verdienst und inneren Frieden bewirkt. Früher waren Goldgeschenke besonders verdienstvoll, heute jedoch bestehen sie meist aus einer Geldspende. Die Quellen sprechen noch von vielen anderen Arten von Gaben, so z. B. der Schenkung von Lampen *(dipadana)*, von Nahrung *(annadana)*, von einer ganzen lebenden Kuh *(godana)* oder einer aus verschiedenen Materialien und Zutaten hergestellten *(*z. B. auch aus Erde = *bhumidana* oder *bhudana).* Diese letzte Art Gabe, die in den Puranas gerühmt wird, ist in neuerer Zeit von einem Jünger Gandhis, Vinoba Bhave, in eine sozial-politische Kampagne verwandelt worden.

In allen Ritualpraktiken nimmt das Feuer eine bedeutende Stellung ein. Es wird durch Zugabe geschmolzener Butter belebt und ist Symbol nicht nur der Sonne, sondern auch der Reinigung. Es befreit nach dem Tode den feinstofflichen Körper vom groben Körper. Ebenso wichtig ist das Wasser, das zum rituellen Bad und für die verschiedenen Besprengungen dient. Es wird jedoch auch als Gabe bei den Riten zu Ehren der Vorfahren benutzt. Man muß es vor jeder Art kultischer Handlung berühren und während der Riten schlürfen. Gaben verschiedener Lebensmittel wie Früchte der jeweiligen Jahreszeit, Gersten-, Sesam- oder Reiskörner und Süßigkeiten werden ins Feuer geworfen oder auf einen Teppich aus geheiligtem Gras gelegt. Außerdem werden Blätter und Ästchen geheiligter Bäume benutzt, zusammen mit Weihrauch aus Sandelholz, mit Blumen und mit buntem Pulver zur Dekoration der Bildnisse. Die Uhrzeiten sind mit größter Genauigkeit festgelegt: Der morgendliche Kult muß bei Sonnenaufgang (24 Minuten davor bis 24 Minuten danach), der mittägliche Kult vor 12 Uhr und der abendliche Kult bei Sonnenuntergang in der gleichen Zeitspanne zelebriert werden. Das rituelle Reinigungsbad macht man nicht nur im Wasser, sondern auf sieben verschiedene Arten, miteinbegriffen jenes „im Feuer", was in heiliger Asche vollzogen wird. Bußpraktiken wie z. B. das Fasten werden sehr empfohlen. Auch hier wird der Wahl des geeigneten Augenblickes große Bedeutung zugemessen, da so das Verdienst vergrößert werden kann. So kann ein Bad im Ganges am Tage des *dashahara* von allen Arten der Sünde befreien. Diese sind nach der Manusmrti zehn an der Zahl: dreierlei Gedankensünden (nachdenken darüber, wie man sich den Besitz anderer aneignen könnte; an eine Handlung denken, die im Gegensatz zu den Regeln des *dharma* steht; zu falschen Lehren neigen). Vier sind die Sünden durch das Wort (Beleidigung, Lüge, Verleumdung, unüberlegtes Daherreden) und drei sind die Sünden des Körpers (Nichtgeschenktes nehmen; Gewaltanwendung, die nicht durch das *dharma* autorisiert ist; Frauen anderer Männer umwerben). Die Riten sollte man mit nacktem Oberkörper ausüben, ohne Schuhe und ohne genähte Kleidung, aber mit bedeckten Knien, und zwar durch das traditionelle Hindu-Kleidungsstück *(dhoti)*. Außerdem soll man sich vorher die Stirn mit dem Zeichen *(tikala)* der religiösen Herkunft gezeichnet haben und um den Hals die heilige Initiationsschnur tragen, die bei den Riten für die Vorfahren umgekehrt getragen werden muß.

Während des Ritus muß der Gläubige auf dem Boden sitzen bleiben, nachdem er diesen gesäubert und mit dem *kusha* (Gras) oder mit einem Seidentuch oder einem Antilopenleder bedeckt hat, das nach Osten oder Norden ausgerichtet wird, je nach der anzubetenden Gottheit. Er wendet sich nach Süden bei der Zeremonie für die Vorfahren. Die Wassergaben werden mit den Händen in *anjali* (Haltung) ausgeführt. Die für die Zeremonie notwendigen Dinge dürfen nur mit der rechten Hand berührt werden, indem man hier auf die Stellung der Finger achtgeben muß, denen man eine symbolische Bedeutung zumißt *(mudra)*.

Im tantrischen Kult hat *nyasa* eine ganz besondere Bedeutung. Das ist eine Art mystische Verwandlung des Körpers vom Praktikanten in einen göttlichen Leib, wodurch die verschiedenen Körperteile verschiedenen Gottheiten geweiht werden, indem die Glieder beim Sprechen magischer Formeln *(mantra)* berührt werden. Ähnlich ist der *matrka-nyasa* (Aufstellung der kleinen Mütter), der darin besteht, den Körperteilen des Praktikanten bestimmte Silben der Sanskrit-Sprache in den Buchstaben des *nagari*-Alphabetes zuzuordnen, die verschiedenen weiblichen Gottheiten entsprechen. Sie werden gekrönt von einem Punkt *(bindu)*, der Nasalisation bedeutet und Symbol des absoluten Aspektes jeden Tones, also des Göttlichen, ist.

Andere charakteristische Formen hinduistischer Religionsausübung sind besonders in den *bhakta*-Schulen Musik und Gesang. Die Musik wird im allgemeinen mit Flöten oder Schlaginstrumenten gemacht. Der Gesang ist zumeist Chorgesang, der das Gebet der Gemeinde *(bhajana)* oder Lob der erwählten Gottheit, Ruhm und Ehre des Herrn *(kirtana)* zum Ausdruck bringt.

Für jegliche Zeremonie ist die rituelle Reinheit von äußerster Wichtigkeit. Sie ist fünffach: die des Körpers, die des Gottesbildnisses, die der dargebotenen Dinge, die der *mantras* und die des Geistes. Der Körper wird durch ein Bad gereinigt, durch das Schlürfen von Wasser und durch sexuelle Enthaltung. Das Bildnis ist rituell rein, sobald es mit den vorgeschriebenen Materialien geformt und auf vorgeschriebene Weise errichtet wurde. Im Falle einer Verunreinigung wird die ursprüngliche Reinheit durch das Aussprechen geeigneter *mantras* und durch die fünf Produkte der Kuh *(panca-gavya)* wiederhergestellt: Milch *(kshira,* hindi: *dudha)*, Geronnenes *(dadhi, dahi)*, geschmolzene oder erhellte Butter *(ajyta, ghrta, ghi)*, Urin *(mutra, gomutra)* und Kot *(gomaya, gobar)*. Die dargebrachten Dinge sind rein, wenn sie nach den vorgeschriebenen Regeln bereitet wurden: Blumen und Blätter von geheiligten Pflanzen. Z. B. *tulasi* (Basilikum) für den Vishnu-Kult müssen frisch sein und dürfen nicht auf die Erde gefallen sein. Die *mantras* müssen nicht nur phonetisch in korrekter Weise ausgesprochen werden, sondern auch in der geistigen Haltung vollzogen werden, die dem feierlichen Augenblick entspricht. Und die geistige Reinheit schließlich erhält man durch die Yoga-Disziplin.

Um die Verdienstlichkeit aller religiösen Praktiken zu erhöhen, nimmt man Zuflucht zu den Gelübden und Versprechungen, die im allgemeinen in asketischen Übungen, in Entbehrung und Fasten, meist in bestimmten Zeitabständen bestehen. Es handelt sich jedoch nicht um eine der großen Praktiken, und es sind vor allem Frauen, die sie ausüben. Der Autor hat häufig Gelegenheit gehabt besonders an geheiligten Orten die harten Bußübungen zu beobachten, denen sich die Pilger zur Einlösung eines Gelübdes unterziehen. Besonders erstaunt war er über die große Anzahl von Frauen, die in einem Tempel von Tiruchirapalli im

Tamil Nadu eine lange Fastenzeit durchmachten für die Gesundheit und das Wohlergehen ihrer Ehemänner.

In alten Zeiten war auch der Tanz von heiligen Tänzerinnen, sog. „Gottessklaven" *(devadasi)*, ein wichtiges Ritual. Er hatte zu Formen sakraler Prostitution geführt, ist aber heute weitgehend aufgegeben worden.

Für die Beachtung der verschiedenen religiösen Pflichten werden den Behinderten und Kranken besondere Zugeständnisse gemacht, wo z. B. die körperliche Reinigung durch ein geistiges Bad ersetzt werden kann. Die Armen dürfen Gaben darbieten, die ihren beschränkten Mitteln entsprechen. Die Frauen wohnen im allgemeinen der Ausführung der Riten nur passiv an der Seite ihres Gatten bei. Sie dürfen die vedischen *mantra* nicht sprechen und sagen deshalb puranische Formeln oder andere Gebete in modernen Sprachen her, nicht im Sanskrit. Sie dürfen aber wie die Männer auch *jupa* des Namens der erwählten Gottheit machen und sich vor allem der Erfüllung von Gelübden, die sie zum Wohle anderer Familienmitglieder gemacht haben, widmen. Die Grenzen der Frauen sind gleich wie die der *shudra,* auch wenn die Haltung ihnen gegenüber weniger streng geworden ist. Denn es darf nicht vergessen werden, daß man gerade ihnen viele Schenkungen und fromme Werke verdankt.

Die Weihe des Tempels

Die Weihezeremonie eines Tempels, die nach der Fertigstellung eines sakralen Gebäudes erfolgen muß, ist äußerst kompliziert. Vor allem werden rings um den Tempel neun Gaben aufgestellt *(bali)*, die für die bösen Gottheiten gedacht sind. Diese werden so ermahnt, den Ort für alle Zeiten zu verlassen. Sodann stellen der Meister *(acarya)*, der Architekt *(sthapati)* und der Stifter *(yohamana)* Krüge voller Wasser rings um den „Opfersaal" *(yogashala)* auf und führen dann nach einigen vorbereitenden Riten das Spenden von geschmolzener Butter in die heiligen Feuer *(homa)* durch, die in verschiedenen Vertiefungen im Boden brennen. Das Gottesbild wird nach der Zeremonie der Augenöffnung auf einem Prozessionswagen *(ratha)* befestigt und dann in die drei „Wohnungen" *(adhivasa)* gebracht: ins Wasser *(jaladhivasa)* durch ein Untertauchen in einen Fluß oder in einen nahegelegenen Teich; ins Getreide *(dhanyadhivasa)* im Inneren der *yogashala,* wo es drei Tage bleiben muß; und schließlich auf ein Ruhelager *(shayadhivasa)*, wo es ebenfalls drei Tage bleibt.

Im Zentrum des *garbhagrha* befestigt man ein auf einer Goldplatte eingraviertes *yantra,* zusammen mit Edelsteinen, Mineralien und einigen Samenkörnern. Dann wird ein Brei aus acht Zutaten bereitet *(ashtabandha),* den man auf den *yantra* streicht. Dann endlich wird das Bildnis darauf befestigt. Schließlich ruft man die göttliche Präsenz in dieses Bildnis hinein, durch eine besondere Zeremonie: *prana-pratishtha* (Weihung des Lebenshauches). Dann gibt man das Zeichen für den Beginn des eigentlichen Kultes, der in der Besprengung mit Wasser aus dem Haupt-kalasa der *yogashala,* aus der Schenkung von Lampen und anderen besonderen kultischen Handlungen besteht. Die ganze komplexe Zeremonie schließt mit einem rituellen Bad und reichlichen Gaben an Speisen für Gläubige und Arme der Zone.

Die Riten im Tempel

Obwohl es unendlich viele unterschiedliche Einzelheiten zu beobachten gibt, folgt der Tempelkult jedoch einem grundsätzlichen Schema, je nachdem, welche Gottheit verehrt wird. Die täglichen Kulthandlungen können ein- bis achtmal am Tage stattfinden. Sie beginnen im letzten Achtel der Nacht, wenn die Gottheit mit einer Lampenzeremonie geweckt wird, die von Musik und der Rezitation heiliger Texte begleitet wird. Ungefähr eine Stunde nach der Morgendämmerung werden die Türen des *garbhagrha* geschlossen, und das Götter-Bildnis wird aller Kleidung und allen Schmuckes entledigt. Dann werden einige Waschungen mit Öl, geschmolzener Butter, Milch, einfachem und parfümiertem Wasser durchgeführt. Danach wird das Bild wieder eingekleidet und geschmückt und mit Sandelpaste bestrichen. Wenn dann wieder die Türen geöffnet sind, führt man eine neue Lampenzeremonie durch. Dann wird der Gottesdienst unter der Begleitung von Musik und Gesang auf die verschiedenste Art abgehalten.

Am Mittag wird die Gottheit noch einmal der Gemeinde gezeigt, und es werden ihr Speisen geboten. Sodann ruht sie bis zum folgenden Anbetungsritus. Bei Sonnenuntergang gibt es wieder eine Lampenzeremonie und eine Speisengabe, danach wird das Bildnis mit prächtigen Gewändern eingekleidet und geschmückt und zur Ruhe gebettet. In den Tempeln *Shivas* geschehen diese Handlungen vor dem *linga,* in den anderen vor einem Symbol oder einem Ersatz für das eigentliche Bildnis. In den großen Tempeln muß nicht vor jedem Gottesdienst eine Weihezeremonie, ein Ruf nach der göttlichen Präsenz im Bildnis oder eine Abschiedszeremonie stattfinden, weil die sakralen Bildnisse ständig dort sind. Der tägliche Gottesdienst heißt *nitya-puja* (ständige Anbetung). Es gibt jedoch auch besondere Gelegenheiten, z. B. religiöse Feste, für die es einen eigenen feierlichen Dienst gibt, der *naimittika-puja* genannt wird. Bei dieser Gelegenheit gibt es besondere Feuergaben *(homa)*, eine Rezitation der tausend Namen der Gottheit *(japa)* und Reinigungsriten für das Bildnis *(abhisheka)*. Hier wird dann auch ein ganz besonderes Bildnis für Feste prächtig dekoriert und in Prozession herumgetragen, um allen Gläubigen die Möglichkeit des *darshana* zu bieten, es also von nahem betrachten zu können. Bei dieser Gelegenheit sollte man sich daran erinnern, daß es für den gläubigen Hindu keinerlei Pflicht gibt, den Tempel zu besuchen, während hingegen eher die Bemühung um die Erfüllung religiöser Pflichten im persönlichen und häuslichen Bereich zählt. Wenn er sich jedoch in den Tempel begibt, soll er das im Glauben tun und ein der Heiligkeit des Ortes entsprechendes Verhalten zeigen: Immer sollte er das rituelle Bad nehmen, frisch gewaschene Kleidung tragen und im Inneren der Umzäunung des Tempels schweigen. Wenn er dann *darshana* der Gottheit gehabt und seine persönlichen Glaubenshandlungen vollbracht hat, sollte er drei-, fünf- oder siebenmal das zentrale Heiligtum umwandeln, die Tempelchen der kleineren Gottheiten besuchen und schließlich in einer ruhigen Ecke zur Meditation sitzen bleiben.

Die puja

Nachdem ab der Gupta-Epoche (4./5. Jh. n. C.) die vedischen Opfer nach und nach aufgegeben wurden, ist die *puja* zur wichtigsten Kulthandlung geworden und ist es bis heute geblieben. Sie wird sowohl in den Tempeln als auch in den Wohnungen der Hindu vollzogen. Die vorbereitenden Riten für den eigentlichen Kultakt sind ziemlich komplex und unterschiedlich, je nach der religiösen Richtung, der der Gläubige angehört. Sie bestehen vor allem in einer Reihe von Reinigungen sowohl für den Praktikanten als auch für den Ort, wo der Gottesdienst stattfinden soll. Die zu verehrende Gottheit wird wie ein Gast behandelt. Der Ritus beinhaltet auch einige „Diensthandlungen" *(upacara)*, die man mehrmals aufgelistet findet und die mindestens 5 bis maximal 64 aufzählen. Die am meisten zitierte Liste zählt 16: *avahana* (Einladung), *asana* (Anbietung eines Sitzplatzes), *padya* (Anbietung von Wasser zum Waschen der Füße), *arghya* (Anbietung von parfümiertem Wasser zum Mundspülen), *snana* (Bad), *vastra* (Anbietung eines

Kleidungsstückes), *yajnopavita* (Umlegung einer heiligen Schnur), *anulepana* oder *gandha* (wohlriechende Salben), *pushpa* (Anbietung von Blütenblättern), *dhupa* (Anbietung von Weihrauch), *dipa* (Anbietung von brennenden Lampen), *naivedya* oder *upahara* (Anbietung einer sakralen Mahlzeit), *namaskara* (Niederwerfung), *pradakshina* (Umarmung mit der rechten Hand), *visarjana* oder *udvasana* (Verabschiedung). An der 14. Stelle kann man auch das Angebot von Betelblättern *(tambula)* finden, gefolgt von einem Geschenk *(dana)*, und dann an 16. Stelle *namaskara* (Niederwerfung) und *pradakshina* (Umarmung) zusammen als *upacara*. Die Gesten, die seit Jahrtausenden immer wiederholt werden, unterstreichen den direkten Kontakt mit der Gottheit über das Gottesbildnis oder ein heiliges Symbol. Nach der Zeremonie der *prana-pratishtha,* die im *avahana* gipfelt (aber im Falle eines feststehenden Bildnisses ausgelassen werden kann), ist das Bildnis nicht mehr eine Holz- oder Steinstatue, sondern zur Person der Gottheit selbst geworden.

Bei wichtigen Anlässen wird die Statue auch noch in feierlicher Prozession einen Wandelgang entlang im Inneren des Tempels und außerhalb des Tempels herumgetragen. Die einfache *puja* wird so zu einem kleinen Fest *(utsava)* oder einem großen Fest (*mahotsava)*, das wie alle einfachen Riten ebenfalls mit einer Austeilung von geheiligten Speisen an alle Teilnehmer endet *(prashada).*

Die *puja* wird im allgemeinen nur für die *ishta-devata,* der von der Familie gewählten Gottheit also, zelebriert. Die *smarta* sind jedoch dazu verpflichtet, *pancadevopasana* (Gottesdienst an fünf Gottheiten) zu praktizieren, wie es jüngere Überlieferungstexte vorschreiben. Das bedeutet die Anbetung von fünf Gottheiten. Im häuslichen Kult werden diese im allgemeinen durch Symbole aus Stein oder Metall versinnbildlicht.

Eine besondere Form des Kultes ist die tantrische *puja,* die man noch heute in vielen Tempeln praktiziert. Sie besteht aus fünf Grundelementen *(tattva)*, die als „5 m" *(panca-makara)* bekannt sind, weil sie alle mit dem Buchstaben m beginnen. Es handelt sich um einen Ritus, der die Aufnahme von Getränken und Speisen beinhaltet, die nach der brahmanischen Tradition als „unrein" gelten: Likör *(madya)*, Fleisch *(mamsa)*, Fisch *(matsya)*, geröstetes Getreide *(mudra)* und außerdem die sexuelle Vereinigung *(maithuna)* des Praktizierenden mit einem rituellen Partner, was auf der weltlichen Ebene die immerwährende Vereinigung zwischen *Shiva* und seiner *Shakti* wiederspiegeln soll. Die esoterische Bedeutung dieser charakterisierenden Elemente variiert aber je nach der Kategorie der Praktizierenden. Im eigentlichen Sinne wären diese Riten nur für die *shudra* gedacht. Früher wurden die fünf *tattva* ganz konkret ausgeführt, besonders bei den Jüngern des „Weges der linken Hand". Heute aber werden sie fast immer durch entsprechende symbolische Gesten ersetzt.

Im häuslichen Kreis wird die *puja* auf äußerst einfache Weise ausgeführt. Man hat dazu einen kleinen Tabernakel, wo die Bildnisse der von der Familie gewählten Gottheiten stehen, in einem Raum für die *puja,* der extra zu diesem Zweck bestimmt ist, oder auch nur in einem Eckchen eines Zimmers.

Die täglichen Riten des Familienoberhauptes

Die täglichen Riten gehören zur besonderen Kompetenz des *snataka,* d. h. des Familienvaters, der regelmäßig die vorgeschriebenen Reinigungen *(snana)* durchführt, insbesondere die der zweifachen *samdhya* (Ritus in der Dämmerung) am Morgen und am Abend. Ihnen geht ein Gebet an die göttliche Ganga voran, deren Gegenwart herbeigerufen wird durch das Wasser, das man zur Reinigung benutzt. Die Aufgaben bei diesen Riten können verschieden sein, sie werden, je weiter man in der sozialen Hierarchie nach unten steigt, immer leichter. In der Substanz bleiben sie sich jedoch gleich. Selbst wenn es in den letzten Jahrzehnten in der indischen Gesellschaft grundlegende Veränderungen gegeben hat, ist es noch heute nicht selten, daß ein Brahmane in Südindien sich z. B. um 4 Uhr morgens erhebt, ein Bad nimmt, Vorbereitungen für die *puja* trifft, sich die Stirn mit den Zeichen in den vorgeschriebenen Farben ziert und dann in Meditation und Gebet sitzen bleibt. Dabei führt er dann vielleicht 3 bis 5 Stunden lang, wenn nicht sogar länger, eine genau vorgeschriebene Reihe von magischen Formeln, Betrachtungen und anderen rituellen Handlungen vor der Gottheit des Hauses durch. Das beinhaltet auch das Singen von langen Abschnitten heiliger Texte. Dazu kommt das Ausführen komplizierter Gesten mit Händen und Fingern *(mudra)*, das Darbringen von Blumen, Butter, Milch, Zucker und vielen anderen vorgeschriebenen Substanzen.

Viele brahmanische Häuser verfügen über einen privaten Kultraum. Dieser kann in den Ausmaßen unterschiedlich sein. Es kann sich um eine kleine Nische in der Küche handeln, denn diese wird vom rituellen Standpunkt als Raum des Feuers im Hause der hinduistischen Familie betrachtet. Das Kochen und Verspeisen von Nahrung wird als ritueller Akt angesehen. Diese Nische ist dann mit Bildern aus Stein oder Bronze und mit bunten Darstellungen der verschiedenen

Gottheiten geschmückt. Daneben gibt es eine Sammlung von sakralen Gebrauchsgegenständen auf einem extra dafür vorgesehenen erhöhten Regal, vor dem der Gläubige mit gekreuzten Beinen sitzt und seine *puja* verrichtet. Es kann aber auch ein besonderer Raum sein, je nach den Mitteln und den religiösen Motivationen des Familienoberhauptes. Nachdem er all seine Pflichten dieser Art erfüllt hat, darf er frühstücken und sich dann seinen täglichen Beschäftigungen widmen. Wenn er am Abend zurückkommt, beschließt eine verkürzte Fassung der vorgeschriebenen Prozedur den Tag. Keinerlei Art von Nachlässigkeit ist bei der Abfolge dieser religiösen Riten bei diesem Teil der Hindu-Bevölkerung erlaubt mit den gestatteten Ausnahmen bei Hochzeiten und religiösen Versammlungen (in Hindi: *satsang).* Auch andere wichtige Einzelheiten sind für den Tagesablauf im religiösen Sinne zu beachten: z. B. das Gebet für den Guru, die Spendung *(homa)* ins häusliche Feuer, was die Stelle des heiligen Feuers einnimmt; die Gabe an die Sonne, die in der Morgendämmerung erfolgt (besonders an heiligen Orten) und vom Rezitieren der sakralen *gayatri* vervollständigt und 10 bis 1000 Mal wiederholt wird; sodann der Besuch im Tempel, den der fromme Hindu im allgemeinen vor der Heimkehr macht. Auch die Mahlzeiten werden als rituelle Handlungen betrachtet. Es ist angebracht, sie durch die Gegenwart eines Gastes zu heiligen oder arme Brahmanen daran teilnehmen zu lassen und außerdem einen kleinen Anteil für die Gabe an die Ahnen beiseitezustellen. Nahrung darf nur mit der rechten Hand zum Munde geführt werden, da die linke als unrein angesehen wird und für die persönliche Körperreinigung benutzt wird.

Wie wir sehen, sind die täglichen religiösen Verpflichtungen recht zahlreich und komplex. Sie sind auch in einer Art Vorschrift kodifiziert, wo sie als eine Reihe von fünf Opferhandlungen *(panca-yajna)* auftreten, die vollzogen werden sollen; einerseits, um die „dreifachen (oder vierfachen bzw. fünffachen) Aufgaben“ des Menschen zu erfüllen; und andererseits, um die ungewollten Tötungen zu sühnen, die im alltäglichen häuslichen Leben durch die Benutzung der „fünf Todeswerkzeuge“ geschehen: Herdfeuer, Mühlstein, Besen, Mörser und Wasserkrug. Es handelt sich hier um unerläßliche Gegenstände für jede Familie, deren Gebrauch jedoch die unbeabsichtigte Opferung von Insekten und anderen winzigen Geschöpfen bedeutet. Eine alte Formulierung der Lehre von den „fünf Opfern“, die sich im ersten Teil der *Parasara-smrti* befindet, zählt sechs rituelle Pflichten für die Familienoberhäupter der höheren Kasten: *samdhya-snana* (rituelles Bad, was ursprünglich morgens und abends und auch zu Mittag genommen werden sollte), *japa* (gemurmeltes Gebet oder Wiederholung von Stoßgebeten), *homa*

(Spenden von geschmolzener Butter ins heilige Feuer als Teil der puja oder auch als unabhängiger Ritus), *svadhyaya* (Studium und Wiederholung der heiligen Texte), *devatarcana* (Anbetung der Gottheiten) und *vaishvadevatithiya* (Opfergabe ins Feuer an „alle Gottheiten" vor den Mahlzeiten).

Die klassische Formulierung dieser Art Religionspflicht zählt aber nur fünf Opferriten auf. Der erste ist die Opferung an die Götter *(devayajna).* Man gibt eine Gabe (meist Holzstückchen mit geschmolzener Butter getränkt) ins häusliche Feuer, das Ersatz für das Opferfeuer ist und immer brennen muß. Der zweite Ritus ist das Opfer an die Ahnen *(pitr-yajna)* und besteht in der „Befriedigung" der Ahnen mit einigen Gaben von Wasser. Dann gibt es das Opfer an das Brahman *(brahma-yajna),* das man durch das Studium und das auswendige Hersagen der heiligen Texte oder auch durch die Wiederholung des 1. Verses jeder der drei vedischen *Samhitas* oder auch durch kurze Gebets- oder Stoßgebetsformeln erfüllt. Das Opfer an den Menschen schließlich *(nr-yajna)* bedeutet die Ehrung des Gastes, dem man Wasser zum Füßewaschen und Wasser zum Schlürfen anbieten soll, wobei bei der Bereitung des letzteren ursprünglich acht verschiedene Zutaten nötig waren. Heute jedoch wird dieses letzte Opfer meist in die Praxis der Almosenvergabe übersetzt. Zum Schluß kommt das Opfer an alle „Wesen" *(bhuta-yajna),* was in Opfergaben *(bali)* besteht, die man als Nahrung für verschiedene Geister und Halbgötter auf den Boden streut.

Besonders mit den ersten drei Opfern kann der Mensch seine dreifache Verpflichtung erfüllen, an die er seit seiner Geburt gebunden ist: den Göttern, den Vorfahren und den alten Sehern gegenüber, denen man die „Erhörung" der heiligen Gesänge des Veda zuspricht. Wenn er diese Pflichten täglich erfüllt, findet er eine vollkommene Harmonie nicht nur mit dem Weltall, sondern auch mit der Welt der Natur, von der er ein unlösbarer Teil ist, obwohl er allein unter allen Geschöpfen zu einem höheren Ziel gerufen ist. Denn in der Welt der Schöpfung ist allein der Mensch dazu befähigt, das letzte Ziel zu erreichen, *moksha.* Allein der Mensch ist dazu imstande, die unendlich vielen Bindungen zur Welt zu lösen und in die totale Freiheit des Seins einzutauchen, indem er sich in der ewigen und unveränderlichen Unbeweglichkeit des Absoluten auslöscht.

Von den Riten, die man täglich vielleicht auch mehrmals durchführen muß, sind die der Reinigung besonders wichtig. Es muß hier unterstrichen werden, daß das Konzept von Verunreinigung und Reinigung in der christlichen Welt anders als in der hinduistischen Welt ist. Im ersten Fall trägt es eine präzise moralische Bedeutung, im zweiten Fall hat es nur vorwiegend rituellen Wert. Ereignisse wie der Tod eines Angehörigen, das Aufnehmen von Substanzen oder Speisen wie Alkohol, Fleisch u. ä., die sexuelle Betätigung, die Menstruation bei den Frauen und auch viele andere Tätigkeiten, die den Kontakt mit unreinen Orten, Gegenständen, Substanzen oder Materialien (Leder, Haaren, Schmutz, Reste der Totenverbrennung) bedeuten – all das bedingt einen Zustand der Unreinheit, der über Verwandtschaft oder sonstige Kontakte übertragen werden kann und durch Erfüllung entsprechender Riten (z. B. Waschungen) beseitigt werden muß. Diese sind wirksamer, wenn das dafür verwendete Wasser als geheiligt und rein betrachtet wird, wie das Wasser von heiligen Flüssen, wie dem Ganges.

Jahreszeitliche Riten, Feste und Prozessionen

Es gibt Riten, die nur zu bestimmten Gelegenheiten, oder solche, die in regelmäßigen Abständen auszuführen sind. Unter ihnen ist *shraddha* sehr populär, der zu Ehren von Vater und Mutter, Großeltern und Urgroßeltern von all denen zelebriert werden soll, die zumindest einen Elternteil verloren haben (ausgenommen jedoch alle *samnyasin* und die Frauen). In seiner einfachsten Form besteht *shraddha* in einer Gabe aus Wasser. Ausgeweitet werden kann es durch das Angebot eines Sitzplatzes, eines Kleidungsstückes, von gekochtem Reis mit Honig und Sesam, Getreide und Früchten der Jahreszeit. Der Verstorbene erwirbt so die Möglichkeit in die Welt der Ahnen aufgenommen zu werden. *Shraddha* bringt besonderen Verdienst und hat größere Wirkung, sobald es in einigen heiligen Orten wie z. B. Gaya (Bihar) u. a. ausgeführt wird; oder auch, wenn es auf eine besondere Zeit des Jahres, den Monat *Ashvina* (September–Oktober) nämlich, verlegt wird.

Ebenso wie es bevorzugte Orte für alle sakralen Veranstaltungen gibt, existieren auch besonders geheiligte Zeiten, zu denen die verschiedenen religiösen Praktiken imstande sind spezielle Verdienste zu verleihen. Die Hindus messen traditionsgemäß das Vergehen der Zeit auf der Grundlage eines komplizierten Mondkalenders, der *pancanga* heißt, da er sich auf fünf grundlegende „Glieder" oder Daten gründet. Das erste ist *tithi,* das Monddatum, das eine Numerierung von 1–14 für jede der beiden Mondphasen (zunehmender und abnehmender Mond) hat, während der 15. Tag jeweils der des Vollmondes *(purnima)* oder des Neumondes *(amavasya)* ist. Andere Elemente sind der Wochentag *(vara)*, Sternzeichen *(nakshatra)*, astronomische Konjunktionen *(yoga)* und eine besondere astrologische Einteilung des Tages *(karana).* Das sind Daten, die jeder Gläubige kennen muß, um seine feste Absicht für ein Votum oder eine pietätvolle Tätigkeit wie z. B. eine Pilgerschaft korrekt versprechen zu können.

Einige Tage des Mondmonats werden als besonders heilig angesehen wie z. B. der des Neumondes und der des Vollmondes, auf die oft Feste des hinduistischen Kalenders fallen. Aufgrund seiner Verbindung mit einem mythischen Ereignis wird dem 11. Tag *(ekadashi)* jeder Mondphase eine besondere Heiligkeit zugesprochen, da der Überlieferung nach an jenem Tag der viermonatige Schlaf *Vishnus* in der Regenzeit beginnt und aufhört. Zu dieser Gelegenheit wird Fasten anempfohlen, und die Mönche üben sich in der asketischen Praxis des Schweigens.

Die religiösen Feste des liturgischen Hindu-Jahres sind fast alle auf der Basis des Mondkalenders festgelegt, der den Jahresbeginn je nach Gebiet entweder auf den 1. Tag des zunehmenden Mondes im Monat *Caitra* (März–April) oder auf den gleichen Tag des Monats *Karttika* (Oktober–November) festlegt. Das bedeutet die Festlegung der Beendigung eines Monats entweder mit einem Vollmondtag *(purnimanta)* oder einem Neumondtag *(amanta)*. Wenn ich im folgenden die wichtigen religiösen Feste beschreibe, beginne ich jedoch mit dem Januar.

So gezählt, ist das erste wichtige Fest des Jahres das einzige „Sonnenfest“, das man beim Durchlauf der Sonne durch das Sternbild des Steinbockes bei Beginn ihres nördlichen Laufes feiert. Das Fest hat in den einzelnen Regionen verschiedene Namen. Im Süden z. B. wird es *pongal* genannt und fällt mit dem bäuerlichen Fest der Mahd zusammen. Anläßlich dieses Festes gibt es eine wichtige religiöse Feier an der Mündung des Ganges: *gangasagara-mela*.

Am 5. Tag *(pandami)* des zunehmenden Mondes im Monat Magha (Januar–Februar) feiert man *vasanta-pandami,* ein Frühlingsfest *(vasanta)*, auch *shir-pancami* genannt, das dem Kult der Sarasvati, der Göttin des Wortes, der Kultur und der Künste, gewidmet ist. Diese Göttin wird im allgemeinen mit der Laute dargestellt. Bei dieser Gelegenheit hier wird sie als *Jagaddhatri* verehrt, was „Ernährerin der Welt“ bedeutet.

Im folgenden Monat *Phalguna* (Februar–März) gibt es zwei wichtige Feste: Das erste ist die Shiva-Nacht *(shiva-ratri)*, die man am 14. Tag des abnehmenden Mondes feiert. In den Zonen mit vorwiegend shivaitischer Religion gehen ihm Feierlichkeiten voraus, die 15 Tage dauern und zu Fasten verpflichten. Es ist ein Fest mit einer *puja,* die eine ganze Nacht dauert, wo es die für den Gottesdienst unerläßlichen Dinge wie Milch, Honig, geschmolzene Butter und Bilva-Blätter gibt. Das zweite Fest des Monats *Phalguna* ist *holi* in den Tagen, die dem Vollmond vorausgehen. Dies ist eine Art Karneval im Frühling, gekennzeichnet von lärmigen Prozessionen, vom Dröhnen der Trommeln und Zimbeln und von dem Brauch, sich gegenseitig mit gefärbtem Wasser zu bespritzen. Wie es nicht so ganz selten ist für Perioden großer Festlichkeiten, erlöschen auch hier in dieser Periode viele Kastentabus. Die Leute zünden große Feuer an in Erinnerung an das Ende der Dämonin *Holika*, die (selbst gegen das Feuer gefeit) versucht hatte den jungen Prahlada, einen Jünger *Vishnus*, zu verbrennen, indem sie ihn auf einen Scheiterhaufen gezogen hatte. Sie wurde aber dabei getötet, während Prahlada auf wundersame Weise unverletzt blieb.

Am 9. Tag des zunehmenden Mondes im Monat *Caitra* (März–April), der gleichzeitig der letzte Tag einer vorbereitenden Novene ist *(navaratri)*, gedenkt man feierlich der Geburt Ramas im sog. *rama-navami*. Bei dieser Gelegenheit werden privat und öffentlich Lesungen aus dem Ramayana von Valmiki und seiner Version in Hindi, dem Ramacaritmanas von Tulsidas, veranstaltet. Tausende versammeln sich dann bei den Tempeln, die diesem *avatara* von *Vishnu* geweiht sind, um ein *darshana* seiner *murti* zu genießen, die zu diesem Anlaß herrlich geschmückt wird. Es werden auch Prozessionen mit den Idolen von Rama, Sita, Lakshmana und Hanumat gemacht. Selbstverständlich wird dieses Fest mit besonderer Festlichkeit im Geburtsort Ramas in Ayodhya (bei Faizabad im Uttar Pradesh) begangen, wo der Fluß Sarayu fließt, von dem man glaubt, daß er in diesem Moment die Wasser aller Flüsse Indiens vereinigt.

Der Tag des Vollmondes im Monat *Asadha* (Juni–Juli) wird *guru-purnima* genannt und ist dem Weisen *Vyasa* gewidmet, dem mythischen Meister des religiösen Wissens. An diesem Tag soll man seinem jeweiligen Guru Aufwartung machen. Im Monat *Shravana* (Juli–August) kommt dann das Fest *naga-pancami,* was so genannt wird, weil es auf den 5. Tag des Mondmonats fällt. Es wird zu Ehren der mythischen Schlange *Shesha* (oder *Ananta*) gefeiert. An diesem Tag wird gefastet und die Kobra verehrt. Man feiert eine *puja* vor den sakralen Bildnissen des *naga* (Schlange), die sich zumeist in den Tempeln befinden, häufig aber auch auf dem Lande in Form von Stelen unter großen Bäumen. Gemalte Bilder vom *naga* werden an den Mauern und an den Hauswänden befestigt, und auf die Schwellen stellt man als Geschenk kleine Schüsselchen mit Milch, um die Schlange günstig zu stimmen.

Noch im Monat *Shravana* am Tage des Vollmondes wird außerdem ein typisch brahmanisches Fest gefeiert, was weder großen Pomp noch prachtvolle Zeremonien bringt, aber eine ganz besondere Bedeutung für das Volk hat. Es heißt *raksha-bandhana* (Schutzbindung). An diesem Tag erneuern die Brahmanen ihre heilige Schnur, und die Mädchen aller Stände binden ein Band um das Handgelenk ihres Bluts- oder auch „Adoptiv"-Bruders, damit er für sein ganzes Leben vor allen Übeln von Gott beschützt werde. Zugleich übernimmt derjenige, der die Schnur erhält (in Hindi: *rakhi),* die Verpflichtung die Schwester in schwierigen Momenten zu beschützen.

Geburtstage von Gottheiten, Weisen und mythischen oder geschichtlich beglaubigten Heiligen aus allen Zeiten wie *Vyasa, Kapila, Shankara, Ramanuja* und *Caitanya* bieten Gelegenheiten zu weiteren Festlichkeiten. Besonders feierlich ist der von *Krishna,* dem volkstümlichsten avatara von *Vishnu,* dessen Geburt der Überlieferung nach auf Mitternacht des 8. Tages im abnehmenden Mond des Monats *Bhadrapada* (August–September) in der Stadt Mathura erfolgte. Dieses Fest *(janmashtami* genannt) wird mit großer Feierlichkeit auch in Vrndavana begangen, wo *Krishna* seine Kindheit verbrachte. Zu dieser Gelegenheit fasten die Gläubigen bis Mitternacht, während in Tempeln und Häusern Szenen aus dem Leben des Gottes aufgeführt werden. Ziemlich populär ist dann auch das Fest *ganesha-caturthi* zu Ehren von *Ganesha.* Es fällt auf den 4. Tag des zunehmenden Mondes des gleichen Monats und wird vor allem im Maharastra und seiner Hauptstadt Bombay gefeiert.

In den Herbst, in die ersten 10 Tage des zunehmenden Mondes des Monats *Ashvina,* gehört die nächtliche „Novene" *(navaratri:* „neun Nächte") zu Ehren der großen Göttin, die mit den drei Tagen der *durga-puja* endet, deren letzter Tag den Namen *dashahara* trägt, da er von den 10 Sünden befreien kann. Es handelt sich hier um äußerst komplizierte Festlichkeiten nicht nur zu Ehren der Durga, sondern auch in Erinnerung an den Triumph von Rama, der bei seinem Kampf gegen *Ravana* die Hilfe der Göttin erbat. So wird die Anbetung der Göttin von der sakralen Darstellung des Rama-Mythos begleitet *(ramalila).* Die drei Tage der eigentlichen *durga-puja* werden beendet durch *visarjana* (Abschied) vom Bildnis der Göttin, das jedes Mal extra zu dieser Gelegenheit konstruiert wird und nun in das Wasser eines Flusses hineingesenkt wird. Am 10. Tag, der der Höhepunkt der gesamten Zeremonie ist, werden kolossale Abbilder der drei Dämonen des *Ramayana, Ravana, Maghanada* und *Kumbhakarna,* errichtet. Das Fest endet, wenn die Abbilder, die mit entsprechend leicht entzündbarem und explosivem Material gefüllt sind, vom Pfeil Ramas getroffen und so entzündet werden und zu Asche verbrennen.

Zwischen Oktober und November im Monat *Karttika,* am 14. Tag des abnehmenden Mondes, fällt ein anderes volkstümliches Fest, was auch von den Nicht-Hindus wegen seiner eindrucksvollen Atmosphäre, die es zu schaffen versteht, sehr geschätzt wird. Sein Name ist *dipavali* oder *divali,* was „Lichtschlange" bedeutet und sich auf das Licht als Symbol für das Gute und seinen Sieg über die Kräfte des Bösen bezieht, die durch die Dunkelheit symbolisiert sind. In der mondlosen Nacht zündet man zu Ehren von Lakshmi (Kali in Bengalen) tausende von Lämpchen an und stellt sie auf die Terrassen, Fensterbretter und Hausschwellen, oder man läßt sie in der Strömung eines Flusses schwimmen. Auch in diesem Fall hat die Volksüberlieferung den Kult der Göttin mit der Erinnerung an ein Ereignis aus der Geschichte von Rama verknüpft: an seine Rückkehr in die Hauptstadt Ayodhya nach seinem Exil.

In einigen Fällen verursachen Pilgerfahrten, die zu ganz besonders günstigen Momenten stattfinden, wahre Massenversammlungen *(mela)* wie z. B. bei den Festen in den wichtigsten Tempeln, die *brahmotsava* (brahmanische Feste) oder auch *rathotsava* (Feste des Karrens) genannt werden, da sie eine Prozession des Idols auf dem großen Prozessionskarren des Tempels mit sich bringen. Die größten Versammlungen spielen sich in den Orten ab, die eine gesamtindische Bedeutung für die Pilgerschaft aus allen Teilen des Landes haben. In diesen Fällen fallen religiöses Fest und Pilgerschaft zusammen, so daß Veranstaltungen von unglaublicher Eindrücklichkeit entstehen. Unter ihnen ist *kumbha-mela* die weitaus bedeutendste, die in einem 12-Jahres-Rhythmus (analog zu den *mahayuga* im kosmischen Bereich) in den heiligen Städten Hardwar (Haridvara), Ujjain (Ujjayini), Nasik und Allahabad stattfindet. Als die Deva und die Asura den Milchozean rührten, entstieg dem Mythos gemäß unter all den anderen guten Dingen auch Dhanavantari, der Arzt der Götter, mit dem Krug *(kumbha)* voll vom Nektar der Unsterblichkeit in der Hand dem Ozean. Während des Kampfes, der sogleich zwischen diesen beiden Kategorien von Gottheiten um den Besitz dieses kostbaren Getränkes entstand, fielen 4 Tropfen auf die genannten Orte, wo man noch heute die „Versammlung des *kumbha*" oder eben *kumbha-mela* veranstaltet. In dem 12-Jahres-Rhythmus, der hierfür charakteristisch ist, ist der Höhepunkt der *purna-kumbha-mela* von Allahabad, an dem eine beeindruckende Menge von Pilgern teilnimmt, um in den Fluten des heiligen *samgama* zu baden, d. h. an dem Zusammenfluß von Ganges und Yamuna, zu dem sich auf mysteriöse Weise noch der göttliche Sarasvati-Fluß gesellt. Den letzten großen *kumbha-mela* gab es vom 14. Januar bis 20. Februar 1989, und der folgende *ardha-kumbha* fand im Frühling in Hardwar statt. Zu diesen heiligen Veranstaltungen werden riesige Zeltstädte errichtet. Ihr bedeutendster Augenblick ist das Bad, was Massen von Pilgern in den heiligen Wassern nehmen. Ihnen voran gehen lange Reihen von *sadhu* (Wanderasketen) der verschiedenen Orden, beginnend mit den unbekleideten Asketen (in Sanskrit: *nagna,* in Hindi: *naga).* Das wichtigste Bad ist jenes am Tage des Neumondes *(amavasya)*, wenn die Versammlung ihren Höhepunkt erreicht.

Bei diesen religiösen Massenveranstaltungen dürfen die großen Prozessionen nicht vergessen werden, die in den bedeutendsten Pilgerorten stattfinden. Gelegentlich werden diese von eindrucksvollen Elefantenparaden begleitet, wie z. B. in Trichur im Kerala. Sehr berühmt ist *ratha-yatra* oder „Prozession des Karrens“ von Puri (Orissa), die zu Ehren von Vishnu-Jagannatha im Monat Asadha (Juni–Juli) bei Beginn des Sommermonsuns organisiert wird.

Die Riten im Leben (samskara)

Die Riten im Leben bestehen hauptsächlich in einer Reihe von Zeremonien, die *samskara* genannt werden („was vollkommen macht“, Heiligung, Reinigungsritus). Die *Manu-smrti* zählt 12 davon auf. Andere Quellen dagegen nennen bis zu 16. Die erste Zeremonie, von der ab bei den Hindus auch das Lebensalter gezählt wird, ist die der Zeugung *(garbadhana).* Später folgt ein Ritus, wo um die Geburt eines Sohnes gebeten wird *(pumsavana).* Dann folgt die Scheitelung der Haare der Mutter *(simantonnayana).* Der vierte *samskara* ist jener der Geburt *(jata-karman).* Dann kommen die Namensgebung *(nama-karana)*, die zwischen dem 10. und dem 12. Lebenstag erfolgt, der erste „Ausgang“ aus dem Geburtszimmer *(nishkramana)*, die erste Aufnahme von fester Nahrung *(anna-prasana)*, die Tonsurscherung *(suda-karana)*, das Durchstechen der Ohren *(karna-vedha)* und der Unterrichtsbeginn *(vidyarambha)*, der im allgemeinen um das 5. Lebensjahr erfolgt.

Sehr wichtig ist sodann die Initiationszeremonie und die Auferlegung der heiligen Schnur *(upanayana* genannt), die auf die Söhne der ersten drei Kasten beschränkt ist und die im allgemeinen nicht vor dem 8. Lebensjahr bei den Brahmanen, nicht vor dem 11. bei den *kshatriya* und nicht vor dem 12. bei den *vaishya* erfolgt. *Vedarambha* bezeichnet dann später den Beginn des Veda-Studiums unter der Anleitung eines Brahmanen, während *keshanta* bei der ersten Bartrasur gefeiert wird. *Samavartana* („Rückkehr vom Hause des Lehrmeisters“) oder *snana* (1.

Reinigung) bedeutet das Ende der religiösen Lehrzeit und Beginn eines Familienlebens als *snataka* („der die vorgeschriebenen täglichen Reinigungen vollzieht"). Die Liste wird sodann durch die Heirat *(vivaha)* und durch die „letzte Opferhandlung" *(antyeshti)*, d. i. der Bestattungsritus, vervollständigt.

Die heute noch am häufigsten zelebrierten *samskara* sind Geburt, Initiation, Heirat und Tod. Die Geburtszeremonie wird vom Kindesvater einige Zeit nach dem freudigen Ereignis zelebriert. Man feuchtet die Zunge des Neugeborenen mit geschmolzener Butter und Honig an und rezitiert vedische *Mantras* und andere Gebete, damit das Kind ein langes Leben, Intelligenz und Konzentrationsfähigkeit erhalte.

Upanayana ist eine sehr wichtige und alte Initiationszeremonie, die die Zugehörigkeit zu einer Kaste in der brahmanischen Gesellschaft bestätigt. Der Junge wird rasiert, gewaschen, in saubere Kleider gekleidet, erhält einen Gürtel aus geweihtem Gras, ein Hirschleder und einen Stab und wird vor den Lehrmeister geführt, der ein *anjali* Wasser anbietet. Der Meister spricht dann die vedischen Gebete, vertraut dem Jungen dann ein *mantra* an und gibt ihm den ersten Unterricht über den *dharma*. Danach gibt er ihm die heilige Schnur *(yajnopavita)*, die von der linken Schulter auf die rechte Hüfte fällt und das Symbol für eine geistige Neugeburt ist. Die tantrische Initiation unterscheidet sich von der vedischen, indem sie ohne Unterscheidung gültig ist für alle Personen, Männer und Frauen, „Wiedergeborene" und *Shudra,* Familienväter und Mönche. Sie beinhaltet die Ausführung des *nyasa* und das Aussprechen des geheimen *mantra* vom Guru ins Ohr des Gläubigen.

Die Heiratszeremonie ist vielleicht die eindrücklichste unter allen Hindu-Zeremonien. Die Quellen nennen acht Typen von Heirat, inbegriffen die der Raubehe und die eines stillschweigenden Übereinkommens. Die höchste Form ist jedoch *brahma-vivaha* (brahmanische Heirat), wo die Braut ihrem zukünftigen Ehemann durch ihren Vater geschenkt wird. Ihr gehen einige vorbereitende rituelle Akte voraus, die mehrere Tage dauern können und im allgemeinen auch ein *shraddha* zum guten Schutz und eine *puja* zu Ehren des Gottes *Ganesha* enthalten. Die eigentliche Hochzeitszeremonie wird besonders in den bäuerlichen Gegenden, wo die Überlieferung noch am lebendigsten ist, im Freien auf einem Platz des Dorfes gefeiert. Sie beginnt am frühen Morgen, wenn der Bräutigam mit Girlanden aus duftenden Blumen geschmückt von einem feierlichen Zug zum Brauthaus geleitet wird. Dort wird er vom Brautvater in einer Zeremonie, die *madhu-parka* (Gabe aus einer Honigmischung) genannt wird, in allen Ehren wie ein Gast empfangen. Dann wird das heilige Feuer entzündet, um das sich alle eingeladenen *sadhu* im Kreis lagern, nachdem sie von den gesamten Dorfbewohnern in einer Prozession dorthin geleitet wurden. Nach einem Austausch von symbolischen Geschenken und der Rezitation der Stammbäume beider Familien übergibt der Brautvater das Mädchen an den Bräutigam. Nachdem dann eine Opfergabe ins heilige Feuer getan wurde, ergreift der Bräutigam die Hand der Braut, die einen Fuß auf einen Stein als Symbol für Beständigkeit und Festigkeit gesetzt hat. Das Brautpaar umwandert nun das heilige Feuer in sieben Schritten, dieser Akt heiligt dann definitiv ihre Zusammengehörigkeit. Nach der Heirat dauern die Festlichkeiten noch drei Tage an. Nach ihrem Ende ziehen die Brautleute endlich in ihren eigenen Wohnsitz ein, wo sie als erstes das häusliche Feuer anzünden. Das ist das Zeichen nicht nur ihres Bemühens umeinander, sondern auch für die Dauerhaftigkeit ihrer Beziehung zu Gott.

Wenn eine Person gestorben ist, werden vor allem Sühneriten ausgeführt. Begleitet werden sie durch das Geschenk einer Kuh an die Brahmanen, was heute aber ersetzt wird durch eine Geldgabe. Dann wird der Körper des Verstorbenen in neue und saubere Kleider eingekleidet und mit frischen Blumen geschmückt. Danach bringt man ihn in einen Leichenzug zum Verbrennungsort, wobei musiziert und gesungen wird und die Namen Gottes in Litaneien rezitiert werden. Dort angelangt wird er zum Zwecke der Reinigung ins Wasser getaucht und mit geschmolzener Butter besprengt und auf den Scheiterhaufen gelegt. Dabei wird ein *mantra* gesprochen, um die bösen Geister fernzuhalten. Den Verstorbenen werden Speisen angeboten. Dann umschreitet der erstgeborene Sohn oder der nächste männliche Verwandte den Scheiterhaufen zur rechten Hand siebenmal. Dabei spricht er das Versöhnungsmantra, dann entzündet er das Feuer. Wenn die Verbrennung beendet ist, wirft man sieben Holzscheite ins Feuer, jeder der Anwesenden sprengt Wasser auf die Asche. Dann werden eventuelle Reste eingesammelt, die man früher in eine Urne tat und unter einem Erdhügel begrub, während man sie heute fast immer in die Wasser eines heiligen Flusses streut.

Ein besonderer Aspekt der Begräbniszeremonie ist der Ritus der *Sati* (Witwenverbrennung), auch *sahagamana* genannt („zusammen fortgehen"). Die Puranas liefern sehr viele einzelne Vorschriften zu diesem Ritus, der heutzutage äußerst selten geworden ist. Vor der Selbstopferung unterzog man die Frau einer rituellen Reinigung, schmückte sie mit Blumen und Sandelpaste. Man verzierte ihre Füße und gab ihr das *mangala-sutra* oder *mangala-pratisara,* eine Schnur als Zeichen guter Wünsche, die die Frauen um den Hals tragen, solange ihr Ehemann am Leben ist. Die gleichen Quellen bestimmen jedoch, daß *sati* nicht an Frauen vollzogen werden darf, die noch nicht ihre erste Menstruation gehabt haben oder sie gerade haben. Ebenso sind Frauen ausgenommen, die kleine Kinder haben oder in Erwartung sind.

Das Sühneopfer

Die Hindu glauben, daß die Schuld der Menschen ebenso schlimme wie unabwendbare Folgen hat. So ist es also verständlich, wenn man schon seit uralten Zeiten auf der Suche nach geeigneten Mitteln ist, die Sünden zu löschen oder zu mildern. Einige Mittel, die den Menschen vor den Folgen seiner bösen Taten schützen können, sind folgende: Gebete zur Besänftigung der Götter; dann Waschungen, die von aus begangener Schuld entstandenem Unheil reinigen können; Bußopfer für die schlimmsten Schuldtaten; Bekenntnisse, die man früher während der vorbereitenden Riten zu den großen Opferhandlungen ablegte. Das Gesetz von der Entlohnung aller Handlungen ist eisern und unabwendbar. Trotz allem empfehlen die Quellen der Smrti religiöse Praktiken, die wenigstens die Wirkungen der sündigen Taten mildern. Wichtig ist vor allem die Reue, die die Sühnung und Buße nicht ausschließt. Aber ohne die Reue ist es unmöglich, sich von den Sünden zu befreien. Andere Mittel sind die Kontrolle des Atems *(pranayama)*, asketische Praktiken *(tapas)*, Opfergaben ins Feuer *(homa)*, Rezitieren von mantras und Stoßgebeten *(japa)*, Schenkungen und Almosenvergabe *(dana)*, Fasten *(upavasa)* und Pilgerfahrten zu heiligen Orten *(tirtha-yatra)*. Um jedoch die Wirkungen der schlimmsten Sünden auszulöschen, muß man zu richtigen Sühnezeremonien *(prayascitta)* greifen. Auch die allerschlimmsten Sünden können gelöscht werden, wenn man eine entsprechende Sühne geleistet hat.

Ab der *Chandogya-Upanishad* liefern die Quellen zu diesem Zweck eine lange Liste von „großen Sünden“ *(maha pataka)*, die dann endgültig von den Texten der Smrti kodifiziert wurden. Sie enthalten Sünden wie z. B. die Tötung eines Brahmanen, Genuß von Alkohol, Diebstahl (von dem der Golddiebstahl zu Lasten eines Brahmanen am schwersten wiegt), Schändung des Ehebettes eines Lehrmeisters (was die schlimmste Form des Ehebruchs ist) und das Sich-Anschließen an Leute, die solche Fehler begehen. Der Mythos erzählt, wie es dem Gott *Shiva* gelang, sich von der Sünde der Tötung eines Brahmanen zu befreien, nachdem er nämlich dem Gott *Brahma* den fünften Kopf abgeschlagen hatte. Die Sühnekraft der guten Taten ist durch die Verdienste, die dadurch erworben werden können, derart groß, daß sie sogar die Folgen jeglicher Übeltat auslöschen können. Eine Buße, die mit dem Tode endet, kann die Folgen jeglicher Sünde löschen, wie es auch die avatarischen Mythen beweisen, in denen der Tod für die von *Vishnu* getöteten Dämonen Rettung bedeutet.

Der Konflikt mit dem Gesetz des *karman* hat die Autoren der Smrti jedoch zur Formulierung eines Kompromisses gebracht, dem entsprechend es zwei Arten von Folgen für die Sünden gibt. Es gibt eine moralische Folge, die zu Strafen der Buße nach dem Tode führt. Und es gibt eine soziale Folge, die den Kontakt mit anderen Personen der eigenen Umgebung verbietet. Und genau diese letzten Sünden können durch Formen der Buße gesühnt werden, die von Fall zu Fall in einer Versammlung von Brahmanen *(parisad)* festgelegt werden, wo der Fehltritt bewertet wird, indem Zeit und Ort des Verbrechens, Kastenzugehörigkeit, Alter, Fähigkeiten, Bildung, ökonomische Verhältnisse und Geschlecht des Sünders ebenso berücksichtigt werden wie Kaste und Lebensumstände des Betroffenen. Die Probleme jedoch, die durch die Unabwendbarkeit des karman entstehen, sind sehr viel komplexer. Hier wird die Möglichkeit erwogen, eigene Verdienste auf andere zu übertragen und auch Schulden anderer zu übernehmen. Hierzu gibt es verschiedene Antworten bei den verschiedenen Denkschulen.

P. V. Kane zählt in seinem umfassenden Werk über die Lehre des *dharma* 58 Arten von Bußen auf, die in der Smrti und in den *Nibhandha* (mittelalterliche Sprüche über den *dharma)* beschrieben werden und in zwei große Kategorien aufgeteilt werden können: die öffentlichen *(prakasha)* und die privaten *(rahasya)*. Die letzteren, die zu den häufigsten zählen, werden auf persönliche Initiative vollzogen und beinhalten die verschiedenen Arten von Gelübden, von Fasten (darunter die besonders schwierigen, von Mondphasen bestimmten *candrayana)* und von Bußen durch den Gebrauch oder die Vergabe der fünf Produkte der Kuh.

6.6 Die Pilgerfahrt zu den heiligen Orten

Die Praxis der Pilgerfahrt ist schon einige Jahrhunderte vor der christlichen Zeitrechnung sicher beglaubigt. Sie führt zu heiligen Orten, besonders auch zu den heiligen Furten *(tirtha)* der großen Flüsse (Ganges), wo eine korrekt durchgeführte Waschung bewirkt, daß die Menschen komplett von allen Sünden befreit werden. Dieser Brauch hat uralte Ursprünge und ist bis heute eine der charakterisierenden Eigenarten des religiösen Lebens hinduistischer Massen geblieben. Agehananda Bharati schreibt, daß eine Pilgerschaft im allgemeinen unternommen wird, um entweder einen Schaden (Krankheit eines Kindes, Unfruchtbarkeit der Frau, Verlust von Gütern, Gesundheit u. ä.) zu beheben oder um ein Gelübde zu erfüllen. Die Pilgerfahrten werden im allgemeinen nicht zum Wallfahrtsort des Familiengottes gemacht, sondern zu dem der Gottheit, die darauf spezialisiert ist, das in Frage stehende Übel zu heilen. Man achtet nicht im mindesten darauf, ob dieser Ort sich in der Nähe befindet oder hunderte von Kilometern entfernt ist. Man meint im allgemeinen, daß der erwerbbare Verdienst durch die Pilgerschaft um so größer wird, je weiter oder berühmter der besuchte Wallfahrtsort oder die heilige Stadt sind. Klar ist, daß in diesem Zusammenhang die Mittel, über die die Familie verfügt, ihren Möglichkeiten in dieser Hinsicht Grenzen setzten Es kann jedoch geschehen, daß man sehr arme Pilger in Wallfahrtsorten trifft, die sehr weit von ihren Heimatorten entfernt sind. Wenn das Leiden und der Wunsch nach Heilung sehr stark sind, erspart man sich keinerlei Anstrengung. Man ist bereit die Lasten einer mühseligen oder kostspieligen Pilgerfahrt auf sich zu nehmen.

In den heiligen Orten gelten besondere Regeln, und sogar die von der Kastentrennung diktierten Tabus verlieren dort u. U. ihren Wert. Männer und Frauen jeglicher Art bilden eine vielfarbige Masse, die zu jeder Zeit des Jahres (besonders aber zu den feierlichen Festen) die Wallfahrtsorte bevölkert. Die wichtigsten Orte werden von Personen aus allen Teilen Indiens besucht, die häufig noch zu Fuß lange Wege zurückgelegt haben und monatelang unterwegs waren, um rechtzeitig anzukommen und ihre Waschungen und ihr Gelübde zu einem besonders geeigneten und wirkungsvollen Moment vollziehen zu können. Das geschieht besonders bei den großen Feiern *(mela)* wie z. B. des *kumbha-Mythos.* Eigentlich sollte die Pilgerschaft zu Fuß erfolgen. Aber heutzutage neigt man mit einigen Ausnahmen dazu, die verschiedenen öffentlichen Verkehrsmittel dazu zu benutzen, auch wenn diese Tatsache zu einer Verringerung des religiösen Verdienstes führt. Derjenige, der sich auf eine Pilgerschaft vorbereitet, gleich ob Mann oder Frau, muß sich die Haare scheren und nach einer gewissen Fastenzeit die feste Absicht aussprechen *(samkalpa)*, sich zu dem erwählten Wallfahrtsort zu begeben. Er muß den Brahmanen eine Schenkung machen. Seine äußeren Handlungen müssen von einer inneren Reinigung und der geistigen Vorbereitung auf dieses besondere Zusammentreffen mit dem Heiligen begleitet werden. Wenn er am Ort angekommen ist, muß der Pilger die vorgeschriebenen Handlungen durchführen, die aus der puranischen Tradition stammen und in besonderen

Handbüchern dargestellt werden. Er muß sodann dem Tempel seine persönliche Gabe bringen. In den heiligen Orten erwerben alle frommen Tätigkeiten, besonders die Schenkung und die Almosengabe, einen speziellen Wert. Ihr daraus entstehender Verdienst ist viel größer als normal.

Es kann geschehen, daß ein Frommer den Weg zum heiligen Ort auf eine besonders verdienstvolle Weise zurücklegt, indem er sich mehr oder weniger harten körperlichen Bußübungen unterzieht. Er macht eine Reihe von totalen Niederwerfungen *(pranama)*, als ob er den eigenen Körper als Stab benützte, um die Entfernung zum heiligen Ort zu messen. Der fromme Pilger wirft sich zur Erde und berührt mit der Stirn den Staub, um sich dann zu erheben. Dann tut er die Füße dorthin, wo der Kopf lag, er wirft sich wieder auf den Boden. Dies tut er so lange, bis seine Füße den heiligen Bezirk seines Zieles berühren.

Die *Puranas* (insbesondere weite Teile des Mahatmya) erzählen im Überfluß von ätiologischen Mythen verschiedener heiliger Orte. Brahmanen, *pandit* und religiöse Lehrmeister lesen und erklären diese Texte den Gläubigen.

Besondere Unterkasten der Brahmanen sind in der Ausführung der verschiedenen kultischen Handlungen für die verschiedenen Wallfahrtsorte spezialisiert und führen die Pilger auf den heiligen Wegen, z. B. dem *panca-kroshi* (dem heiligen Weg der fünf krosha von Varanasi). Sie helfen ihnen bei der Ausführung des Kultes und schreiben ihre Namen in besondere Register, die Generationen nach Generationen im Laufe der Jahrhunderte gefüllt haben und in denen also die Erinnerung an die Stammbäume der hinduistischen Familien aufbewahrt ist. Solche genealogischen Listen ersetzen das Fehlen einer Bevölkerungsstatistik, was noch heute für den größten Teil des bäuerlichen Indiens charakteristisch ist. Für viele sind sie die einzigen Quellen für Nachrichten über ihre Vorfahren.

Es gibt heilige Orte, wo der Mensch sich von den drei Pflichten befreien kann, die er bei der Geburt erhalten hat. Sie werden aus diesem Grunde *rza-mocana-tirtha* genannt, während andere besonders für den Kult der Ahnen bestimmt sind wie Haridvara oder Gaya. Es gibt auch Orte, wo man sich von allen Sünden befreien und sich die Befreiung von der Wiedergeburt garantieren kann. Nach puranischen Quellen sind das die sieben heiligen Städte: Ayodhya, Maya oder Mayapuri (d. h. Haridvara), Kashi (d. i. Varanasi oder Benares) in Uttar Pradesh, Kanci in Tamil Nadu, Avanti oder Ujjayini (oder Ujjain) in Madhya Pradesh und Dvaraka oder Dvaravati in Gujarat.

Eine andere Liste zählt die vier *dhaman* (göttliche Heimstätten) auf: Badarinatha in Uttar Pradesh; Dvaraka; Jagannatha-puri (Orissa), wo *Krishna* zusammen mit seinem Bruder Balarama oder Balabhadra und seiner Schwester Subhadra verehrt wird; und Rameshvaram im Tamil Nadu, wo ein Bad im Meer von den Sünden reinigt. Sie werden als die wichtigsten und reinsten Wallfahrtsorte in ganz Indien betrachtet. Andere Einteilungen sprechen von 5 Kedara, 7 Badari, 5 Kashi, 7 Sarasvati, 7 punya-nadi (heilige Flüsse) oder auch 7 Ganges, 9 aranya (Wälder), 5 sarovara (Seen), 5 Natha, 7 kshetra (besonders heilige Gebiete). Noch genauere Listen schließlich sprechen von 51 siddha-kshetra, 21 ganapati-kshetra (dem *Ganesha* gewidmete heilige Gebiete), 108 shiva-kshetra (dem *Shiva* gewidmete heilige Gebiete) und 274 shaiva-sthala (dem *Shiva* gewidmete heilige Orte).

Gemäß der Tradition wurden vom großen Meister des Advaita-Vedanta, Shankara oder Shankaracarya, in den vier Himmelsrichtungen des Raumes vier Klöster gegründet: Badarinatha oder Badarikashrama (im Norden), Shringeri oder Shrngagiri (im Süden), Dvaraka (im Westen) und Puri (im Osten). Sie sind nicht nur Zentren für die Pilgerfahrt, sondern auch Mittelpunkte von großer Spiritualität, von Lehre und hervorragender Kultur im philosophisch-religiösen Bereich. In jedem von diesen Klöstern wird auch der Kult einer der vielen Formen der großen Göttin praktiziert. Die zahlreichen Wallfahrtsorte, die ihr geweiht sind, heißen *pitha* oder *shakti-pitha* (Sitz oder Thron von Shakti, also der großen Göttin). Der Überlieferung nach gibt es für sie einen makabren Ursprung. Im Devibha-gavata-purana wird erzählt, daß *Shiva* untröstlich war nach dem Tode seiner geliebten Frau Sati. Fast wahnsinnig vor Schmerz, nahm er ihren toten Körper in die Arme und irrte in der Welt herum. Die *Devas* waren deswegen gemeinsam mit *Brahma* äußerst besorgt und baten *Vishnu* um Hilfe, der nun mit seinen Pfeilen den Leichnam in Teile zerschnitt und Stück für Stück auf die Erde fallen ließ. Wohin sie fielen, dort blieb auch *Shiva* in verschiedener Gestalt. Die nun doppelt heiligen Orte werden *pitha* genannt. Der Text zählt dann eines nach dem anderen die Orte auf, beginnend mit Kashi, wohin das Gesicht der Göttin fiel und wo sie heute als Vishalakshi verehrt wird. Insgesamt nennt er 108 *pitha,* die 108 Namen der Göttin entsprechen. Die geläufigste Liste nennt jedoch nur 51 *shakti-pitha*, unter denen die berühmtesten Kaligat in Kalkutta und Lalitha in Allahabad sind.

Gesamtindien ist übersät von kleinen und großen Wallfahrtsorten, in denen *Shiva* unter der Form des Linga verehrt wird. Viele von ihnen sind besonders bekannt geworden. Einige von ihnen sind nur temporär wie das Linga aus Eis in der bekannten Grotte von Amarnath im Kashmir, das immer riesige Mengen von Pilgern angezogen hat und wo sich 1994 zum ersten Mal anscheinend wegen ungünstiger Klimaverhältnisse das Linga nicht gebildet hatte, so daß große Sorge und Furcht vor Unheil entstanden waren. Die meisten Linga sind jedoch beständig und fest inthronisiert in ihren heiligen Wallfahrtsorten, wohin sie den Legenden gemäß von Persönlichkeiten aus dem Mythos gebracht wurden. Unter ihnen muß vor allem an die Lingas erinnert werden, die mit den fünf Bestandteilen der Natur *(maha-bhuta)* verbunden sind und mit denen man fünf berühmte heilige Orte im Süden Indiens verbindet. Sie werden dementsprechend *pancabhuta-sthala* genannt: Orte, die mit den 5 Elementen verbunden sind. Es sind: Kancipuram, mit dem Element Erde verbunden *(bhumi* oder *prthivi)*, wo das *prthivi-linga* steht; Tiruvanaikkaval *(jambukeshvara,* Shrirangam*)*, verbunden mit dem Element Wasser *(jala* oder *apas)*, wo das *apo-linga* steht; Tiruvannamalai (Aruncala*)*, verbunden mit dem Element Feuer *(agni* oder *tejas)*, wo das *tejo-linga* steht; Kalahasti (Andra Pradesh*)*, verbunden mit dem Element Wind *(vayu)*, wo das *vayu-linga* steht; und Cidambaram (Tamil Nadu), verbunden mit dem Element Raum *(akasha)*, wo das *akasha-linga* steht.

Sehr berühmt und äußerst stark besucht durch Pilger sind auch die 12 *jyotirlinga* oder „Linga aus Licht", die fast alle in Nord- oder Zentralindien stehen mit der Ausnahme dessen von Rameshvaram, das sich in einem grandiosen Tempel auf einer Insel erhebt, die die Engländer Adamsbrücke nennen.

Unter den heiligen Orten, die nicht in diese Klassifikation hineinpassen, aber eine gesamtindische Bedeutung haben, muß noch Vaishnavadevi in Kashmir erwähnt werden, dann Citrakuta, das dem Rama geheiligt ist, und Kedarnath in Uttar Pradesh, dem *Shiva* heilig. Sodann Pushkara, einer der ganz wenigen Wallfahrtsorte von *Brahma*, der in Rajasthan liegt; die Insel Sagar an der Mündung des Ganges (Bengalen); Nasik an den Ufern der Godavari und Pandharpur in Mahrastra; der große Tempel von *Shiva* in Orissa bei Bhubaneshvar als Lingaraja verehrt, und der für *Krishna* als Jüngling *(balaji)* auf den Hügeln von Tirumalai (das alte Venkatacala) in der Nähe von Tirupati in Andhra Pradesh; der vishnuitische Tempel von Ranganathasvamin auf der Insel Shrirangam bei Tiruchirapalli und die für die große Göttin, die in Madurai stehen, wo sie als Minakshi (die mit den Fischaugen) verehrt wird, und bei Kanyakumari auf der südlichsten Spitze Indiens; der Wallfahrtsort für *Krishna* in Guruvayur im Kerala. Unter den heiligen Orten, die sich außerhalb des Territoriums der Indischen Union befinden, sei der See Manasasarovara erwähnt, der sich in der Nähe des Berges *Kailasa*, dem göttlichen Wohnsitz von *Shiva,* auf tibetanischem Boden befindet, und der Tempel Pashupatinath in Nepal.

Keine religiöse Praxis, und also auch nicht die Pilgerschaft *(tirtha-yatra)*, trägt Früchte, wenn sie ohne Glauben oder ohne feste geistige Haltung erfolgt. In der Tat gibt es nicht nur Pilgerfahrten des Körpers, sondern auch heilige Orte „geistiger“ Art *(manasa-tirtha)* wie die Wahrheit, die Vergebung, die Kontrolle der Sinne, das Mitgefühl mit allen Kreaturen und vor allem die Reinheit des Herzens. Wenn man in diese *tirtha* eintaucht, folgt man dem allerhöchsten Ziel. Keine einzige verdienstvolle Handlung (ob Schenkung, Opfer, Askese, Kenntnis der Offenbarung, rituelle Waschungen oder Pilgerschaft) kann Früchte bringen, wenn die Absicht nicht rein ist. Wo dagegen eine reine Person ist, da sind gleichzeitig auch alle heiligen Orte der Welt zusammen. Was allen äußeren Taten der Frömmigkeit Wert verleiht, ist allein die innere Haltung und das Gebet.

6.7 Das Gebet

Die verschiedenen Aspekte des Gebetes in der religiösen Überlieferung des Hinduismus kann man auf folgende semantische Bereiche zurückführen:

a) Das Gebet ist vor allem „Lob“ der Gottheit und also Hymne und Gesang. Es kann verschiedene Namen haben: *stuti, stava, stotra,* die jedoch alle aus der gleichen Sanskritwurzel *stu-* kommen, was eben „loben“ bedeutet. Diese reiche Hymnologie beginnt mit den Hymnen aus dem Veda, um praktisch erst in unserer Zeit zu enden. Sie ist nicht nur in vedisch oder Sanskrit verfaßt, sondern auch in verschiedenen mittelalterlichen und modernen Sprachen Indiens.

b) Eine zweite Form des Gebetes ist die murmelnde Wiederholung auf Stoßgebetart oder auch die nur mentale Wiederholung von einem Namen oder mehrerer Namen Gottes oder auch von einem der vielen *mantra* oder mehr oder weniger kurzen Formeln, die ein oder einige Dutzend Silben zählen, in Versen oder in Prosa sein können. Oder es kann schließlich auch die berühmte *gayatri* sein. Man kann sie ohne oder auch mit einer Art Rosenkranz beten. Die vedischen *mantra* dürfen allerdings nur von den *dvija* (Männern) benutzt werden, während Frauen und *shudra* puranische oder tantrische Formeln benutzen müssen. Das am häufigsten benutzte Gebet der shivaitischen Gläubigen ist ein *mantra* aus 5 Silben: NAMAH SHIVAYA (Ehre sei Shiva!). Das der vishnuitischen besteht aus 8 (OM NAMO NARAYANYA = Om, Ehre sei Narayana!) oder 12 (OM NAMO BHAGAVATE VASUDEVAYA = Om, Ehre sei dem glorreichen Vasudeva!). Diese Art Gebet heißt *japa* (aus der Sanskritwurzel *jap-*, was „mit leiser Stimme aussprechen" bedeutet). Es ist eine der gebräuchlichsten Praktiken religiöser Pietät unter den Hindus. Die heiligen Worte sollen zuerst mit den Lippen ausgesprochen und dann nach und nach verinnerlicht werden, bis sie eine Wiederholung ohne Worte werden *(ajapajapa)*, während das *mantra* Stück für Stück auf das Wesentlichste reduziert wird, auf eine einzige Silbe also (wie z. B. OM), und so zum „Samen" *(bija)* des Gebetes wird, zu einem beständigen untermalenden Ton wie eine Art Kontrabaß, der sich ewig in der Seele des Meditierenden wiederholt.

c) Das Gebet bedeutet außerdem Verehrung und Anbetung des Gottes und findet auch seinen Ausdruck in äußeren Handlungen, die als „Dienst" interpretiert werden *(aradhana, upasana).*
d) Das Gebet ist endlich auch Bitten und Flehen. Das letztere wird jedoch in der religiösen Vision der *bhakti*-Schulen überflüssig, nach deren Auffassung der Herr von sich aus mit seiner Gnade eingreift, ohne darum gebeten zu sein und im Falle eines wohlwollenden Ereignisses sogar ohne daß der Mensch irgendeine Gebetsabsicht hatte.

Das Beten der Hindus ist in den meisten Fällen eine individuelle Tätigkeit. Nur die Bhakti-Schulen praktizieren Gebete in Chorform wie *bhajana* und *kirtana.* Zu den indischen Wallfahrtsorten ist auch schon die Technik gelangt, wo solche Gesänge dann von Tonbändern über Lautsprecher verbreitet werden und die man dann als Musikkassetten erwerben kann. Der Autor hat in Tirumalai u. a. eine Audiokassette gekauft, die nur zwei *mantra* enthält: OM NAMO VENKATESAYA und OM NAMO NARAYANAYA. Beide werden über das ganze Band ständig wiederholt, das eine auf der einen, das andere auf der anderen Seite.

Schließlich gibt es noch eine wichtige Form des Gebetes, mit der jeder rituelle Akt abgeschlossen wird. In dem Bewußtsein, daß der Mensch fehlbar ist und seine „Handlung" entsprechend unvollkommen, hat die brahmanische Überlieferung die Regel eingeführt, jede rituelle Ausführung damit abzuschließen, die Gottheit um gütiges Verzeihen für alle Fehler zu bitten, die man eventuell bei dem rituellen Akt vorher begangen hat.

Bei der Besonderheit des hinduistischen Menschenbildes und seiner Ansicht vom Leben des Menschen in der Welt, wovon die gesamte Religionspraxis durchdrungen ist, ist das Gebet grundsätzlich von der Angst und dem intensiven und dauerhaften – vielleicht auch unausgesprochenen – Wunsch diktiert den Fesseln der Welt zu entrinnen, die Bindungen des *karman* zu sprengen, für immer allen

Erfahrungen der Vorläufigkeit voller Leid zu entrinnen, um in die Dimension eines göttlichen Friedens einzutauchen, in die innere Ruhe und feierliche Stille, die der erwirbt, der das höchste Ziel erreicht und endgültig frei ist, was (wie die Gita sagt) das Ziel selbst ist. Das ist der Inhalt des berühmten Gebetes, das ich am Anfang erwähnte, durch das die Schweigenden der Wälder darum baten, vom Nicht-Sein ins Sein geführt zu werden, aus der Dunkelheit ins Licht, vom Tode in die Unsterblichkeit:

asato ma sad gamaya,
tamaso ma jyotir gamaya,
mrtyor mamrtam gamaya.

7. KAPITEL

Kulturprägende Epochen der indischen Geschichte

von Manfred Hutter

Die Größe des indischen Subkontinents bringt es mit sich, daß unterschiedliche geographische Regionen im Laufe der Kulturgeschichte des Landes verschiedene Bedeutung erlangt haben. Die Rolle der drei deutlich unterscheidbaren Regionen – das flache Ganges- und Indusschwemmland am Fuß des Himalaya, das Dekkhan-Hochland mit einem West-Ost-Gefälle und die Niederungen der Ostküste – für den Hinduismus sei daher wenigstens kurz skizziert. Die Anfänge des Hinduismus beschränken sich ausschließlich auf das Tiefland im Norden, das sich vom Industal im Westen über das Doab, das von Ganges und Yamuna gebildete „Zweistromland", und weiter den Ganges abwärts über Benares und Pataliputra, die heutige Stadt Patna, bis ins Flußdelta von Ganges und Brahmaputra erstreckt. Es bildet eine natürliche Einwanderungsquote für jene ab der Mitte des 2. Jahrtausends neu in Indien ankommende Bevölkerungsschicht, deren Angehörige sich selbst als Arier bezeichnen.

Von diesem Gebiet ist die kulturgeschichtliche und religiöse Erschließung der Region des Dekkhan-Hochlandes ausgegangen, die jedoch – geographisch bedingt – weit weniger flächendeckend geschehen ist. Denn der Dekkhan wird durch sich in Nord-Süd-Richtung erstreckende Höhenzüge und durch in West-Ost-Richtung verlaufende Flüsse gegliedert, wobei der Flußlauf der Krishna zugleich die Grenze des politischen Einflußbereichs des Nordens auf den Süden bildet. Hier entstehen zwar kleine Zentren, die – man denke an Orte wie Ellora, Ajanta oder die beiden Städte der Hoysala-Dynastie, nämlich Belur und Halebid – eine hochinteressante kunst- und kulturgeschichtliche Hinterlassenschaft zeigen, jedoch nur sehr bedingt überregionale Ansprüche erheben konnten.

Auch das dritte Kulturareal, die Niederungen der Ostküste, führt am Unterlauf bzw. im jeweiligen Deltabereich der vom Dekkhan kommenden Flüsse eher zur

Bildung kleinerer Zentren als zu überregionalen Zusammenschlüssen. Die Küstenlage und der Blick auf das offene Meer ist jedoch in einer Hinsicht überregional bedeutsam geworden, zwar nicht innerhalb des indischen Subkontinents, sondern für die Kulturen Südostasiens: Denn die Vermittlung hinduistischer (und buddhistischer) Kultur nach Südostasien nimmt nicht von Nordindien seinen Ausgang, sondern von den Zentren der Ostküste.

Daß diese drei Regionen als natürliche Gliederung zugleich die Möglichkeiten der politischen Beherrschung des Subkontinents darstellen, blieb dabei bis in die Neuzeit gültig. Auch die britische Kolonialherrschaft hat dem Rechnung getragen: Von Bombay aus wurde der Dekkhan kontrolliert, von Madras aus die Ostküste und von Calcutta aus das Gangesdelta und stromaufwärts das Tiefland im Norden. Erst mit der Verlegung der Hauptstadt nach New Delhi im Jahr 1911 wurde einerseits eine zentraler gelegene Hauptstadt für die Kontrolle des Nordens geschaffen, andererseits zugleich – mit der von Delhi ausgehenden Zentralisierung – wieder auf jenes alte Modell zurückgegriffen, um vom Norden her den gesamten Subkontinent zu beherrschen. Dieses Modell wird im unabhängigen Staat Indien prolongiert, auch wenn die Grenzen der einzelnen Unionsstaaten die alte regionale Einteilung nicht mehr berücksichtigen, wodurch es zu latenten Spannungen zwischen einzelnen Unionsstaaten kommt.

7.1 Die frühe Zeit

Die erste in Indien faßbare Hochkultur ist die *Induskultur.* Die strukturelle Ähnlichkeit der Siedlungen von Harappa und Mohenjo Daro, die 600 km voneinander entfernt heute auf dem Staatsgebiet von Pakistan liegen, aber auch von Lothal am Golf von Cambay in Indien läßt politische Verbindungen und Gemeinsamkeiten im kulturellen und religiösen Leben erschließen. Die Blüte begann um 2600 v. C. und um 2250 gelang es einer Macht, das ganze Gebiet zu einigen. Um 1750 endet die Induskultur, wobei nicht erwiesen ist, ob dies durch die aus Nordwesten um diese Zeit in den indischen Subkontinent eindringenden Arier bewirkt wurde. Nach einer oft geäußerten Hypothese waren die Träger der Induskultur dravidische Völker, die danach sukzessive in die südliche Hälfte des Subkontinents abgewandert sind, während sich im Norden die Arier weiter ausbreiteten. Ebenfalls kulturgeschichtlich erwähnenswert ist die Hypothese, der zufolge manche Elemente der Religion der Induskultur als autochthones Substrat nachträglich wiederum Eingang in die Religion der Arier – den späteren Hinduismus – gefunden haben. Als solche Elemente wären Yogapraktiken, Askesetechniken und eventuell die Verehrung einer Muttergottheit zu nennen, Züge, die innerhalb des Hinduismus zunächst im Zusammenhang mit dem Gott *Shiva* und der *Shakti* als göttlich-weiblicher Komponente faßbar werden.

Mit der Einwanderung der Arier – das Sanskritwort *arya* bedeutet „Edle" – beginnt eine neue Epoche. Spätestens um die Mitte des zweiten vorchristlichen Jahrtausends läßt sich ihre Anwesenheit im Punjab nachweisen, wie aus Andeutungen im Rig-veda, der ältesten Sammlung von Götter- und Opferhymnen Indiens, hervorgeht. Wie zur Zeit der Induskultur ist auch in dieser frühen Phase der Arier das Gangestal noch nicht besiedelt. Denn während der Indus mit seinen Nebenflüssen Schwemmland bildet, das leicht zu bearbeiten ist, war das Gangesufer bewaldet, d. h. die Bodenbearbeitung setzt die höhere Rodungstechnik voraus, was erst um 1000 v. C. durch die Verwendung von Eisen möglich wurde, so daß das Vordringen bis in die mittlere Gangesebene erst zu diesem Zeitpunkt erfolgte. Einiges über die Gesellschaftsordnung und Lebensform des frühen ersten vorchristlichen Jahrtausends läßt sich aus den vedischen Hymnen und den mythologisch eingekleideten historischen Reminiszenzen des *Mahabharata*, des großen indischen Nationalepos, erschließen. Offensichtlich war Nordindien damals in eine Vielzahl kleiner Königtümer gegliedert, auch das legendäre Königreich Ramas in Ayodhya (Oudh), von dem das andere große indische Epos, das *Ramayana*, erzählt, gehört dazu. *Rama* fungiert im älteren Kern des Epos noch als menschlicher König, erst die jüngere Rahmenhandlung macht ihn zu einer Inkarnation des Gottes *Vishnu*. Die weitere sukzessive Erschließung des Subkontinents durch die Arier erreicht etwa um 600 v. C. erstmals Ostindien, nämlich den Bereich des damaligen Kalinga im Gebiet des heutigen Bundesstaates Orissa.

Ein tiefgreifender Einschnitt der indischen Kulturgeschichte fällt ungefähr in die Mitte des 1. Jh. v. C., denn ab diesem Zeitpunkt bestehen erstmals zwischen fast allen Regionen des Subkontinents Beziehungen zueinander, die durch schwarze Keramik, die von der mittleren Gangesebene ihren Ausgang nimmt und in fast ganz Indien faßbar wird, sowie durch Eisenfunde nachweisbar sind. Die Nutzung des Eisens ermöglicht die endgültige Urbarmachung der unteren Gangesebene (Bengalen) zur Kultivierung von Reis, was die Ernährungssituation verbessert und dadurch zur Hebung der Lebensqualität und zugleich zur Urbanisierung beiträgt. Für die Religionsgeschichte ist dies insofern erwähnenswert, als sowohl der Jainismus, die von Mahavira verkündete asketische Mönchsreligion, als auch der von Gautama Buddha zunächst für eine Mönchselite gelehrte Heilsweg ein städtisches – und in gewisser Weise auch wohlhabendes – Milieu voraussetzt; denn die Laien müssen nicht nur die gute Absicht, sondern auch die materiellen Grundlagen besitzen, um die beiden auf Almosenempfang ausgerichteten mönchischen Religionen unterstützen zu können.

Ohne diese um die Jahrtausendmitte einsetzende kulturelle und wirtschaftliche Entwicklung wäre der Erfolg dieser beiden neu entstehenden Religionen Indiens nicht möglich gewesen. Diese soziokulturellen Bedingungen unterstützen dabei auch die seit zwei Jahrzehnten vorgeschlagene Datierung der Lebenszeit Buddhas auf den Zeitraum zwischen etwa 450 und 370 v. C. gegenüber dem meist genannten Datum zwischen 560 und 480 v. C.; Mahavira seinerseits war ein etwas älterer Zeitgenosse Gautama Buddhas. Allerdings scheinen die beiden großen indischen Religionsstifter nie zusammengetroffen zu sein, obwohl das Wirkungsgebiet beider sich auf Magadha mit der Hauptstadt Pataliputra erstreckt hat.

Im 4. Jh. kommt es während der Maurya-Dynastie, die durch den Usurpator Candragupta begründet worden ist, erstmals zu Ansätzen einer überregionalen Reichsbildung. Vor allem Candraguptas Enkel Ashoka (ca. 268–233) kann durch keineswegs unblutige Eroberungsfeldzüge den Einfluß Nordindiens bis zur Krishna ausdehnen. Die von ihm in weiten Teilen des Subkontinents hinterlassenen Felsinschriften sind ein durchaus beeindruckendes Zeugnis des imperialen Einflusses, der von der Stadt Pataliputra ausgegangen ist. Nach der politischen Konsolidierung großer Teile Indiens wurde Ashoka zu einem Förderer des Buddhismus, für dessen Ausbreitung ihm die buddhistische Tradition hohe Verdienste zuschreibt. Obwohl Indien südlich des Flusses Krishna ab dem 4. Jh. langsam eine Rolle in der indischen Geschichte zu spielen beginnt, ist eine Eigenständigkeit nicht zu übersehen.

Im Süden bleibt das nicht-arische Element immer dominierend, und dravidische Götter werden nur langsam mit den hinduistischen Göttern der Arier gleichgesetzt, aber – sieht man von wenigen Ausnahmen ab – durch diese nie wirklich ersetzt, sondern mehr oder weniger oberflächlich angeglichen. Andererseits zeigt aber das *Ramayana* zugleich, daß der arische Norden Indiens immer ein Interesse daran hatte, den Süden kulturell (und politisch) zu dominieren. Aufgrund der geographischen Bedingungen sind jedoch die Interessen Südindiens eher auf das Meer gerichtet, so daß sich von der Malabarküste (heute: Kerala) ab Christi Geburt ein Überseehandel mit Rom zu entwickeln begann, der für Rom zweifellos eine passive Handelsbilanz aufwies, wobei der Geld- und Goldfluß von Rom nach Indien als Bezahlung für Luxusgüter wie Gewürze, Parfüm, Edelsteine, Elfenbein, Seide und exotische Tiere die römische Wirtschaft zeitweilig schwächte.

7. 2 Die Entwicklung von Regionalkulturen

Nach dem Ende der buddhistisch geprägten Maurya-Dynastie kam es im Norden zu einer „brahmanischen Renaissance", d. h. es gelang relativ erfolgreich, Werte und Vorstellungen der vedisch-hinduistischen Tradition über weite Teile Indiens – einschließlich des Südens – wieder zu verbreiten. Politisch entstehen im 2. Jh. v. C. vier lokale Reiche und Dynastien: die wiedererstarkten Kalinga im Osten, die Shungas im Norden, die Shatavahanas auf dem Hochland des Dekkhan und die iranischen Saken im Nordwesten bis Gujarat, die jedoch im 1. Jh. n. C. durch das Kushanreich abgelöst wurden. Für die Kulturgeschichte Indiens sind aus dieser Zeit v. a. einige Ereignisse hervorzuheben: In der Kushandynastie, in der der Buddhismus wiederum eine zentrale Rolle spielte, ist es bis ins Gebiet des heutigen Afghanistan reichend zur Entwicklung eines eigenen Kunststils gekommen, der eine Symbiose indischer und westlicher Elemente zeigt, nämlich die sog. indo-gräkische Gandharakunst mit ihren berühmten Buddhadarstellungen. Ausgehend von Dekkhan haben die Shatavahanas erstmals im dravidischen Südindien eine gezielte Sanskritisierung begonnen, zugleich beginnt vom Süden auch die Expansion des hinduistischen Kulturraums nach Südostasien: Denn zwischen 70 und 500 n. C. gelangen der malayische Archipel und das Gebiet des heutigen Thailand und Myanmar unter hinduistischen Einfluß, wobei etwa bis in die Mitte des 2. Jh. n. C. dieser Einfluß in unterschiedlicher Stärke anhielt. Heute ist lediglich die indonesische Insel Bali noch zu mehr als 90 % von Hindus bewohnt, während in anderen Teilen Südostasiens Hindus nur noch eine Minderheit darstellen. Allerdings bleibt in kultureller Hinsicht seit dieser indischen Expansion Südostasien ein Schnittpunkt zwischen indischer und chinesischer Kultur.

Zwischen dem 4. und dem Anfang des 6. Jh. gelingt es der Gupta-Dynastie, Nord- und Ostindien (mit Ausnahme von Kalinga) politisch zu dominieren; dies ist zugleich die letzte einheimisch-indische überregionale Herrschaft. Denn nach dem Erlöschen der Guptadynastie entstehen lokale Fürstentümer. Lediglich Harshavardhana (606–647) kann von seiner lokalen Herrschaft um Delhi ausgehend sein Herrschaftsgebiet bis zur mittleren Gangesebene ausdehnen, allerdings hat diese Ausdehnung nach dem Tod des Herrschers keinen weiteren Bestand. In den folgenden Jahrhunderten bleibt Nordindien in kleine Teilstaaten gegliedert, die zwar kulturell z. T. hochstehende Leistungen erbringen, politisch aber anfällig sind. Die politische Aufsplitterung des Nordens erleichtert ab der Mitte des Jahrtausends die eigenständige kulturelle Entwicklung im Süden, indem – ohne den Druck des politisch überlegenen Nordens – die arische Kultur an Dravidisches angepaßt werden kann. So kommt es im Süden zur Entstehung eigenständiger Literaturen. Hervorzuheben sind die Hymnen der religiös inspirierten Dichter-Heiligen, der Nayanmars im Shivaismus und der Alvars im Vishnuismus.

Die Verwendung der dravidischen Sprache Tamil im religiösen Bereich ist zugleich ein religionspolitisches „Programm", durch das man zu betonen versteht, daß man zwar „Hindu" ist, aber nicht „arischer Hindu", was v. a. im Shivaismus auch damit korreliert, daß man die Autorität der Veden oft geringachtet. Aufgrund der geographischen Gegebenheiten entwickelt sich aber im Süden keine überregionale Herrschaft, denn die natürliche Grenze der Lebensräume im Hochland des Dekkhan bzw. an der Küste bleibt prägend, teilweise werden solche Grenzziehungen durch den Streit um Wasserwege, v. a. der Flüsse Krishna und Godavari, noch verstärkt. Zwischen dem 7. und 9. Jh. wetteifern drei Konfliktparteien miteinander: die Chalukyas von Badami und Aihole im Dekkhan, die Pallavas von Kanchipuram an der Ostküste und die Pandyas von Madurai als südlichste Gruppe. Erstmals lassen sich im 8. Jh. an der Malabar-Küste im Südwesten des Subkontinents Muslime als Händler nieder, die über das arabische Meer hierher gekommen sind. Nachkommen dieser Händler leben bis heute in Südindien, die sog. Mappillas.

Der Seehandel in Richtung Südostasien wird von den Pallavas wieder aufgenommen und intensiviert, wobei ihre Kontakte bis Kampuchea, Champa/Annam (Vietnam) und Srivijaya (Sumatra) reichen. Wichtiger als die Handelswaren sind dabei die südindischen Ideen und Kunstformen, die die Schiffe der Pallavas nach Südostasien bringen. Um 900 beginnt eine neue Machtentfaltung in Südindien durch die Cholas (bis 1300), die ihren Ausgangspunkt in den Eroberungen der Herrschaftsgebiete von Tanjore und Madurai nimmt. Eine Entwicklung, die bereits in den vorherigen Jahrhunderten begonnen hat, gelangt dabei unter den Chola zum Höhepunkt, so daß man sagen kann, daß nun eine völlig eigenständige tamilische Kultur entsteht, die sich bewußt gegenüber dem arischen Norden mit der Sanskritsprache als Sprache der Religion und Gelehrsamkeit absetzen will. Unter den Chola beginnt auch der tamilische Einfluß auf die Insel Sri Lanka.

Ebenfalls erwähnenswert ist der Beitrag der Chola zur Kunstgeschichte Indiens. Bronzestatuen hinduistischer Götter oder vishnuitischer bzw. shivaitischer Heiliger mit ihrem unverwechselbaren Stil bewahren bis in die Gegenwart die Erinnerung an diese Dynastie. Blickt man nochmals auf den gesamten indischen Raum, so mag zu Beginn des 2. Jh. die Einwohnerzahl Gesamtindiens etwa 100 Millionen betragen haben.

An dieser Stelle kann auf ein bei Indern beliebtes dreiteiliges Schema indischer Geschichte verwiesen werden, nämlich die Zeit des Hinduismus in vorislamischer Zeit, die islamische Fremdherrschaft und die englische Fremdherrschaft. Dieses Schema, das vom „goldenen Zeitalter" der guten Religion des Hinduismus ausgeht, auf welches nur noch Verfall und Fremdherrschaft folgen, ist in dieser Einfachheit sicherlich unzulässig, bringt aber eine richtige Beobachtung: Bezüglich des Hinduismus als kulturell prägende Kraft in Indien bedeutet der Beginn der islamischen Herrschaft tatsächlich einen entscheidenden Einschnitt: Denn jene Errungenschaften und Leistungen, an die man meist zuerst denkt, wenn von der Kultur des Hinduismus die Rede ist, stammen fast alle aus der Zeit vor dem Islam. Oder anders formuliert: Etwa ab 1200 n. C. erlahmt die dominierende kulturelle Wirkung des Hinduismus, die religiöse Seite bleibt aber bis in die Gegenwart lebendig und erlebt derzeit eine – in manchen Facetten sogar fundamentalistische – Renaissance. Die weiteren kulturprägenden Epochen der indischen Geschichte setzen daher andere Akzente.

7.3 Die Zeit der islamischen Vorherrschaft

Die politische Situation gegen Ende des 1. Jh. in Nordindien lädt islamische Herrscher Afghanistans und Zentralasiens ein, in die fruchtbaren nordindischen Ebenen einzufallen, wobei zu Beginn des Jahrtausends Indien lediglich als islamisches Gebiet betrachtet, allerdings nicht direkt beherrscht wird. Eine neue Situation schafft Qutb ud-Din Aibak im Jahr 1206 mit der Gründung des Sultanats Delhi, das rund zwei Jahrhunderte besteht. Mit der Ausbreitung des Sultanats Delhi – unter Sultan Tughluk (1325–1351) wird der Gipfel islamischer Macht in Indien erreicht – zeigt sich deutlich das Problem, den Norden und den Süden des Subkontinents gemeinsam zu beherrschen, denn im Süden des Landes machen sich eigene Sultanate selbständig, wodurch der Niedergang des Sultanats Delhi eingeleitet wird. Ein militärischer Einfall Timurs in den Jahren 1398/99 beendet das

Sultanat Delhi. Nach der Herrschaft der Lodi-Dynastie über Delhi kommt es schließlich zur kulturgeschichtlich bedeutsamsten islamischen Herrschaft über Indien, nämlich jener der Moghuln.

Die Anfänge in der ersten Hälfte des 16. Jh. sind noch von Schwankungen geprägt, doch bereits der dritte Moghul-Herrscher, der noch minderjährig auf den Thron gelangte Akbar (1556–1605), kann die Macht endgültig konsolidieren und Indien für ein halbes Jahrhundert prägen. Er ist der erste Moghul, der sich als „Inder" versteht, und sucht einen Ausgleich mit den Hindus, was sich auch in seinem eigenen religiösen Konzept der *din-i ilahi,* der „göttlichen Religion", niederschlägt, in der Akbar islamische und hinduistische Elemente zu einer neuen Religion zu vereinen sucht; ein Versuch, dem außerhalb des engen Kreises um den Herrscher allerdings wenig Erfolg beschieden war – ganz im Unterschied zur ungleich erfolgreicheren *Sikh-Religion,* die von Guru Nanak (1469–1539) als mystische Religion, die weder Islam noch Hinduismus sein will, gegründet und die während der späteren Moghul-Herrschaft mehrfach verfolgt wurde.

Akbar hat dabei den höfischen Stil aus Persien übernommen und trotz politischer Differenzen mit den Safawiden in Persien persische Sprache und Kultur nach Indien transferiert. Dadurch entsteht unter den Moghuln ein indischer Islam, der von persischer Mystik und Sufifrömmigkeit geprägt ist. Die politische Ausdehnung des Reiches Akbars erstreckt sich von Afghanistan bis Bengalen, im Süden endet der politische Einfluß etwa auf der Höhe Bombays. Unter Akbars Nachfolgern Jahangir (1608–27) und Shah Jahan (1627–58) bleibt das Reich konsolidiert, die beiden Herrscher kümmern sich v. a. um die Förderung der Künste, wobei das Taj Mahal als Grabmahl für Shah Jahans Gattin weit über Indiens Grenzen hinaus bekannt ist. Als letzter großer Moghulherrscher kann Aurangzeb das Reich beinahe auf die Größe desjenigen von Tughluk ausdehnen, wobei – durchaus in Analogie zu den Verhältnissen unter Tughluk – auch hier die Größe die rasch einsetzende Auflösung des Moghulreiches mit sich bringt. Der militärische Einfall von Nadir Shah aus Afghanistan im Jahr 1739 und die Plünderung Delhis leiten das Ende der Moghul-Herrschaft ein.

Die Fremdherrschaft, die mit dem Sultanat Delhi über Nordindien begann, war nicht die erste Fremdherrschaft in Indien, aber im Unterschied zu anderen nicht-indischen Herrschern (z. B. dem griechisch-indischen König Meander/Milinda im 3. Jh. v. C.; den iranischen Saken; dem iranischen Herrscherhaus der Kushan-Dynastie) haben die Muslime ihre eigene Religion nicht aufgegeben, um sich dem Hinduismus oder Buddhismus zuzuwenden. Unter diesem Aspekt bedeuten islamische Herrscher im hinduistischen Indien eine völlig neue Situation. Dies darf aber keineswegs über die kulturellen Leistungen dieser Herrscher hinwegtäuschen. Denn die Moghulzeit kann zweifellos als eine der Blütezeiten Indiens gelten. Man kann etwa an das Taj Mahal in Agra oder an die Grabarchitektur an anderen Orten denken sowie an die Errichtung von Moscheen, die durch ihren von Persien beeinflußten Baustil die indische Architektur bereichern. Genauso hat die islamisch-indische Miniaturmalerei auch hinduistische Künstler inspiriert, so daß sie diesen Malstil für ihre eigenen Themen adaptierten. Für die Förderung der Kenntnis des Hinduismus im Westen ist erwähnenswert, daß Dara Shikuh, ein Sohn Shah Jahans, eine Übersetzung von Upanishaden-Texten ins Persische vornahm; jene persische Übersetzung wurde in den Jahren 1801/1802 ins Lateinische übertragen und war damit der erste hinduistische Quellentext, der ernsthaft in Europa rezipiert wurde und somit Grundlagen für die Erforschung der indischen Kulturgeschichte legte.

7.4 Von der englischen Kolonialherrschaft zum indischen Nationalismus

Im Jahr 1600 wurde die britische und zwei Jahre später die niederländische Ostindiengesellschaft gegründet, wobei grundsätzlich das Denken einer Koexistenz beider Gesellschaften vorherrschte. Die Handelsideologie bestand darin, indische Waren weiterzuhandeln. Im Zentrum standen zunächst Pfeffer und andere Gewürze. Jedoch nahm im Laufe des 17. Jh. der Textilhandel an Bedeutung zu, und im 18. Jh. wird Tee die dominierende Handelsware, indem die Engländer Tee in China einkaufen, den sie mit in Indien erhandeltem Geld bezahlen und mit großem Gewinn nach Europa und Amerika weiterverkaufen. Das Auftreten Frankreichs in dieser Handelsszenerie führt in der Mitte des 18. Jh. zu einer Neuerung, da aufgrund kriegerischer Auseinandersetzungen wegen der Handelsinteressen schließlich England die ersten Schritte zu einer Territorialherrschaft setzt. Zwischen 1757 und 1765 kommen Bihar, Bengalen und Orissa, die bisher dem Moghulherrscher steuerpflichtig waren, unter englische Steuerhoheit. Im Süden können ab 1769 für drei Jahrzehnte Haider Ali bzw. sein Sohn Tipu Sultan ein eigenes islamisches Territorium beherrschen, nachdem sie die lokale Hindu-Dynastie von Mysore besiegt haben, wodurch die koloniale Expansion nach Süden aufgeschoben wurde. Nach der Wiedereinsetzung der von den Engländern protegierten Hindu-Dynastie in Mysore (1799) und der Überwindung der Marathen (1818) war auch der Süden des Subkontinents endgültig im Besitz der Kolonialmacht.

Ungleich stärker als die Herrschaft der Moghuln bedeutete dies eine Fremdherrschaft, so daß im 19. Jh. in Indien ein „Umdenken" entstand: Inder, die Karriere in der Kolonialverwaltung (als Lehrer, Anwälte, Beamte) machen wollten, strebten englische Bildung an. Zu diesem Zweck entstand nicht nur das – europäisch ausgerichtete – Hindu College in Calcutta (1817), sondern in der Folge kam es 1857 zur Gründung der ersten indischen Universitäten in Bombay, Madras und Calcutta. Erst in den beiden letzten Jahrzehnten des 19. Jh. lernten Inder von europäischen Indologen ein neues Selbstverständnis und eine Wertschätzung der eigenen Tradition, was zur Entstehung des indischen Nationalismus führte. Die Gründung des Nationalkongresses im Jahr 1885 hatte das Ziel, in der Hindu-Tradition ein einigendes Band gegen Fremdes zu finden. Gestützt hat sich dieses neuerwachte hinduistische Denken auf den vedantischen Monismus, wobei man auch erste – erfolglose – Versuche unternahm, das Kastensystem als historische Fehlentwicklung zu überwinden.

Religiös bedeutsame Reformer des Hinduismus, wie Swami Vivekananda, der Gründer der Ramakrishna-Mission, Dayanand Sarasvati, der Gründer des Arya Samaj als Vereinigung, die sich v. a. auf die Auslegung der alten vedischen Überlieferung stützte, oder Sri Aurobindo, der einen neuen Yogaweg lehrte, unterstützen in ihrer frühen Tätigkeit auch in politischer Hinsicht die Unabhängigkeitsbestrebungen. Das neuerwachte Selbstbewußtsein führte aber zugleich zu Konflikten mit Muslimen, die dem hinduistischen Traditionalismus gegenüber skeptisch eingestellt waren. Diese Spannungen schlagen sich am Ende des 19. Jh. im Norden im Sprachenstreit um die Verwendung von Urdu (als Umgangssprache der Muslime) und Hindi (als Umgangssprache der Hindus) nieder. Prinzipiell sind beide Sprachen so nahe miteinander verwandt, daß eine wechselweise Verständigung durchaus möglich war. Als Folge des Sprachkonflikts wurde jedoch Urdu durch arabische und Hindi durch aus dem Sanskrit neu entlehnte Wörter überfremdet, so daß die beiden Sprachen ihre gegenseitige Durchlässigkeit weitgehend verloren. Einen politisch faßbaren Ausdruck gewinnt dieser Konflikt im Jahr 1906 mit der Gründung der Muslim-Liga, die sich als Vertreter muslimischer Interessen gegenüber der Kolonialmacht und in Opposition zum Nationalkongreß verstand.

Ab dem ersten Weltkrieg beginnt auch Mahatma Gandhi nach seiner Rückkehr aus Südafrika sein Engagement für die Unabhängigkeit, findet aber im Muslim Ali Jinnah einen taktischen Gegenspieler, der die muslimischen Interessen geschickt durchzusetzen vermag. Als im Jahr 1944 Gespräche zwischen Gandhi und Jinnah ergebnislos enden, ist die Teilung des Subkontinents in zwei unabhängige Staaten nur noch eine Frage der Zeit. Die Unabhängigkeitserklärungen Indiens am 14. 8. 1947 und Ost- sowie West-Pakistans am folgenden Tag beenden formell die englische Kolonialherrschaft. Die Massenumsiedlungen von Hindus aus dem durch die Staatsteilung zu Westpakistan gehörigen Teil des Punjab bzw. des zu Ostpakistan gewordenen Ostbengalen in den säkularen Staat Indien bzw. von Muslims aus verschiedenen indischen Landesteilen in den islamischen Staat Pakistan bringen Unruhen und Todesopfer und legen zugleich den Grundstein für bis heute anhaltende politische Spannungen zwischen der Republik Indien und der Islamischen Republik Pakistan, die auch in der indischen Innenpolitik durch die seit etwas mehr als einem Jahrzehnt vermehrt greifbare „Hindutva-Bewegung", d. h. ein erneutes Aufkommen eines Hindu-Fundamentalismus, der als extremes Ziel alle Muslime aus Indien vertreiben will, immer wieder aktuell bleiben. Da Indien Ost-Pakistan in seinem Unabhängigkeitskrieg gegen West-Pakistan im Jahr 1971 unterstützt hat, ist das politische Verhältnis zwischen dem aus diesem Krieg hervorgegangenen Staat Bangladesh und Indien weniger spannungsvoll.

Indien ist zwar verfassungsgemäß ein säkularer Staat, allerdings stellen 750 Millionen Hindus als 80 % der Bevölkerung ein deutliches Übergewicht dar, rund 11 % sind Muslime, 12 Millionen Sikhs leben v. a. im Punjab, die als Beamte oder Militärs oft wichtige Positionen innehaben. Die von Teilen der Sikh-Bevölkerung getragene Unabhängigkeitsbewegung im Punjab hat im Jahr 1984 mit der Erstürmung des Goldenen Tempels in Amritsar, dem Hauptheiligtum der Sikh-Religion, durch indische Militärs einen blutigen Höhepunkt erlangt, der für fast ein Jahrzehnt die Region zu einem zentralen Krisenherd der indischen Innenpolitik gemacht hat; seit der Mitte der 90er Jahre hat sich die Situation jedoch beruhigt. Zahlenmäßig nie eine Massenbewegung war in der indischen Kulturgeschichte die asketische Religion der Jainas, die zeitgleich mit dem Buddhismus entstanden ist; heute leben etwas mehr als 4 Millionen Jainas in Indien, die aber in der indischen Wirtschaft eine gegenüber ihrer zahlenmäßigen Stärke ungleich größere Bedeutung haben.

Der *Buddhismus* als ebenfalls genetisch indische Religion ist im 12. Jh. vom Subkontinent verschwunden und erst am Ende des 19. Jh. durch eine von Bodh Gaya, dem Ort der Erleuchtung Buddhas im Bundesstaat Bihar, ausgehende Erneuerungsbewegung wieder nach Indien zurückgekommen. Seit der Invasion Chinas in Tibet haben auch tibetisch-buddhistische Flüchtlinge in Indien Aufnahme gefunden, so daß heute rund 6,5 Millionen Buddhisten in Indien leben.

Der Tradition gemäß soll der Apostel Thomas bereits im Jahr 52 n. C. das *Christentum* nach Südindien gebracht haben. Allerdings sind die ersten gesicherten Spuren erst im 3. Jh. in Nordindien und im 5. Jh. in Südindien nachweisbar. Diese „Thomaschristen“ haben ihre Beziehungen zur syrischen Kirche bis in die Gegenwart bewahrt, teilweise haben auch Elemente der südindischen Hindu-Frömmigkeit Eingang in die religiöse Praxis gefunden. Ab dem 16. Jahrhundert hat – zunächst über die Portugiesen – auch die Katholische Kirche in Indien Fuß gefaßt, die englische Kolonialzeit bringt auch die evangelische und anglikanische Kirche nach Indien. Alle christlichen Konfessionen zusammen machen heute etwa 23 Millionen Menschen aus.

Ein ähnlich hohes Alter postulieren die ältesten *jüdischen* Gemeinden, allerdings lassen sich dauernde Niederlassungen erst ab dem 10. Jh. in Cochin (Kerala) nachweisen. Nach der Unabhängigkeit Indiens emigrieren viele Juden nach Israel, dementsprechend lebten 1970 etwa 23.000 indische Juden in Israel, während auf dem Subkontinent die Zahl unter 15.000 Personen – v. a. in Bombay, Calcutta und Cochin – gesunken ist.

Zahlenmäßig relativ bedeutsam ist auch die in der Mitte des 19. Jh. im Iran entstandene *Baha'i-Religion,* die zu Beginn des 20. Jh. in Indien Fuß gefaßt hat, aber in den letzten Jahrzehnten große Zuwachsraten zeigt – z. T. mitbedingt durch ihr Engagement für sozial Schwächere, aber auch durch die Errichtung des sog. „Hauses der Andacht“ als zentraler Kultbau der Religion für Asien in Delhi. Wegen der Form einer Lotosblüte, was deutlich macht, daß Formen hinduistischer Kultur noch immer auch andere Religionen zu beeinflussen vermögen, wird dieser 1986 fertiggestellte Bau häufig als „Lotos-Mandir“ bezeichnet. Die etwa über 2 Millionen Baha'i in Indien machen dabei rund ein Drittel aller Baha'i weltweit aus.

Ebenfalls aus dem Iran stammen die *Parsen,* die sich im 10. Jh. in Gujarat an der indischen Westküste niedergelassen haben. Die Religionsgemeinde, die nicht mehr als 76.000 Gläubige umfaßt, ist heute v. a. auf Bombay und einige Städte in Gujarat beschränkt. Aufgrund ihres hohen Bildungsstandes und ihrer wirtschaftlichen Prosperität spielen Parsen bis heute in der indischen Gesellschaft eine wichtige Rolle, obwohl sieht der Unabhängigkeit Indiens ein leichter Rückgang in dieser Hinsicht beobachtet werden kann.

Dieser kurze statistische Überblick zum religiösen Pluralismus in Indien mag abschließend somit nochmals verdeutlichen, daß die Kultur Indiens zweifellos vom Hinduismus geprägt wurde. Allerdings sollte nicht übersehen werden, daß der indische Subkontinent immer eine pluralistische Gesellschaft hatte, wobei sowohl Religionsgemeinschaften als auch politische Systeme zur kulturellen Gestaltung des Subkontinents ihren je unterschiedlichen Beitrag geleistet haben.

Hindus in der Diaspora

von Manfred Hutter

Die Vorstellung vom *varnashrama*-Dharma, d. h. vom Dharma, der auf den eigenen gesellschaftlichen Stand bzw. auf die Kaste bezogen ist, bringt mit sich, daß hinduistische Missionstätigkeit an die Verbreitung des indischen Kulturraums gekoppelt ist. Dadurch leben aber auch außerhalb des indischen Subkontinents Hindus – allerdings in sehr kleiner Zahl – in der Diaspora.

In absoluten Zahlen lebt die überwältigende Mehrheit der Hindus in der Indischen Union, wo rund 80 % der Bevölkerung dieser Religion angehören, das sind etwa 750 Millionen Menschen. Allerdings versteht sich die Indische Union als säkularer Staat, d. h. der Hinduismus erfährt keine offizielle Bevorzugung; im Unterschied etwa zum benachbarten Königreich Nepal, in dem der Hinduismus den Status der offiziell einzig zugelassenen Staatsreligion innehat. Dort sind 89 % der Gesamtbevölkerung Hindus (ca. 19 Millionen). Seit Beginn des 20. Jh. haben sich in Süd-Bhutan als Arbeitskräfte Ansiedler aus Nepal niedergelassen, die den Hinduismus in das Königreich Bhutan – mit dem Mahayasana-Buddhismus als Staatsreligion – mitgebracht haben. Insgesamt leben derzeit rund 200.000 Hindus dort, rund ein Viertel der Gesamtbevölkerung. In Sri Lanka leben etwa 2,8 Millionen Hindus (16 %), ethnisch sind sie fast ausschließlich Tamilen, d. h. inhaltlich dem südindischen dravidisch geprägten Hinduismus zuzurechnen. Man hat dabei zwischen den als Arbeiter in den Teeplantagen des Hochlands ab dem Ende des 19. Jh. von Indien auf die Insel gekommenen und den im Norden (um Jaffna) und Nordosten siedelnden Tamilen zu unterscheiden. Latente ethnische und z. T. religiös mitbedingte Spannungen zwischen den hinduistischen Tamilen und den buddhistischen Singhalesen stören in den letzten beiden Jahrzehnten das Zusammenleben dieser Volks- und Religionsgruppen auf der Insel.

Bangladesh, als Ost-Pakistan nach der Teilung des indischen Subkontinents im August 1947 entstanden, weist – trotz der religionspolitischen Zwei-Staaten-Theorie Ali Jinnahs und der daraus resultierenden Gründung eines hinduistischen indischen und eines muslimischen pakistanischen Staates einschließlich der im Gefolge der Staatsgründung erfolgten Massenumsiedlungen – bis heute eine gerade auch im Vergleich mit der Islamischen Republik Pakistan beachtliche hinduistische Bevölkerungsminderheit auf, nämlich rund 15 Millionen Personen bzw. 12 % der Gesamtbevölkerung. Traditionelle Siedlungsräume sind Ostbengalen, d. h. das flache Hinterland der zu Indien gehörenden Millionenstadt Calcutta; den Hinduismus in Bangladesh kann man daher dem bengalischen Vishnuismus zurechnen. Die Hindus der genannten Staaten leben aufgrund politischer Entwicklungen außerhalb Indiens, werden aber – wegen der geographischen, ethnischen und kulturellen Nähe zu Indien – nicht als Diaspora-Hindus bezeichnet.

Für die Verbreitung des Hinduismus außerhalb des indischen Subkontinents sind historisch zwei Phasen zu unterscheiden. Die erste Epoche erstreckt sich über den Zeitraum von etwa 70 bis 500 n. C. Damals kam der Hinduismus entlang der großen Handelsrouten nach Südostasien und Indonesien, wo zeitweilig eigene Hindu-Königreiche existierten, deren archäologische Hinterlassenschaft bis heute Anziehungskraft besitzt; allerdings spielt der Hinduismus in diesen heute weitgehend vom Theravada-Buddhismus und teilweise auch vom Islam dominierten Ländern kaum mehr eine Rolle. Eine historische Reminiszenz kann man beispielsweise in der thailändischen Königsideologie erkennen, wenn das Krönungsritual von Brahmanen durchgeführt wird und der derzeitige Herrscher – wie schon acht direkte Vorgänger – den Thronnamen Rama trägt, als Anspielung auf die Bedeutung, die das Ramayana auch heute noch in der thailändischen Folklore spielt, allerdings des hinduistischen religiösen Gehalts entkleidet. Die Zahl der thailändischen Hindus liegt aber nicht über 2 Promille.

In Myanmar beträgt die Zahl der Hindus knapp 1 % der Gesamtbevölkerung. In Malaysia, wo der sunnitische Islam den Status einer Staatsreligion hat, leben etwa 1,4 Millionen hinduistische Inder als ethnische Minderheit, das sind 7 % der Bevölkerung. In der Wirtschaftsmetropole Singapur haben rund 100.000 Hindus ihren Wohnsitz. Einen besonderen Fall stellt die Präsenz von Hindus in Indonesien dar: Die Insel Bali (und die kleine Nachbarinsel Lombok) ist das dortige Zentrum, wo über 90 % der Bevölkerung Hindus sind. Nach der Staatswerdung Indonesiens wurde der Hinduismus im Jahr 1965 als eine der fünf offiziellen Religionen des Inselstaates anerkannt. Da die Existenz des Hinduismus auf Bali seit rund 1000 Jahren nachweisbar ist und trotz der Einflüsse von der Insel Java im 13./14. Jahrhundert seine Eigenständigkeit bewahrt hat, haben die Balinesen gewisse eigenständige Formen in ihrer Religion entwickelt; hervorzuheben sind beispielsweise folgende: Die Werke der vedischen Literatur spielen in Bali kaum eine Rolle und werden erst mit Modernisierungstendenzen ab den 20er Jahren des 20. Jahrhunderts auf der Insel propagiert; andererseits wurde die epische Überlieferung des Ramayana auf Bali bereitwillig rezipiert, wobei Episoden dieses Epos ein wichtiges Repertoire für Tanz- und Schattenspielaufführungen bilden.

Das Ritualwesen berücksichtigt in der zeitlichen Ausrichtung von Festen auch den speziellen 210tägigen Pawukon-Kalender, der nur auf Bali und auf der Insel Java verwendet wird. Auch in den Begräbnisritualen zeigt sich eine Besonderheit, indem die Toten zunächst häufig beerdigt und erst zu einem späteren Zeitpunkt verbrannt werden. An die Leichenverbrennung schließen sich prunkvolle Zeremonien an, die es außerhalb Balis nicht gibt. Mit der Anerkennung als eine der offiziellen Religionen Indonesiens erlebt der Hinduismus nun auch auf Java, wo bis in die Mitte des 2. Jh. ein tantrischer Shivaismus verbreitet war, eine neue Blüte, so daß jetzt insgesamt rund 4 Millionen Hindus (2 % der Bevölkerung) in dem Inselstaat leben.

Die zweite Verbreitungsphase des Hinduismus außerhalb des indischen Subkontinents setzt mit der Abwanderung von Indern als Vertragsarbeiter in andere Teile des britischen Kolonialreiches in der zweiten Hälfte des 19. Jh. ein. Dadurch entstehen Hindu-Gemeinden in Süd- und Ostafrika, auf Mauritius, in der Karibik und auf Fidschi. Mit der Unabhängigkeit Indiens setzte eine neue Auswanderungswelle teilweise in diese Länder, deren Gemeinden den Kontakt zur indischen Heimat nie abbrechen ließen, ein. Ab den 60er Jahren des 20. Jh. finden Hindus als qualifizierte Facharbeiter auch Beschäftigung in Großbritannien, Nordamerika und Australien, wobei die Unabhängigkeitsbewegungen in Afrika sowie die politischen Auseinandersetzungen zwischen Tamilen und Singhalesen in Sri Lanka zu einer weiteren Emigration von Hindus v. a. in den britischen, aber auch deutschsprachigen Raum führten.

Zahlenmäßig am größten sind gegenwärtig die Hindu-Gemeinden in Südafrika mit 700.000 Gläubigen (1,8 % der Gesamtbevölkerung). Die ersten Hindus sind im Jahr 1860 als Arbeiter für die Zuckerindustrie angeworben worden, wobei dieser Zustrom ein halbes Jahrhundert lang andauerte. Auch Mahatma Gandhi wirkte zwischen 1893 und 1914 als Rechtsanwalt der Hindus in Südafrika, wobei es seiner Tätigkeit zu verdanken ist, daß sich die Anerkennung der Hindus in Südafrika schrittweise gebessert hat. Der Großteil der Hindus in Südafrika kann als traditionell beurteilt werden, so daß die großen Feste (z. B. Diwali,

Geburtstage von Rama oder Krishna, das Mariamman-Fest zu Ehren der göttlichen Mutter) regelmäßig gefeiert werden. Auch die Hochzeitsrituale und kastenspezifische Gebräuche werden in Südafrika noch sorgsam beachtet. In den letzten Jahren läßt sich eine Hindu-Renaissance – auch als Reaktion auf eine zunehmende Verweltlichung – beobachten. Genauso waren einzelne Hindus in Südafrika durch das Beispiel Gandhis angeregt, aktiv engagiert, um die Rassendiskriminierung zu beenden.

Ein anderer wichtiger Staat in Afrika war Uganda, allerdings gibt es dort heute keine Hindus mehr. Im Jahr 1972 wurden nämlich als Folge der Afrikanisierungspolitik des Landes durch den Diktator Idi Amin rund 72.000 Asiaten aus dem Land vertrieben, die zum Großteil Hindus waren; die meisten von ihnen suchten in Großbritannien eine neue Heimat. Auch andere ostafrikanische Staaten haben während der britischen Kolonialzeit indische Arbeitskräfte aufgenommen, manche sind nach der Unabhängigkeit dieser Staaten entweder nach Indien zurückgekehrt oder ebenfalls nach Großbritannien gegangen. Eine zahlenmäßig völlig untergeordnete Minderheit lebt in Kenia, Malawi, Sambia und Tansania. Auf der kleinen Insel Mauritius im indischen Ozean östlich von Madagaskar leben rund 600.000 Hindus, die mehr als die Hälfte der Einwohnerzahl des Staates umfassen.

Für die Zuckerrohr- und Bananenplantagen des karibischen Bereichs des Nordostens von Südamerika wurden ebenfalls – als Folge der Abschaffung der Sklaverei ab der Mitte des 19. Jh. – indische Arbeiter angeworben, wobei auch die niederländische Kolonie Surinam durch einen Vertrag zwischen dem englischen Kolonialreich und den Niederlanden ab dem Jahr 1873 diese Art der Rekrutierung von Arbeitskräften einführte. Der Nachfrage nach Arbeitskräften entsprechend ergab sich dabei eine Bevölkerungsstruktur von etwa zwei Drittel Männern, die im überwiegenden Teil aus unteren Kasten stammten. Der daraus resultierende Frauenmangel führte automatisch mit sich, daß die kastenbezogene Endogamie (und die damit verbundenen Reinheitsvorschriften) sehr schnell aufgegeben werden mußten. Es gelang den wenigen in diesen Raum emigrierten Brahmanen jedoch, die Inder um sich zu sammeln und deren Identität als Hindus zu bewahren, wobei sie einen religiösen Wandel vollzogen, indem sie sich selbst neben ihrer Ritualtätigkeit zu Autoritäten der religiösen Gelehrsamkeit und zugleich zu Führern in sozialen und kulturellen Angelegenheiten entwickelten. Solche Aufgaben werden z. T. bis in die Gegenwart im indischen Mutterland von Brahmanen kaum wahrgenommen.

Die dadurch entstehende Berücksichtigung der neuen Lebensbedürfnisse und Lebensumstände bringt für die Hindus der Karibik mit sich, daß sie sich als fortschrittlicher als die indischen Hindus betrachten. Hinsichtlich der spezifischen religiösen Ausrichtung überwiegt eine auf die Verehrung Vishnus und seiner Avataras Rama und Krishna konzentrierte Glaubenspraxis. Die Durchführung von Ritualen zur Verehrung der Gottheiten bzw. der wichtigsten *samskaras* („Sakramente") wie Namengebung, Initiation, Eheschließung und Verbrennung sowie Lesungen aus heiligen Schriften prägen das religiöse Leben. Als Besonderheit bleibt zu betonen, daß der Hinduismus hier eine ausgesprochene Haus- und Familienreligion ist, dementsprechend sind Tempel bis heute für diese Form des gelebten Hinduismus zweitrangig geblieben. In einigen kleinen Staaten des karibischen Raumes machen die Hindus bis heute zwischen einem Viertel und einem Drittel der Gesamtbevölkerung aus; zahlenmäßig am größten ist dabei Trinidad und Tobago mit 300.000 Personen, gefolgt von Guyana mit 280.000. In Surinam leben heute nur noch rund 110.000 Hindus, da es dort in den späten 70er Jahren des 20. Jh. im Zusammenhang mit der Unabhängigkeit der ehemaligen niederländischen Kolonie zu einem Exodus von sehr vielen Hindus gekommen ist, die in der ehemaligen Kolonialmacht Niederlande eine neue Heimat suchten; dadurch leben heute in den Niederlanden rund 100.000 hinduistische Inder, die über den kolonialen Umweg über Surinam nach Europa gekommen sind. Ebenfalls nicht unerwähnt bleiben soll in diesem Überblick der kleine Inselstaat Fidschi; immerhin machen die rund 300.000 Hindus 38 % der Gesamtbevölkerung der Insel aus, deren Vorfahren ab 1879 ebenfalls als Vertragsarbeiter angeworben worden sind.

Eine andere Situation bietet sich für die Präsenz von Hindus in den Vereinigten Staaten von Amerika und in Kanada. Die Einwanderungspolitik dieser beiden Länder war bis in die Mitte der 60er Jahre restriktiv, erst die politische Änderung dieser Beschränkungen ermöglichte einen Wandel, so daß ab dem Ende der 60er Jahre nicht nur hinduistische Flüchtlinge aus Ostafrika aufgenommen wurden, sondern auch Inder einwandern konnten; allerdings war die Einwanderungspolitik in beiden nordamerikanischen Staaten insofern selektiv, als nur hochqualifizierte und wohlhabende Personen eine Aufenthaltsbewilligung erhielten. Dadurch ist der nordamerikanische Hinduismus die Religion einer Elite mit eigenen davon abhängigen Entwicklungen. Charakteristisch sind Bemühungen um einen „ökumenischen" Hinduismus, wobei versucht wird sich im Tempel auf die Gemeinsamkeiten aller Hindus zu berufen, indem man wenigen überregionalen Göttern Verehrung entgegenbringt und Formen der Bhakti als einigendes Band anstrebt. Daraus resultiert, daß Hindus im Tempel bzw. in der häuslichen Religionspraxis durchaus unterschiedliche Götter verehren können, wobei der häusliche Kult die konkrete Rückbindung an die lokale Herkunft aus Indien gibt. Teilweise wird dies dadurch verstärkt, daß man die Verbindung mit religiösen lokalen Autoritäten in Indien bis heute nicht abreißen hat lassen und diese von Zeit zu Zeit nach Nordamerika einlädt, wobei diese Form religiöser Betreuung dann zugleich eine Alternative zum „ökumenischen" Tempelkult bietet. Eine weitere nordamerikanische Besonderheit sind die Hindu Summer Camps, d. h. ein Sommerlager für Hindu-Kinder, die in dieser Form mit einer gemeinsamen hinduistischen Kultur vertraut gemacht werden sollen. Insgesamt dürften in Nordamerika etwa 750.000 Hindus leben.

Bezüglich Europa wurde die Situation in den Niederlanden schon erwähnt. Eine Zahl für Österreich beläuft sich auf etwa 6.000 Inder, die zwei kleine Kultgemeinden in Wien unterhalten. In Deutschland leben rund 70.000 Hindus, der Großteil von ihnen sind tamilische Flüchtlinge als Folge des Tamilen-Konflikts auf Sri Lanka in den 80er Jahren. Seit Beginn der 90er Jahre entstanden in mehreren Orten Deutschlands kleine Hindu-Heiligtümer, wobei diese Heiligtümer meist Gottheiten Südindiens geweiht sind. Die einzelnen lokalen Hindu-Gemeinden sind bislang nicht durch eine zentrale Institution zusammengehalten, sondern die Ausrichtung und Gewichtung des religiösen Lebens wird primär durch den jeweiligen Brahmanen bzw. die Hauptgottheit der Gemeinde geprägt, so daß Gläubige, die oft weit voneinander entfernt wohnen, aber durch dieselbe Gottheit eine Identität erfahren, eine Gemeinde ergeben. Geplant ist in der Nähe von Hamm in nächster Zeit einen eigenen großen Tempel im südindischen Stil zu errichten, sofern genügend Spendengelder gesammelt werden können. Dies wäre neben den Tempeln in Lissabon, Coventry und London der vierte eigens gebaute hinduistische Tempel Europas.

Die Tempel in Coventry und London sind ein beredtes Zeugnis dafür, daß Großbritannien in Europa zweifellos das Zentrum für Hindus darstellt, was auch die Zahl von 400.000 bis 450.000 Hindus bestätigt. Ein nennenswerter Zuzug von Hindus nach Großbritannien hat erst nach der Unabhängigkeit Indiens eingesetzt, wobei der Großteil von ihnen von der indischen Westküste bzw. aus dem Punjab stammt; auch Hindu-Flüchtlinge aus Afrika haben zur zahlenmäßigen Zunahme nicht unwesentlich beigetragen. Die Betonung des jeweiligen Ursprungs in Indien bzw. die Zugehörigkeit zu einer spezifischen Richtung des Hinduismus blieb bislang in Großbritannien traditionell bewahrt, auch um Heirat innerhalb der eigenen Kaste ist man bemüht. Die Größe der Gemeinde ermöglicht es in Großbritannien besser als anderswo in Europa, daß die Feste – z. B. Diwali im Oktober/November oder das neuntägige Navrati-Fest, das v. a. von jenen Hindus, die ursprünglich aus Gujarat an der indischen Westküste stammen, gefeiert wird – in großartiger Weise durchgeführt werden können. Teilweise tragen diese Feste auch zu einer Bewußtseinsstärkung aller Hindus bei.

Die Entstehung eines Hinduismus in der Diaspora erlaubt vielleicht erstmals in der Religionsgeschichte Indiens den Hinduismus wirklich mit dem Begriff „Weltreligion" zu kategorisieren, weil es erst diese Diasporasituation mit sich gebracht hat, daß Hindus weltweit verbreitet sind. Ein weiterer Aspekt, der – zumindest ansatzhaft – zu beobachten ist, liegt darin, daß Hindus als Minderheit vermehrt beginnen wieder eine religiöse Identität zu entfalten und zugleich manchmal das Gemeinsame dieser religiösen Vorstellungen und Praktiken stärker in den Vordergrund zu rücken; am weitesten ist dies bislang zweifellos in Nordamerika in Hinblick auf einen „ökumenischen" Hinduismus geschehen. Daß die Diasporasituation aber noch in einer zweiten Hinsicht wesentlich dazu beiträgt, den Hinduismus erst wirklich zu einer „Weltreligion" zu machen, hängt mit der Missionstätigkeit hinduistischer Richtungen zusammen, die – nach vorsichtigem Beginn am Ende des 19. Jh. – sich v. a. in den letzten Jahrzehnten entwickelt hat. Nachdem durch die Vortragstätigkeit Swami Vivekanandas ab dem Jahr 1893 in den USA erstmals in größerem Stil im Westen eine Form des Hinduismus als lebende Religion propagiert wurde, haben sich auch Inder, die in der Diaspora leben, der von Vivekananda gegründeten Ramakrishna-Mission oder anderen neohinduistischen Richtungen wie z. B. dem Arya Samaj angeschlossen; letzterer erfährt besonders in den Niederlanden und bei den aus dem Punjab stammenden Hindus in Großbritannien großen Zuspruch. Ferner kamen ab den späten 60er Jahren vermehrt indische Gurus in den Westen, um hier Anhänger für ihre hinduistische Lehre zu finden. Die „Internationale Bewegung für Krishna Bewußtsein" von Swami Bhaktivedanta Prabhupada oder die Anhänger des südindischen Gurus Satya Sai Baba rekrutieren sich aus Nicht-Indern, haben aber in Großbritannien, Nordamerika oder Südafrika auch eine nicht zu übersehende Akzeptanz unter den dort lebenden indischen Hindus. Dadurch wird aber zugleich bestätigt, daß missionierende Guru-Bewegungen durchaus als legitimer Teil des Hinduismus betrachtet werden, der dazu beizutragen vermag, Teile der Kultur und Religion des Hinduismus in Zukunft noch stärker zu universalisieren.

Literatur

Verwendete Literatur

S. Bhattacharji: The Indian Theogony. Cambridge 1970.
M. Biardeau: Clefs pour la pensée hindoue. Paris 1972.
J. L. Brockington: The Sacred Thread. Edinburgh 1981.
M. Bussagli: Profili dell' India antica e moderna. Torino 1959.
J. N. Farquhar: Modern Religious Movements in India. Delhi 1967.
J. N. Farquhar: An outline of the Religious Literature of India. Delhi 1987.
P. Filippani-Ronconi: Magia, religioni e miti dell' India. Roma 1981.
G. Filorano: Dizionario delle religioni. Torino 1990.
G. S. Ghurye: Indian Sadhus. Bombay 1964.
J. Gonda: Les religions de l' Inde. Paris 1965, I und II.
J. Gonda: Change and Continuity of Indian Religion. Delhi 1989.
S. Ihingran: Aspects of Hindu Morality. Delhi 1989.
P. V. Kane: History of Dharmasastra. Poona 1973.
P. V. Kane: The Concepts of Dharma in Valniki Ramayana. Delhi 1965.
G. Liebert: Iconographic Dictionary of the Indian Religions. Leiden 1970.
J. E. Mitchiner: Traditions of the Seven Rsis. Delhi 1982.
K. W. Morgan (Hg.): The Religion of the Hindus. Delhi 1987.
D. A. Pai: Religious Sects in Ancient India. Delhi 1981.
U. S. Pathak: Smarta Religious Tradition. Meerut 1981.
S. Piano: Il mito del Gange. Torino 1990.
M. Piantelli: L' hindouisme. In: Le grand atlas des religions. Paris 1988.
L. Piretti-Santangelo: Sati. Una tragedia indiana. Bologna 1991.
L. Rocher: The Puranas II,3. Wiesbaden 1986.
R. A. Schermerhorn: Ethnic Plurality in India. Tucson 1978.
H. v. Stietencron: Hinduistische Perspektiven. In: H. Küng u.a. (Hg.): Christentum und Weltreligionen. München 1984.
G. Tucci: Storia delle filosofia indiana. Bari 1957.

Allgemeine Literaturliste

Fischer, Klaus: Erotik und Askese in Kult und Kunst der Inder, Köln 1979.
Franz, Heinrich Gerhard: Das alte Indien. Geschichte und Kultur des indischen Subkontinents, München 1990.
Frauwallner, Erich: Geschichte der indischen Philosophie. 2 Bde., Salzburg 1953/1956.
Frauwallner, Erich: Nachgelassene Werke II. Philosophische Texte des Hinduismus, hrsg. von Gerhard Oberhammer und Chlodwig H. Werba, Wien 1992.
Hacker, Paul: Grundlagen indischer Dichtung und indischen Denkens. Aus dem Nachlaß hrsg. von Klaus Rüping, Wien 1985.
Hutter, Manfred (Hg.): Die Rolle des Weiblichen in der indischen und buddhistischen Kulturgeschichte, Graz 1998.
Kakar, Sudhir: Die Gewalt der Frommen. Zur Psychologie religiöser und ethnischer Konflikte, München 1997.
Keilhauer, Anneliese und Peter: Die Bildsprache des Hinduismus. Die indische Götterwelt und ihre Symbolik, Köln 1983.
Kinsley, David: Indische Göttinnen, Frankfurt 1990.
Knappert, Jan: Lexikon der indischen Mythologie, München 1994.
Michell, George: Der Hindu-Tempel. Baukunst einer Weltreligion, Köln 1991.
Mylius, Klaus: Geschichte der altindischen Literatur, Bern 1988.
Rothermund, Dietmar: Grundzüge der indischen Geschichte, Darmstadt 1976.
Rothermund, Dietmar (Hg.): Indien. Kultur, Geschichte, Politik, Wirtschaft, Umwelt. Ein Handbuch, München 1995.
Schleberger, Eckard: Die indische Götterwelt. Gestalt, Ausdruck und Sinnbild. Ein Handbuch der hinduistischen Ikonographie, Köln 1986.
Schluchter, Wolfgang (Hg.): Max Webers Studie über Hinduismus und Buddhismus, Frankfurt 1984.

Weiterführende Literatur

Abhinavagupta: Wege ins Licht. Texte des tantrischen Sivaismus aus Kaschmir, übersetzt von Bettina Bäumer, Zürich 1992.
Bharati, Agehananda: Die Tantra Tradition, Freiburg 1977.

Biardeau, Madeleine: Hinduism. The Anthropology of a Civilization, Oxford [2]1991.

Dumézil, Georges: Mythos und Epos. Die Ideologie der drei Funktionen in den Epen der indoeuropäischen Völker, Frankfurt 1989.

Eliade, Mircea: Yoga. Unsterblichkeit und Freiheit, Frankfurt 1985.

Fischer, Klaus: Erotik und Askese in Kult und Kunst der Inder, Köln 1979.

Franz, Heinrich Gerhard (Hg.): Das alte Indien. Geschichte und Kultur des indischen Subkontinents, München 1990.

Frauwallner, Erich: Geschichte der indischen Philosophie. 2 Bde., Salzburg 1953/1956.

Frauwallner, Erich: Nachgelassene Werke II. Philosophische Texte des Hinduismus, hrsg. von Gerhard Oberhammer und Chlodwig I. Werba, Wien 1992.

Gonda, Jan: Die Religionen Indiens. I. Veda und älterer Hinduismus, Stuttgart [2]1978; II. Der jüngere Hinduismus, Stuttgart 1963.

Gupta, Shakti M.: Festivals, Fairs and Fasts of India, New Delhi 1990.

Hacker, Paul: Grundlagen indischer Dichtung und indischen Denkens. Aus dem Nachlaß hrsg. von Klaus Rüping, Wien 1985.

Hillebrandt, Alfred: Lieder des Rigveda, Göttingen 1913.

Hillebrandt, Alfred: Upanishaden. Die Geheimlehre der Inder, Köln 1984.

Hutter, Manfred (Hg.): Die Rolle des Weiblichen in der indischen und buddhistischen Kulturgeschichte, Graz 1998.

Kakar, Sudhir: Die Gewalt der Frommen. Zur Psychologie religiöser und ethnischer Konflikte, München 1997.

Keilhauer, Anneliese und Peter: Die Bildsprache des Hinduismus. Die indische Götterwelt und ihre Symbolik, Köln 1983.

Kinsley, David: Indische Göttinnen, Frankfurt 1990.

Knappert, Jan: Lexikon der indischen Mythologie, München 1994.

Küng, Hans u. a.: Christentum und Weltreligionen. Hinführung zum Dialog mit Islam, Hinduismus und Buddhismus, München 1984.

Michell, George: Der Hindu-Tempel. Baukunst einer Weltreligion, Köln 1991.

Mookerjee, Ajit / Khanna, Madhu: Die Welt des Tantra in Bild und Deutung, Bern 1987.

Mylius, Klaus: Geschichte der altindischen Literatur, Bern 1988.

Patanjali: Die Wurzeln des Yoga, hrsg. von Bettina Bäumer, München [3]1979.

Piano, Stefano: Note in margine al Visnu-máhátmya, in: Indologica Taurinensia 3–4 (1975–76) 379–385.

Piano, Stefano: Le „celebrazioni“ dei luoghi santi nella tradizione religiosa dell' induismo, in: Aevum 53 (1979) 213–229.

Piano, Stefano: Aspetti della bhakti nella poesia religiosa di Námdev, in: G. Gnoli / L. Lanciotti (Hg.): Orientalia Josephi Tucci Memoriae Dicata III, Roma 1988, 1089–1099.

Piano, Stefano (Hg.): Il mito del Gange (Gangá-máhátmya), Torino 1990.

Piano, Stefano (Hg.): Bhagavad-gítá (Il canto del glorioso Signore), Cinisello Balsamo 1994.

Radhakrishnan, Sarvepalli: The Principial Upani1ads, London 1953.

Radhakrishnan, Sarvepalli: Indische Philosophie. Bd. 1: Von den Veden bis zum Buddhismus, Darmstadt 1955; Bd. 2: Die Systeme des Brahmanismus, Darmstadt 1956.

Radhakrishnan, Sarvepalli: Die Bhagavadgita, Baden-Baden 1958.

Rocher, Ludo: The Puránas, Wiesbaden 1986.

Rothermund, Dietmar: Grundzüge der indischen Geschichte, Darmstadt 1976.

Rothermund, Dietmar (Hg.): Indien. Kultur, Geschichte, Politik, Wirtschaft, Umwelt. Ein Handbuch, München 1995.

Roy, Biren: Mahábhárata. Indiens großes Epos, aus dem Sanskrit übersetzt und zusammengefaßt, München 1991.

Schleberger, Eckard: Die indische Götterwelt. Gestalt, Ausdruck und Sinnbild. Ein Handbuch der hinduistischen Ikonographie, Köln 1986.

Schluchter, Wolfgang (Hg.): Max Webers Studie über Hinduismus und Buddhismus, Frankfurt 1984.

Schmölders, Claudia: Ramayana. Die Geschichte vom Prinzen Rama, der schönen Sita und dem großen Affen Hanuman, München ^{6}1996.

Schneider, Ulrich: Einführung in den Hinduismus, Darmstadt 1989.

Schreiner, Peter: Bhagavad-Gita. Wege und Weisungen, Zürich 1991.

Stutley, Margaret: Was ist Hinduismus? Eine Einführung in die große Weltreligion, Bern 1994.

von Glasenapp, Helmuth: Der Hinduismus, Hildesheim 1978.

von Glasenapp, Helmuth: Indische Geisteswelt, 2 Bände, Hanau 1986.

Weber, Max: Die Wirtschaftsethik der Weltreligionen. Hinduismus und Buddhismus 1916–1920, hrsg. von Helwig Schmidt-Glintzer in Zusammenarbeit mit Karl-Heinz Golzio, Tübingen 1998.

Zimmer, Heinrich: Indische Mythen und Symbole, München 1984.

Glossar

Bearbeitet von Manfred Hutter

Abhinavagupta: Hauptrepräsentant des shivaitischen Tantrismus in Kaschmir, Mitte 10. bis 11. Jahrhundert.

ácárya: religiöser Lehrer, geistiger Führer.

adharma: moralische Unordnung, Fehlen von Rechtschaffenheit und Gerechtigkeit; Gegenteil von *dharma.*

Ádi-kávya: „ursprüngliche Dichtung", Hauptdichtung; Bezeichnung für das *Rámáyana.*

Áditya: Gruppe von (vedischen) Gottheiten, meist Sonnengöttern; Kinder der Aditi.

Advaita-Vedánta: Nicht-dualistischer Vedanta, Monismus; Hauptvertreter: *shankara.*

Ágama: „Tradition", besonders angewandt für eine Gruppe religiöser Texte der shivaiten (in Südindien).

Agni: Vedischer Feuergott (vgl. lat *ignis*).

ahamkára: Ichbewußtsein, „Ichmachung"; wichtiger Begriff in der Sámkhya-Philosophie.

ahimsá: Nicht-Tötung, Gewaltlosigkeit; ethisches Prinzip in den hinduistischen Religionen sowie in Jinismus und Buddhismus.

Ájívika: Asketische hinduistische Bewegung, entstanden zeitgleich mit dem Buddhismus, verschwunden im 15. Jahrhundert.

Álvár: Zwölf mystische Dichter und Heilige des Visnuismus in Südindien, 7. bis 10. Jahrhundert.

Ánandamayí Má: Mystikerin und moderne Heilige aus Bengalen (1896–1982).

añjali: Verehrungs- und Grußgeste mit zusammengelegten und vor dem Körper erhobenen Händen.

Ántál: Zu den *Álvárs* gehörende Mystikerin, Verfasserin von Gedichten in tamilischer Sprache, ca. 8./9. Jahrhundert.

Áranyaka: Texte der vedischen Literatur mit rituellem und mystischem Inhalt.

Ardhanáríshvara: shiva in halb männlich, halb weiblicher Gestalt als Ausdruck der Vereinigung aller Gegensätze.

Arjuna: Einer der fünf Pándavas im *Mahábhárata;* Wagenlenker Krishnas in der *Bhagavadgítá.*

Árya Samáj: Im 19. Jahrhundert von Dayánand Sarasvatí gegründete Reformbewegung, um das vedische Erbe der „Arier" (sanskrit: *árya* „Edle") zu revitalisieren.

ásana: Sitz(haltung) in verschiedenen Yogapraktiken.

Ashoka Maurya: Erster bedeutender überregionaler Herrscher in Nordindien (Mitte 3. Jahrhundert v. C.), Förderer des Buddhismus.

áshrama, ashram: Einsiedelei als Wohn- und Lehrstätte eines Guru; idealtypisches Lebensstadium.

ashtánga-yoga: achtgliedriger *Yoga,* v. a. in der Systematisierung durch Patañjali.

Atharva-Veda: Jüngster Teil der vedischen Hymnensammlung, enthält neben Opferhymnen auch interessantes Material zu Volksglauben und Magie.

átman: Individuelles Selbst, „Seele"; Essenz des Lebens.

avatára: „Herabstieg" Vishnus in Tier- oder Menschform auf die irdische Welt.

Bhagavad-gítá: „Gesang des ‚Erhabenen'"; philosophische Lehrdichtung über Aufgaben und Wege zur Erlösung, von Krishna verkündet; Teil des *Mahábhárata,* entstanden im 4./2. Jahrhundert v. C.

Bhágavata-Purána: populärer episch-mythologischer Text zur Verherrlichung von Krishnas Erdenleben; ca. 10. Jahrhundert n. C.

bhakti: Hingabe, Liebe, Verehrung. Frömmigkeitsform als populärer Erlösungsweg.

Brahmá: Göttliche Personifikation des Absoluten, als persönliche Gottheit im gelebten Hinduismus ohne größere Bedeutung.

brahmacarya: Lebensstadium des zölibatär lebenden Studierenden, der bei einem Guru die für die Erlösung notwendige religiöse Kenntnis erwirbt; erster áshrama.

bráhman: Absolutes, Weltgeist, letzte Wirklichkeit.

bráhmana: „Brahmane", Priester als Angehöriger der höchsten *varna*; Plural: Auf das Ritual bezogene Textgruppe der vedischen Literatur.

Bráhma Samáj: In der ersten Hälfte des 19. Jahrhunderts von *Rammohon Ráy* (anglisiert Roy) intiierte sozial ausgerichtete hinduistische Reformbewegung.

Caitanya: Mystiker Bengalens (1485–1534), der die Krishna-Verehrung und Bhakti-Frömmigkeit revitalisierte.

caturmukha-lingam: *Lingam* mit vier Gesichtern.

darshana: „Sehen", Anblick verehrungswürdiger Personen. Philosophische bzw. religiöse „Anschauung" oder Systembildung; die sechs „klassischen" *darshanas* werden traditionell paarweise geordnet: *nyáya* und *vaishesika, mimámshá* und *vedánta, sámkhya* und *yoga*.

Deví: „Göttin" als Überbegriff und Sammelbegriff für die Manifestation des Göttlichen in weiblicher Gestalt.

dharma: ewiges (Welt-)Gesetz und Lebensordnung; teilweise Überlappung mit dem westlichen Begriff „Religion".

dharma-sútra, dharma-shástra: Textsammlungen mit teils aphorismenhaften Aussagen über dharma-gemäßes Verhalten (5. Jahrhundert v. C. bis 2. Jahrhundert n. C.).

diváli, dípávali: populäres Lichterfest zu Ehren der *Devi* im Oktober/November.

dvijá: „Zweimalgeborener", Ehrentitel für religiös initiierte männliche Mitglieder der drei oberen *varnas*.

Ganesha: volkstümlicher mit Elefantenkopf dargestellter Gott, Sohn Shivas.

Gangá: Göttin und heiliger Fluß Ganges.

garbhagrha: Cella des Heiligtums mit dem Kultbild der Gottheit.

gárhasthya: Zweiter *asrama* als Leben des erwerbstätigen Familienvaters.

gáyatrí: Kurzes allmorgendliches Gebet in Versform zur Verehrung der Sonne.

Godávarí: südindischer heiliger Fluß, oft als „Ganges des Südens" bezeichnet.

gopí: Hirtin; *gopís* als Gefährtinnen Krishnas sind Symbol der sich in Liebe (*bhakti*) der Gottheit hingebenden Seele.

guna: Qualität, Eigenschaft (der Urmaterie).

Gurú Nának: Mystiker und Begründer des Shikhismus (1469–1538).

hatha-yoga: tantrische Form des *Yoga* mit besonderer Betonung der körperlichen Komponenten.

hindutva: wörtlich „Hindutum", gegenwärtig auch verwendet für fundamentalistische Tendenzen der Rehinduisierung Indiens.

japa: Meditation durch das Wiederholen von kurzen Gebeten, Mantren oder Götternamen.

játi: „Geburt“, übertragen verwendet auf die durch die Geburt bestimmte soziale Gruppenzugehörigkeit innerhalb eines *varna.*

jívan-mukta: „derjenige, der schon zu Lebzeiten Erlösung erlangt hat“.

jñána: erlösungsbewirkendes Wissen.

Kálí: die „Schwarze“, Manifestation der *Deví* in furchterregender, aber auch mütterlicher Form, hauptsächlich in Bengalen verehrt.

Kaliyuga: gegenwärtiges und schlechtestes der vier *yuga.*

kalpa: Ritual; kosmische Zeitperiode, die 4.320 Millionen Menschenjahre dauert.

káma: Begehren, Leidenschaft, Liebe.

karma, karman: Handlung; Ergebnis der Handlungen, das die nachfolgende Geburt eines Lebewesens bestimmt.

Kaste: siehe *varna.*

Krishna: Populärster *avatára* Vishnus.

Krta-yuga: erstes und „goldenes“ Zeitalter (*yuga*).

kshatriya: Krieger, Angehöriger des zweiten *varna.*

kumbha-mela: Großes Hindufest, im vierjährigen Rhythmus regelmäßig in den Städten Allahabad, Hardwar, Ujjain und Nasik gefeiert.

Kundaliní: mythische Schlange; Symbol der kosmischen Energie *(‚aktí)* in jedem Lebewesen.

lílá: „Spiel“, v. a. zwischen Krishna und den *gopis* oder Gottes mit der Erscheinungswelt.

lingam: (stilisierter) Phallus als anikonische Darstellung Shivas und als Zeichen seiner Macht über die Lebewesen.

Mahábhárata: Umfangreiches indisches „Nationalepos“, entstanden zwischen dem 4. Jahrhundert v. C. und dem 4. Jahrhundert n. C.; darin enthaltene Mythen prägen die Volksfrömmigkeit.

mandala: „Kreis“, symbolische Darstellung des Kosmos, als Meditationsbild verwendet.

mantra: wirkmächtiges Wort, Silbe oder Formel, verwendet als Meditationshilfe.

Manusmrti: populärer Text der *dharma-,shástras* aus dem 2. Jahrhundert n. C., der bis in die Gegenwart soziale Rollenbilder prägt.
máyá: Illusion, Schein und Unwirklichkeit der sichtbaren Welt.
Mírábái: 1498–1546, Mystikerin und Verfasserin von Gedichten in Hindi.
mokla: Erlösung, Ausbrechen aus dem *samsára.*

Nandin: Stier als Tragtier (*váhana*) des Gottes Shiva.
Narasimha: *Avatára* Vishnus in Gestalt eines halben Menschen und eines halben Löwen.
Natarája: Erscheinungsform Shivas als kosmischer Herr des Tanzes.
navarátri: „Neun Nächte" als Vorbereitung auf große religiöse Feiern.
Náyanmár: Sammelbezeichnung für shivaitische Heilige im dravidischen Südindien, vgl. *álvár.*
nirguna: „Ohne Eigenschaften, Attribute", teilweise zur Beschreibung des Absoluten verwendet.

OM: Mantra, das Brahman/das Absolute als Laut manifestiert.

padma: Lotos, Symbol der Vollkommenheit und Reinheit.
pinda: Opferkuchen, Opfergaben, im vedischen Totenopfer verwendet.
Prabhu: „mächtig", Ehrenbezeichnung für Götter und Gurus.
pradaklina: rituelle Umwandlung eines Kultgegenstandes oder -bildes, das sich jeweils an der rechten Seite befinden muß.
prakrtí: Natur, Urmaterie, weiblicher Gegenpol zum *purusha.*
prapatti: vollkommene – passiv verharrende – Hingabe an die Gottheit, um von dieser erlöst zu werden.
prasáda: an die Gläubigen verteilte Opferspeise am Ende einer kultischen Handlung.
preta: Totengeister, die dauernd hungrig sind, deren Karma aber zu gut ist, um als Höllenwesen wiedergeboren zu werden.
pújá: Opfer, religiöse Zeremonie.
Purána: „alte Erzählung"; epische Überlieferungen, deren Mythen- und Legendenschatz die Volksreligiosität prägt und die wichtige Einblicke in religionsgeschichtliche Entwicklungen der hinduistischen Richtungen geben.
púrnimá: Vollmondtag.

purusha: männliches, kosmisches Urwesen, durch dessen Opferung die vier *varnas* entstanden sind; geistiges Prinzip („Seele“) im Unterschied zur *prakrtí.*

Rádhá: Gefährtin Krishnas, vgl. *gopí.*
rajas: Energie, Leidenschaft; mittlere der drei *gunas.*
Rámánuja: Vishnuitischer Philosoph Südindiens, ca. 1055–1137.
Rámáyana: Epos, das die Heldentaten Rámás als *Avatára* Vishnus beschreibt, etwas jünger als das Mahábhárata.
Rámcaritmánas: berühmteste Nachdichtung des *rámáyana* in Hindi durch Tulsídás (1532–1623) aus Benares.
ratha-yátrá: feierliche Prozession, auf der das Götterbild auf einem Kultwagen mitgeführt wird.
Rammohan Ráy: Hindu-Reformer (1772–1833) und Begründer des *Bráhma Samáj.*
rshi: Seher, Weiser, göttlich inspirierter Dichter.
rta: Weltordnung, göttliche Ordnung.

sac-cid-ánanda: „Sein-Bewußtsein-Wonne“; Versuch der begrifflichen Umschreibung einer Annäherung an das *brahman.*
shaivasiddhánta: Richtung des südindischen Shivaismus.
shaktí: Energie, Kraft; weibliche Komponente des Göttlichen bzw. Manifestation der Göttin (*Deví*) schlechthin.
samádhi: Letzte Stufe der Meditation bzw. Versenkung, in der die Vereinigung mit dem Absoluten erreicht wird.
samnyása: Lebensstadium des wandernden Asketen als vierter *áshrama.*
sampradáya: religiöse Schule bzw. Tradition.
samsára: „Wanderung“; Kreislauf von Geburt, Tod und Wiedergeburt, in den jedes Lebewesen eingebunden ist.
Sankara: Philosoph (ca. 788–820) und systematischer Begründer des *Advaita-Ved ánta.*
Satí: die „treue Gattin“, ein Name für die Gattin Shivas; Bezeichnung für Witwen, die ihrem Mann in den Tod durch Verbrennung im Leichenfeuer folgen.
satsang: religiöse Versammlung.
sattva: „Wahrheit, Güte“ als höchster *guna.*
Sítá: Gattin Ramas im *Rámáyana.*

Shiva: Neben Vishnu der zentrale Gott im Hinduismus, als großer Yogi und Asket, als kosmischer Tänzer und lebensspendender Gott verehrt.

smrti: „Erinnerung"; Kategorie traditioneller „heiliger" Schriften, die allerdings geringer gewertet werden als die als *sruti* aufgefaßte Literatur.

sruti: „Gehörtes"; „heilige" Schriften, die die Götter den *rshis* geoffenbart haben.

súdra: Diener, unterste Gruppe der vier *varnas;* ursprünglich die nicht-arische Bevölkerung Indiens.

sútra: meist kurze, aphoristische Lehrsätze z. B. über Ritual, Familienleben, Recht.

sva-dharma: Lebensordnung und Pflicht, die jeder einzelne aufgrund seines *ashrama* und seiner *játi* erfüllen muß.

tamas: „Dunkelheit, Trägheit" als unterster *guna.*

tapas: „Hitze", Askese.

tírtha-yátra: Wallfahrt zu einem heiligen Ort, der eine „Furt" (*tírtha*) zur Erlösung ist.

upanayana: religiöse Initiation, die männliche Hindus der oberen Gesellschaftsschichten etwa mit sieben Jahren durchführen.

Upanilad: das „Sitzen" bei einem Lehrer; Bezeichnung für philosophisch-spekulative Werke der vedischen Literatur.

vacana: Wort oder Ausspruch eines religiösen Lehrers oder Dichters.

Vaikuntha(loka): Paradies Vishnus.

vaishya: Händler und Bauern (Grundbesitzer) als Angehörige des dritten *varna.*

Válmíki: Name eines *rshi,* der als Verfasser des *Rámáyana* gilt.

vánaprasthya: dritter *ashrama,* in dem ein Mann nach seinem Berufsleben sich als Einsiedler in den Wald zurückzieht.

varna: „Farbe"; Bezeichnung für die vier großen – in sich in zahlreiche *játis* gegliederten – altindischen Gesellschaftsgruppen („Kasten"), wobei die Angehörigen der drei oberen Gruppen als *dvijá* gelten.

Veda: „Wissen", Sammelbezeichnung für die älteste altindische religiöse Literatur, die mit den *Upanishaden* abgeschlossen wird. Der älteste Teil sind die Hymnen des Rigveda aus der 2. Hälfte des 2. Jahrtausends v. C.

Vedánta: „Ende der Veden"; Bezeichnung für eine in den *Upanishaden* aufkommende monistische Denkrichtung.

Vishishtádvaita: Von *Rámánuja* begründete modifizierte Form des *Advaita-Vedánta* mit einer theistischen Sichtweise des Absoluten.

Vishnu: Eine der Hauptgottheiten des Hinduismus, die als Erhalter der Welt v. a. durch die *avatáras* in das Weltgeschehen eingreift.

Vyása: Mythischer *rshi*, dem die Autorenschaft des *Mahábhárata* und anderer Literaturwerke zugeschrieben wird.

Vájñavalkya: Vedischer *rshi*, dessen Lehren teilweise in den *Upanishaden* überliefert sind.

yoga: Übung des Körpers und Geistes, um die Vereinigung mit dem Absoluten zu erlangen; Bezeichnung für Anweisungen zu solchen Übungen, deren berühmteste Patañjali (eventuell 2. Jahrhundert v. C.) in seinem achtgliedrigen Yogaweg systematisch zusammengestellt und mit dem philosophischen *darsana* des *sámkhya* verbunden hat.

yoni: weibliches Geschlechtsorgan als Gegenstück zum *lingam*, wobei die Vereinigung beider das Zusammenfallen aller Gegensätze symbolisiert.

yuga: kosmisches Zeitalter.

Indische Zeitmessung

geringster Wert = 1 nimesha (Lidschlag)
18 nimesha = 1 káshthá
30 káshthá = 1 kalá
30 kalá = 1 muhúrta
30 muhúrta = 1 ahorátra (ein 24stündiger Tag)
15 ahorátra = 1 paksha (Mondphase: zunehmend od. abnehmend)

2 paksha = 1 mása (Mondmonat)
30 ahorátra = 1 mása
6 mása = 1 ayana (1 Halbjahr, Lauf nördl. od. südl. Sonnenbahn)
2 ayana = 1 varsha (Jahr von 360 Tagen)

1 Menschenmonat (mása) = 1 Tag (ahorátra) der pitr (Ahnen)
1 Menschenjahr (varsha) = 1 Tag (ahorátra) der deva (Götter)
12.000 Götterjahre = 1 großes Zeitalter (maháyuga)
1.000 große Zeitalter (maháyuga) = 1 Weltzeitalter (kalpa)

852.000 Götterjahre (71 Zeitalter) = 1 Epoche der Patriarchen (manvantara)
14 Epochen der Patriarchen = 1 Weltzeitalter (kalpa)
852.000 x 14 = 11.928.000 Götterjahre
11.928.000 + 72.000 = 12.000.000 = 1 Weltzeitalter (kalpa)

Interessant ist zu bemerken, daß es 14 *manvantara* gibt, gleich wie die Anzahl der Tage des zunehmenden und des abnehmenden Mondes. In gewisser Weise wird hier ein durch den Menschen erfahrbares Ereignis in den kosmischen Bereich projiziert. Der Restbetrag, den man der Dauer eines *manvantara* hinzufügen muß, um die gleiche Gesamtlänge wie einen *kalpa* zu erhalten, erinnert an die ca. 5 Tage Unterschied, die es zwischen einem Mondjahr und einem Sonnenjahr gibt und die es notwendig machen, dem indischen Kalender alle 6 Jahre einen „Zusatzmonat" hinzuzufügen (*adhika-masa*), um die Rechnung zu korrigieren. Wenn man die Gesamtmenge der Restbeträge (72.000 Götterjahre) durch 14 (Anzahl der *manvantara* jedes *kalpa*) teilt, erhält man ca. 5.000 Jahre (genau 5.142,85).

Namen und Dauer der vier yuga
Krta-yuga = 4.000 + 800 = 4.800
Tretá-yuga = 3.000 + 600 = 3.600
Dvápara-yuga = 2.000 + 400 = 2.400
Kali-yuga = 1.000 + 200 = 1.200
Gesamt = 1 *maháyuga* = 12.000

1.000 *maháyuga* = 1 *kalpa* = 12.000.000
Brahmá (100) = 432.000.000.000
(12.000.000 x 360 x 100)

Ein gesamtes Leben von Brahma dauert 155.520.000.000.000 Götterjahre (432 Milliarden Götterjahre mal 360) und ist gleichbedeutend mit nur einem einzigen *nimesha* (Lidschlag) des erhabenen Purusha (Vishnu, Krishna oder Shiva).

Anmerkungen

1 M- Biardeau, Clefs pour la pensée hindoue. Paris 1972, 19.
2 Vgl. Manusmrti II,6.
3 A. a. O. II,6.
4 Yajnavalkya-Smrti I,7.
5 J. E. Mitchiner, Traditions of the Seven Rsis. Delhi 1982.
6 M. Bussagli, Profili dell' India antica e moderna. Torino 1959, 50.
7 A. a. O. 67.
8 A. a. O. 72.
9 J. L. Brockington, The sacred Thread. Edinburgh 1981, 16.
10 P. V. Kane, History of Dharmasastra. Poona 1973, 244.
11 A. a. O. 245f.
12 A. a. O. 21f.
13 A. a. O. 212.
14 A. a. O. 162.
15 S. Piano, Il senso del dolore nella tradizione indù. Milano 1988.
16 Yoga Sutra II,15.
17 Kohelet 12,7.
18 Brhadaranyka-Upanishad III,8.
19 Smrti-sandarbhah 6.
20 Svetasvatara-Upanishad VI,23.
21 M. Biardeau, a. a. O. 74f.
22 P. V. Kane, The Concept of Dharma in Valmiki Ramayana. Delhi 1965, 45f.
23 L. Rocher, The Puranas. Wiesbaden 1986, II, 133f.
24 D. C. Circar, The History and Culture of the Indian People. Bombay 1960, II, 435.
25 Origenes, Das Gebet. Freiburg 1984, 96f.
26 Origenes, a. a. O. 96f.